Studien zur Mobilitäts- und Verkehrsforschung 12

Enno Poppinga

Auf Nebenstrecken zum Kunden

D1730205

SA - 138

Studien zur Mobilitäts- und Verkehrsforschung

Herausgegeben von Matthias Gather, Andreas Kagermeier und Martin Lanzendorf

Band 12

Enno Poppinga

Auf Nebenstrecken zum Kunden
Verkehrliche und wirtschaftliche Impulse für den ländlichen Raum in Deutschland durch Markenführung im regionalen Schienenverkehr

Mit 12 Abbildungen 9 Tabellen und 2 Karten

Geographisches Institut
der Universität Kiel

2005

Verlag MetaGIS Infosysteme, Mannheim

4

Titelgraphik: Evelyn Meiforth

Geographisches Institut
der Universität Kiel
ausgesonderte Dublette

Als Dissertation angenommen vom Fachbereich Geowissenschaften
der Universität Hamburg
auf Grund der Gutachten von Prof. Dr. Bärbel Leupolt (Hamburg)
und Prof. Dr. Matthias Gather (Erfurt).

Hamburg, den 8. April 2005

Prof. Dr. H. Schleicher
Dekan
des Fachbereichs Geowissenschaften

Inv.-Nr. 05/A.40029

© 2005
Printed in Germany
Satz: Enno Poppinga
Umschlaggestaltung und Layout: Peter Blank

Verlag: Verlag MetaGIS Infosysteme, Mannheim
ISBN: 3-936438-12-9

Bibligrafische Information Der Deutschen Bibliothek
Die Deutsche Bibliothek verzeichnet diese Publikation in der Deutschen Nationalbibliografie;
detaillierte bibliografische Daten sind im Internet über http://dnb.ddb.de abrufbar.

Bibligraphic information published by Die Deutsche Bibliothek
Die Deutsche Bibliothek lists this publication in the Deutsche Nationalbibliografie;
detailed bibliographic data are available in the Internet at http://dnb.ddb.de.

Information bibligraphique de Die Deutsche Bibliothek
Die Deutsche Bibliothek a répertoiré cette publication dans la Deutsche Nationalbibliografie;
les données bibliographiques détaillées peuvent être consultées sur Internet à l'adresse
http://dnb.ddb.de.

Vorwort

Mit den beiden zentralen Begriffen „regionaler Schienenverkehr" und „ländlicher Raum" wird ein für verschiedene Wissenschaftsdisziplinen interessantes, interdisziplinär zu bearbeitendes, aber bisher eher fragmentarisch untersuchtes Themenfenster aufgemacht, in dem auch die Geographie zielführend mitarbeiten und mit fachspezifischen Ergebnissen innovative Beiträge leisten kann und sollte. Bereits die erste Literaturrecherche offenbart jedoch ein erhebliches, zumal geographisches Forschungsdefizit.

Es ist ein nicht hoch genug einzuschätzender Verdienst des Autors allein, den Mut aufgebracht zu haben, sich auf die Erarbeitung und Diskussion eines für eine betriebswirtschaftlich tragfähige Schienen gebundene Erschließung bzw. Bedienung dieser in der Raumordnung eher problembehafteten räumlichen Restkategorie durch Regionalverkehrs-Markenführung unter Ausnutzung dafür existierender endogener Entwicklungspotenziale einzulassen.

Das Ziel, theoretisch und beispielhaft empirisch sowohl einen funktionalen („Konzept des Semipermeablen Netzes") als auch einen konsumorientierten Diskussionsbeitrag und Lösungsvorschlag („Ansatz der Markenführung") durch einen von bekannten Denkmustern und Methoden abweichenden Forschungszugang zur Entwicklung des Angebots der Bahn mit neuen Impulsen für den ländlichen Raum zu erreichen, ist hochgesteckt, interessant umgesetzt und sehr geeignet zur Initiierung fachlicher Diskurse.

Idee und Umsetzung der Marke `Regionalverkehr' am Beispiel zweier ländlicher Räume in Deutschland („Einer von uns" – Regionalverkehr im Ruppiner Netz, „Prickelnd!" – Regionalverkehr im Naumburger Netz) bietet eine Fülle an Anknüpfungspunkten für Theoriediskussion, aber vor allem für weitere primärdatenbasierte Arbeit, auf die der Autor bewusst zu Gunsten einer generelleren Forschungsperspektive verzichtete, was akzeptiert werden sollte.

Das Ergebnis ist spannend zu lesen, lässt Kreativität freien Raum, erschließt fachlich „Neuland" und fordert wissenschaftlichen Widerspruch heraus.

Hamburg, im Juni 2005   Prof. Dr. Bärbel Leupolt

Summary

The Railway-Client Relationship –
Economical impulses for the rural area in Germany through brand management in
public railway

The rural area in Germany lacks economic, structural and demographic infrastructure; however, it entails the potential and capacity to develop and realize such infrastructure in these sparsely populated regions. This can be done, not only through a strong emphasis on its value for ecology and recreation, but also through the realization of these regions' autonomous governmental and economic structure. Moreover, special attention must be paid to the decreasing population within these rural areas. Solutions must be provided in order to address the various existing issues that are at hand.

The railway can be a backbone and a solution for the rural areas in Germany. Its primary function being a transportation medium, the railway will also facilitate the preservation of the regional identities; thus, facilitating the various synergies which support and bring about the unique traits of the region. Furthermore, the railway's impact on social and infrastructure values for these regions cannot be underestimated.

The advantages provided by the railway include the bundling of commuter traffic to and from the major centres within the regions. Structural development could be possible if the railway obtained a key position in making space planning decisions; for, it could prevent urban sprawl and an increasing mobility. This would also emphasize the environment's capacity for living and recreation space.

A central concept is that the railway is needed to solve the rural areas' traffic problems. In this paper, the *semi-permeable network* is developed in order to strengthen the endogene potentials of the rural areas and to beware for metropols suctions.

Next to this functional solution an emotional component is necessary to catch the single users attention. Mobility is strongly affective, but traffic solutions do not consider the psychological aspects which privilege cardriving.

Travelling by train ought to be adventurous. It provides for a psychological satisfaction. The train-travel experience must be more than just a simple method of transportation from one location to another. In order to draw a more realistic, believeable and harmonious picture of this statement, a new concept of *brand-management for railways* is needed. With this tool, the railway will be able to present its abilities in their fullest. The railway gets a "face", a certain character.

There are certain attributes that are already associated with the railway. With branding, the railway's particular psycho-social advantage can effectively be delivered to the end-user. By emotionalizing the railway, the foundation for a smooth shifting towards optimized usage of rail networks would be achieved. As a result of an image change, the user may feel a need to choose the railway as his/her mode of transportation instead of his/her automobile – this is the aim of this contribution.

At the present time, it is very difficult for the railway to implement the semi-permeable network or establish brand management. This is due to the fact that the public transportation is predominated by a multitude of decision makers that cannot agree on one strategy and policy. Therefore, even simple decisions cannot be implemented due to these disagreements. Taken with the main function to offer a cheap infrastructural basis for non car owner, the railway currently has no ability to give structural and economic impulses for rural development.

In order to drive change, the society must demand this change unanimously. Every single person has to realize that choosing the railway over their individual car would be more beneficial; thus, their mobility would be significantly unrestricted. The psyche dominates commuter behaviour as well as the choice for the method of commuting. By emotionalizing this experience, the railway could become a status symbol.

Brand management's impact and influence of the end-user could be the first step in rejuvinating the railway's ability to rural areas and their inner potentials. This contribution may be one solution in this new process of reasoning.

9

Inhaltsverzeichnis

Verzeichnis der Darstellungen

1   Einleitung

1.1   Ausgangssituation

Noch vor 50 Jahren war die Bahn Tor zur Welt, die Reise mit ihr außergewöhnlich. Heute scheint es Bahnfahrern hauptsächlich darum zu gehen, so schnell wie möglich ans Ziel zu kommen. Kaum jemand, der behauptet, er fahre mit der Bahn, weil dies das Zusammensein mit anderen Leuten ermögliche oder mit ihr, besser als mit jedem anderen Verkehrsmittel, das Fortbewegen und Ankommen zelebriert werden könne[1]. Für Viele gilt das Auto seit circa 50 Jahren als Statussymbol der persönlichen Freiheit, die sich „Mobilität" nennt. Es steht jederzeit zur Verfügung und bietet Möglichkeiten des persönlichen Ausdrucks, des Erlebens und des sich Auslebens. Mit der Bahn können Route, Tempo und Reisezeit nicht selbst bestimmt werden. Dass diese, wie das Auto, persönliche Wünsche befriedigen könnte, ist heute kaum vorstellbar. Es gibt, insbesondere auf dem Land, keinen guten Grund, mit der Bahn zu fahren.

Die Auto-Mobilität avancierte zum „hegemonialen Leitbild" der deutschen Gesellschaft. Mit der bis heute andauernden Bevorrangung des Autoverkehrs haben Wirtschaft und Politik in Deutschland die Bahn unattraktiv gemacht. Mangelnde Instandhaltung der Schienenwege und, zwar mittlerweile neue, jedoch immer noch unkomfortable Fahrzeuge stehen der Qualität der Straßen und der zum teuren Spielzeug stilisierten Technik in den Autos diametral gegenüber.

Vor dem Hintergrund ständig wachsenden Verkehrs auf der Straße (vgl. zur Veranschaulichung die kurze Darstellung der Verkehrszahlen in Deutschland in Anhang I) wird seit einigen Jahren der Versuch unternommen, Verkehre zu vermeiden oder auf die Schiene zu verlagern. Hier fließt viel Geld in punktuelle Ertüchtigungen von Schienenstrecken, Angebotsverbesserungen oder Aufklärungskampagnen (Kap. 1.2). Alle diese Investitionen und Forschungsgelder werden nutzlos verpuffen, wenn die Menschen nicht ihren persönlichen Vorteil in der Bahn erkennen können. Die Bahn muss den Weg zurück „in die Köpfe" finden.

Mit dem „Größer, Schneller, Weiter" der Wohlstandsgesellschaft wurde das Sehen und Erleben auch kleiner, alltäglicher Dinge, die sich nicht effektvoll und bunt in Szene setzen, verlernt. Auch spielen Herkunft und Identität für viele Menschen keine bedeutende Rolle mehr. Dies bringt insbesondere den ländlichen Raum in wirtschaftliche und strukturelle Schwierigkeiten (Kap. 2.1). Die Bahn weist möglicherweise den Weg in einen Identitätsprozess, in dem die Nähe wieder an Bedeutung gewinnt.

---

[1] Die meisten Argumente gegen den öffentlichen Verkehr sind zwar sachgerichtet, führen jedoch auf eine verzerrte Wahrnehmung und den hohen Stellenwert des Pkw im persönlichen Wertesystem zurück. 71,4 % der Befragten würden auf die Bahn umsteigen, wenn sie bezüglich Flexibilität, der universellen zeitlichen und räumlichen Verfügbarkeit dem Auto vergleichbar wäre (VIERZIGMANN/BELZ 2000). Rückschließend wären knapp 30 % der Nichtnutzer nicht einmal bereit, umzusteigen, wenn die Bahn in den genannten Punkten dem Nutzungskomfort des Autos entspräche.
Die Zahlungsbereitschaft ist ein weiterer Indikator für den Stellenwert des ÖPNV: Die gleichen Bürger, die jährlich etwa EUR 117 Mrd. für ihre individuelle Mobilität verwenden, bewerten Subventionen, die weniger als 10 % dieser Summe betragen, als zu hoch für die Aufrechterhaltung des ÖPNV (KUTTER 1999, S. 504).

Solange beim Fahren nichts erlebt wird, gibt es keinen Grund, mit der Bahn zu fahren. Deshalb muss sie, damit sie wieder wahrgenommen wird, ihr Leistungsvermögen als erlebnisreiche Mobilitätsalternative präsentieren. Sie muss Zuverlässigkeit und bestimmte Werte verkörpern. Diese Arbeit will Wege aufzeigen, wie dies unter heutigen Voraussetzungen erreicht werden könnte.

1.2 Forschungsstand

Die Thematik ist Erfahrungsobjekt verschiedener wissenschaftlicher Disziplinen mit unterschiedlichen Erkenntnisinteressen, so dass sich die Untersuchung komplex gestaltet.

Der *ländliche Raum*, seine wirtschaftliche, strukturelle und demographische Entwicklung sowie seine Potenziale und Schwierigkeiten, ist ein interessantes Forschungsgebiet für die Geographie. Es lässt sich jedoch feststellen, dass dieser Bereich im Rahmen von Forschungsvorhaben und Publikationen unterrepräsentiert ist. Als Ansatzpunkt ist hier HENKEL zu nennen, der mit „Der ländliche Raum: Gegenwart und Wandlungsprozesse seit dem 19. Jahrhundert in Deutschland" (1993) das Standardwerk darstellt. Geographisch auswertbare Hintergründe liefern zudem beispielsweise die Publikationen des *BBR Bundesamtes für Bauwesen und Raumordnung*. In seinem Themenheft „Demographischer Wandel und Infrastruktur im ländlichen Raum" (2003) wird die Situation im ländlichen Raum zusammengeführt.

Aktuelle Forschungen für den ländlichen Raum befassen sich u. a. mit der kontrollierten, nachhaltigen Siedlungs- und Raumentwicklung (Baulandentwicklung an Verkehrsachsen, Verdichtung von Ortskernen) und der Effizienzsteigerung kommunaler Potenziale durch Ergänzung (dezentrale Konzentration, Städtenetze), derzeit verstärkt unter Berücksichtigung lokaler Identitäten[2]. Seit einigen Jahren bestimmen Projekte zur Förderung lokaler Strukturen die Forschung. Mit der Gemeinschaftsinitiative *LEADER+* ("Liaison entre actions de développement de l'économie rurale" (Verbindung zwischen Aktionen zur Entwicklung der ländlichen Wirtschaft) fördert die Europäische Union gebietsbezogene Entwicklungsansätze im ländlichen Raum. Ziel ist es, die Potenziale des jeweiligen Teilraumes zu erkennen, bewusst zu nutzen und mit Hilfe einer breiten Beteiligung eigenständig zu entwickeln. „Regionen aktiv" und „InnoRegio Innovations-Netzwerke" sind weitere Anstoßprojekte. Im Modellvorhaben der Raumordnung (*MORO*) „Regionale Anpassung" werden Strategien für ländliche Räume mit starkem Bevölkerungsrückgang in den neuen Bundesländern entwickelt. Statt gleichwertige Lebensverhältnisse erreichen zu wollen, ist der Staat nunmehr zu einem planvollen Rückzug aus Teilräumen ohne Entwicklungspotenzial bereit. Die sich hieraus verändernde Versorgungsstruktur hat direkte Auswirkungen auch auf das Bedienungskonzept des Bahnverkehrs.

---

[2] Auch hier wiederum anschaulich und aktuell in der Schriftenreihe „Informationen zur Raumentwicklung" des BBR stellvertretend für Monographien.

Ein weiteres geographisches Erkenntnisinteresse liegt in der *verkehrlichen* Situation des ländlichen Raumes. Dieser Forschungszweig war lange Zeit den Ingenieuren vorbehalten. So gestalten sich noch heute Lösungsansätze, beispielsweise zur Bewältigung der Verkehrsnachfrage, oft technisch. Mit der Erkenntnis, Mobilität verstehen zu müssen, um Verkehr zu beeinflussen, werden humanwissenschaftliche Ansätze besser berücksichtigt. Hierzu sind in den letzten Jahren auch einige Weg weisende geographische Arbeiten erschienen.

MONHEIM betrachtet die Möglichkeiten und Potenziale des öffentlichen Personen-Nahverkehrs zur Gewährleistung von Mobilität. In diesem Zusammenhang sind die Veröffentlichungen „Flächenbahn oder Schrumpfbahn" (1998) und „Kundengerechter öffentlicher Verkehr für die Freizeit" (1997) zu nennen. GATHER veröffentlicht Schriften zur integrierten Raum- und Verkehrsplanung. Hier sind exemplarisch „Beiträge einer integrierten Siedlungs- und Verkehrsplanung zur nachhaltigen Raumentwicklung" (1999) und „Verkehrspolitik und Raumplanung – Erkenntnisse und Fragen aus einem dynamischen Spannungsfeld" (1998) zu nennen.

Auch KAGERMEIER bezieht die verkehrliche Steuerung in städtebauliche und zentralörtliche Konzepte ein. Er berührt den ländlichen Raum nur zu einem gewissen Grad („Mobilitätskonzepte in Ballungsräumen" (2002), „Verkehrsvermeidung durch dezentrale Konzentration" (1997)). HEINZE als Politikwissenschaftler und KILL als Ingenieur stellen Thesen und Lösungen zur Freizeitmobilität zusammen, die eine gute Zusammenfassung der Thematik „Freizeitverkehr" darstellen (HEINZE/KILL 1997).

Die Verkehrsforschung in Europa befasst sich für den ländlichen Raum überdies seit einigen Jahren, auch unter dem Aspekt der Selbsthilfe, mit bedarfsgesteuerten Verkehrssystemen. Im Rahmen der aktuellen Verkehrsgeographie ist ein Schwerpunkt bei Forschungsprojekten zu erkennen, die den öffentlichen Personennahverkehr in der ländlichen Region als Grundmobilität und zur Förderung verkehrsreduzierender Strukturen ausrichten (auf europäischer Ebene z.B. bahnville.net). Das Projekt „Personennahverkehr (PNV) für die Region" tritt für eine Erhöhung der Effizienz und Qualität im Personennahverkehr außerhalb der großen Ballungsräume ein. Hier wird schwerpunktmäßig die Verkehrssituation in ländlichen Räumen sowie kleineren und mittleren Städten betrachtet. Dies beinhaltet neue Marketingkonzepte für Ortsbussysteme (z.B. IMAGO) genauso wie die Modellierung alternativer Bedienungsformen, die sich in die traditionellen Linienverkehre einpassen (z.B. Amabile). Verkehrliche Lösungen zur Förderung des Tourismus werden derzeit in Modellprojekten in unterschiedlichen Räumen (z.B. ALERT, FRAME, Konträsräume, Mobiharz) erarbeitet. Für eine effiziente flächenmäßige Erschließung und zur Vernetzung von Verkehrsmitteln wird der klassische Umweltverbund genauso diskutiert wie neue Kooperationsformen im Gemeinschaftsverkehr (Schnittstellenprogramme der Länder, Anruf-Sammeltaxi, alternative Bedienungsformen auch im Rahmen von public-private-partnership, z.B. Impuls 2005 in Brandenburg oder aufdemland.mobil in Ostwestfalen). Zahlreiche verkehrsgeographische Projekte sind überdies an Aufträge gebunden und befassen sich mit örtlich spezifischen Lösungen des öffentlichen Personen-Nahverkehrs. Schwerpunkt bildet hier derzeit der Orts- und Regionalver-

kehr durch Busse mit flexiblen Bedienungsformen, oft unter Einbindung des Tourismusverkehrs, und dessen Vermarktung.

Im Schienen gebundenen Regionalverkehr ist das MORO „Bahnverkehr in der Region" im Handlungsfeld einer umweltverträglichen Mobilität im Rahmen der Nationalen
Nachhaltigkeitsstrategie entwickelt worden. Hierin wurden die Hindernisse untersucht,
die auf Nebenstrecken einer Zunahme des Schienenverkehrs (Güter- sowie Personenverkehr) entgegenstehen. Das Forschungsprojekt „Regionale Effekte der Stilllegung von
Eisenbahnstrecken" der FH Erfurt befasste sich mit den wirtschaftlichen Auswirkungen
von Eisenbahnstrecken, die ehemals bedeutsame Verkehrsinfrastrukturen einer Region
darstellten, nun jedoch zum Teil brach liegen. Hier wurde ein Bewertungsverfahren zur
Abschätzung regionaler Effekte entwickelt und auf ausgewählten Bahnstrecken in Thüringen angewendet. Das ExWoSt-Modellvorhaben „Schienengestützte Siedlungsentwicklung in ... der Region Bremen-Oldenburg" passt sich in dieses Untersuchungsfeld
ein.

Ferner wird die Diskussion derzeit hauptsächlich vom Qualitätsmanagement, der
Fahrzeugtechnik, der Informationstechnologie und der Vergabe von Verkehrsleistungen
bestimmt. Die Arbeit der hier beteiligten Unternehmen wird insbesondere durch bench-
marks begleitet, die ihre Veröffentlichung in einschlägigen Fachzeitschriften (z.B. „Der
Nahverkehr", „Internationales Verkehrswesen", „Der Eisenbahningenieur" als deutsche
Titel) finden. Ein Forschungsfokus liegt auf der Gestaltung von Schnittstellen zu anderen
Verkehrsträgern,   damit   die   Übergangswiderstände   verringert   werden   (z.B.
Schnittstellenprogramme der Länder, deutschlandweite elektronische Fahrplaninformation (DELFI)). Ein weiterer Schwerpunkt liegt in der besseren Auslastung der Infrastruk-
tur durch Informations- und Kommunikationssysteme (Fahren auf „elektrische Sicht")
und Systementwicklungen auf der Basis von Mobilfunkstandards.

Innovationen nehmen einen besonderen Stellenwert im öffentlichen Verkehr ein, der
„...als zu langsam, zu teuer, zu unbequem (gilt). Neben technologischen Verbesserungen
gilt es, solche innovativen Maßnahmen zu fördern, mit denen Verkehrsunternehmen
sowohl ihre Attraktivität steigern als auch ihre Kosten senken. Die Wirtschaftlichkeit
kann z.B. durch energetische und betriebliche Optimierung gesteigert werden; die Verkehrsleistungen können flexibler, kostengünstiger und qualitativ hochwertiger erbracht
werden; die Nutzerfreundlichkeit und Kundenorientierung kann durch intermodale Haus-
zu-Haus-Ketten verbessert werden. Neue Dienstleistungsformen, von unterschiedlichen
carsharing-Modellen bis zu Anruf-Bus-Systemen, können die Attraktivität vorhandener
Gemeinschaftsverkehrsangebote zusätzlich verbessern" (BMB+F 2000, S. 18).

Es zeigt sich deutlich, dass zur Entwicklung des ländlichen Raumes und seines Verkehrs interdisziplinäre wissenschaftliche Ansätze erforderlich sind. Die Geographie kann
hierin ihre Kompetenz einbringen, ganzheitliche Lösungen für den Raum zu konzeptionieren.

Wenn der Nutzer nicht persönlich angesprochen wird, ist jedoch kein Forschungsprojekt je effektiv. Die vorliegende Arbeit zielt deshalb auf die Lücke zwischen der Forschung im ländlichen Raum und der Vermarktung ihrer Lösungen ab. Das Marketing hat

hierin die Aufgabe, Maßnahmen dem potenziellen Kunden, hier also dem Bewohner oder Infrastrukturnutzer, zu erklären und „schmackhaft" zu machen. In der *Marketingforschung* sind jüngst zahlreiche Arbeiten zum Dienstleistungsmarketing erschienen (z.B. STAUSS 1998, BRUHN 2000, MEFFERT 2001). MEYER legt mit dem „Handbuch Dienstleistungs-Marketing" (1998) ein dreibändiges Werk über die Dienstleistung vor, das Richtung weisend ist. Das Qualitätsmanagement, preispolitische Strategien, das Kundenverhalten sowie die Personalpolitik und das Controlling stehen im Fokus der Betrachtungen.

Allein MEFFERT et al. stellen das Phänomen der *Verkehrsdienstleistung*, die das zentrale Thema der vorliegenden Arbeit ist, umfassend dar, jedoch ausschließlich für den Fernverkehr der Deutschen Bahn AG. Wichtigste Themen sind hier die Zielgruppenselektion, das Qualitätsmanagement sowie das, mittlerweile modifizierte, yield management im Rahmen der Preisgestaltung (MEFFERT 2000).

Arbeiten zur Dienstleistungs*marke* verfolgen u. a. Ansätze zur identitätsorientierten Markenführung. Die Untersuchungen zu Dienstleistungen orientieren sich verstärkt an amerikanischen benchmarks. Die Markenpolitik hat in Deutschland seit einigen Jahren Einzug erhalten und wird von einem festen Stamm an Forschern kontinuierlich ausgebaut (z.B. ESCH, HAEDRICH, TOMCZAK, LINXWEILER, BIEL). KARMASIN setzte mit ihrer Veröffentlichung „Produkte als Botschaften" (2000) ein Standardwerk. Der Aufbau und die Führung einer Dienstleistungsmarke wird verstärkt durch praktische Beispiele belegt. DOMIZLAFF gilt als einer der Begründer der Markenkunde mit seiner Arbeit „Die Gewinnung des öffentlichen Vertrauens. Ein Lehrbuch der Markentechnik" (1939), die mittlerweile als klassisch gesehen wird.

Erlebniswelten als Bestandteil einer Marke finden sich z.B. bei TOMCZAK et al. (1998) oder BIEGER/LAESSER (2003), die hier nur stellvertretend genannt werden. Erlebniswelten im Sinne der Wahrnehmungsgeographie als anthropogeographische Teildisziplin beschreiben im deutschsprachigen Raum beispielsweise NOHL (1993), THABE (z.B. (1999) und WEIXLBAUMER (aktuell unter *www.umweltbildung.at/lb/wahrnehmung*). Im Gegensatz zur wirtschaftswissenschaftlichen Sichtweise wird hier die Lesbarkeit oder Erlebbarkeit von Räumen fokussiert. STEINECKE et al. beziehen soziologische Erkenntnisse in ihre untersuchten Erlebniswelten ein. Hier sei insbesondere „Erlebnis- und Konsumwelten" (2000) genannt. LEUPOLT untersucht derzeit den Trend der natürlichen und künstlichen Erlebniswelten als neues Element der Tourismus- und Freizeitgestaltung, u.a. auch für den ländlichen Raum (LEUPOLT/JOHN 2004). OPASCHOWSKI veröffentlicht beispielsweise„Freizeitökonomie – Marketing von Erlebniswelten" (1995) im Rahmen der von ihm in Deutschland Ton angebenden Freizeitforschung.

Über die Verkehrsdienstleistung, und hier speziell dem Bahnverkehr, als *Marke* findet sich indes kaum Literatur, so dass mit dieser Arbeit neue Wege beschritten werden. Der Markenbegriff avanciert zwar zu einem Zauberwort auch im öffentlichen Personen-Nahverkehr, die Tragweite der Marke wird jedoch in den wenigsten Fällen erkannt. Oft werden bereits der Auftritt neuer Fahrzeuge, ein neues Liniennetz oder neue Verkehrsunternehmen als Markenaktivitäten postuliert, was sie, wenn überhaupt, nur ansatzweise sind.

Zwischen dem Marketing und dem Ansatz der Markenführung wird mit dieser Arbeit bewusst eine Trennung vollzogen. Das „klassische" Marketing im öffentlichen Personen-Nahverkehr zielt insbesondere darauf ab, Fahrplan, Tarif, Informationen und Qualität des Angebots effektiv zu kommunizieren[3]. Auf das Produkt oder den Betriebsablauf kann das Marketing von Verkehrsunternehmen, um ein kundenfreundliches Angebot herstellen zu können, in der Regel kaum Einfluss ausüben. Das heutige Bahnmarketing verharrt in einer Servicefunktion mit der Aufgabe, das rein aus betrieblichen Aspekten aufgestellte Produkt „Fahrtenangebot" dem Kunden begreiflich zu machen.

Eine Marke verdeckt betriebliche Aspekte vor dem Kunden oder fügt sie stimmig in ein Gesamtbild ein. Die Arbeit stellt deshalb eine neue Sichtweise der Angebotsgestaltung vor. Es sind interdisziplinäre wissenschaftliche Lösungen erforderlich, um den Bahnverkehr im ländlichen Raum zu stärken. Diese Arbeit will deshalb die Lücke zwischen funktionalen Lösungen der Regional- und Verkehrsplanung und dem Ansatz der Marke als Konsumerlebnis schließen. Sie forciert damit einen ganzheitlichen Ansatz, der über den üblichen Untersuchungsgegenstand, Raum und Verkehr, hinausgeht.

1.3 Ziel der Arbeit und Methode

Ein zeitgemäßes Angebotskonzept für die Bahn ist zwingend erforderlich. Hierfür bedarf es sowohl funktionaler als auch konsumorientierter Lösungsbeiträge.

Es wird zum einen ein Bedienungsmodell entwickelt, das einen Beitrag zur Stärkung des ländlichen Raumes leisten soll (das *Semipermeable Netz* als funktionaler Lösungsbeitrag). Mobilitätsverhalten ist mit einem erheblichen psychologischen Moment behaftet. Somit ist jedes Verkehrsmittel nur dann erfolgreich, wenn es dem Nutzer über seine Funktionalität hinaus einen persönlichen Nutzen verspricht.

Mit Hilfe der Markenführung zum anderen werden Erscheinungsbild und Leistungsbestandteile der Bahn deshalb so herausgestellt, dass sie in einem ganzheitlichen und widerspruchsfreien Kontext erlebt werden kann. Damit wird langfristig eine neue Identität (= Image) der Bahn erreicht, die mit bestimmten „Charaktereigenschaften" (Wesensmerkmale und Werte, z.B. modern, technisch, individuell, seriös, aktiv) behaftet ist. Der Einzelne bezieht solche Werte besser in sein Selbstkonzept ein, als wenn er mit der Bahn das reine Hin- und Herfahren gleichsetzt. Diese Arbeit verbindet das Semipermeable Netz als Lösungsvorschlag für ein Bedienungskonzept der Schiene mit den Instrumenten der Markenführung zu einem erlebbaren und Bedürfnis regulierenden Bahnverkehr.

---

[3] Natürlich hat das Marketing auch die Aufgabe, die Vorteile des öffentlichen Personen-Nahverkehrs zu kommunizieren. Oft beschränkt sich dies aber auf die Botschaft „schneller/bequemer/stressfreier" oder den Appell an Vernunft und Umweltgewissen. Dies ist für die meisten Zielgruppen völlig verfehlt (dazu z.B. KIEGELAND 1997, S. 32).

- *Kapitel 2*
Die Ausgangssituation stellt der ländliche Raum in Deutschland, seine verkehrliche Situation und die heutige Ausgestaltung des Bahnverkehrs dar. Hierzu erfolgt ein Quellenstudium in unterschiedlichen Disziplinen sowie die Analyse derzeitiger Maßnahmen in der Umsetzung räumlicher und verkehrlicher Konzepte. Zunächst wird der ländliche Raum mit seinen heutigen Schwächen und Entwicklungsmöglichkeiten beleuchtet. Der Verkehr nimmt hier eine gesonderte Stellung ein. Engpässe wie in Ballungsräumen bestehen nicht, so dass Gefahr besteht, dass er unkontrolliert ausufert. Insbesondere intrinsischen und touristischen Verkehren ist mit geeigneten Beeinflussungsmaßnahmen zu begegnen.

Der Schienen-Personennahverkehr ist in seiner heutigen Situation nur aus der geschichtlichen Entwicklung zu verstehen. Derzeit stellt er eine Restkategorie im des öffentlichen Verkehrs dar. Um einen Lösungsbeitrag für den ländlichen Raum leisten zu können, benötigt er jedoch sinnvolle Produktmerkmale, durch die eine signifikante Verkehrsmenge auf die Schiene verlagert werden kann.

Die Arbeit beruht auf der Gewinnung und der Ziel gerichteten Auswertung umfangreicher Sachdaten und Quellen (Fachliteratur, Statistiken, benchmarks, Marktbeobachtung). Es erfolgte bewusst eine Konzentration auf Sekundärdaten, da diese einen anderen Zugang und neue Wege, heutige Probleme des ländlichen Raumes ganzheitlich zu lösen, erzwingen. Dadurch wurde es möglich, seine Potenziale und Chancen auf einer übergeordneten Ebene herauszuarbeiten und deutlich zu machen.

Die Ergebnisse dieser Arbeit können in einem nächsten Schritt in Einzeluntersuchungen weitergeführt werden. Hierin wäre eine Erhebung von Primärdaten erforderlich, um die Praktikabilität und Umsetzungsmöglichkeit der hier diskutierten Ansätze erproben zu können. Die Analyse von Pendlerdaten und Verkehrsverhalten einer *Ist-Situation* hätten zu diesem Ansatz jedoch keinen Beitrag leisten können. Deshalb war es notwendig, herkömmliche Denkmuster und Methoden zu verlassen, um einen neuen Zugang zum untersuchten Problem zu erhalten.

- *Kapitel 3*
In Anlehnung an den auf den Tourismusverkehr ausgerichteten Interregio der Deutschen Bahn AG wird ein Bedienungsmodell für die Bahn konstruiert, das auf ländliche Räume angepasst ist. Dieses in dieser Arbeit entwickelte, bereits genannte *Semipermeable Netz* stellt eine verkehrliche Lösung zur Kräftigung endogener Strukturen des ländlichen Raumes dar. Die Bedienungsprinzipien werden an Hand von Beispielen veranschaulicht.

- *Kapitel 4*
Funktionale verkehrliche Lösungen wie das Semipermeable Netz sind für die Produktgestaltung unerlässlich, jedoch für den Nutzer persönlich meistens nicht relevant. Kapitel 4 legt, den Ansatz von Kapitel 2 zur Mobilitätspsychologie weiterführend, psychosoziale Aspekte, die hinter der Mobilitätswahl liegen, dar. Hieraus werden erste Rückschlüsse für eine Leistungsbeschaffenheit der Bahn gezogen, die zu höherer persönlicher Beteiligung (das so genannte *'involvement'*) durch den Nutzer führt.

- **Kapitel 5**

  In diesem nunmehr wirtschaftswissenschaftlichen Ansatz werden Potenziale und Gestaltungsmöglichkeiten der Bahn für eine Dienstleistungs-Marke „Regionalverkehr" herausgestellt. Auch hier erfolgt vornehmlich eine Sekundärdaten-Analyse wirtschaftswissenschaftlicher Publikationen, um neue Impulse setzen zu können. Die Idee der Markenführung wird von Außenfaktoren des Verkehrsmarktes beeinflusst. Einflussfaktoren und ihre Auswirkungen auf die Leistungsgestaltung, jedoch auch Lösungsalternativen, begleiten die Markenführung. Dafür ist eine kontinuierliche Beobachtung des Bahnmarktes in Deutschland und Europa erforderlich. Die Schlussfolgerungen werden mit den Erkenntnissen aus der Markenführung gekoppelt und auf den Bahnverkehr im ländlichen Raum beispielhaft angewendet. Da die Beförderung als Kernleistung der Bahnfahrt nicht sichtbar ist, muss das Leistungsvermögen der Bahn bildhaft und begreifbar dargestellt werden. Auch funktioniert die Marke nur durch ein widerspruchsloses Selbstbild, das eindeutig wahrgenommen wird. Darüber hinaus ist die Bahnmarke in der Lage, den an sich erlebnislosen Kern der Dienstleistung, die Beförderung, um zahlreiche für den Nutzer relevante Zusatznutzen anzureichern. Aus der Gesamtheit der einzelnen Zusatznutzen lassen sich komplexe Erlebniswelten gestalten. Die hieraus entstehenden Ideen werden mit Hilfe von Beispielen veranschaulicht.

- **Kapitel 6**

  Die Idee der Markenführung von Verkehrsdienstleistungen wird beispielhaft an zwei ländlichen Räumen dargestellt. Der Planungsraum Ostprignitz-Ruppin weist eine vergleichsweise geringe wirtschaftliche (einschließlich touristische) oder landschaftliche Vielfalt auf und benötigt auf Grund seiner räumlichen Nähe zu Berlin eine wirtschaftliche und psychologische endogene Schubkraft, die durch den Bahnverkehr unterstützt oder sogar induziert werden kann.

  Die Landkreise Burgenlandkreis, Weißenfels, Sömmerda und Kyffhäuserkreis verfügen mit ihren Teilräumen an Saale und Unstrut über einmalige Landschaftsbilder und Wirtschaftszweige. Auch hier sollte die Bahn nicht nur ihren Grundnutzen, den Transport, erbringen. Sie kann an der Vielfalt der regionalen Potenziale partizipieren und zusätzliche Aufgaben darauf ausrichten. Diese sind damit untrennbar mit der prosperierenden Entwicklung der Region verbunden. *Letztendlich ist abzuschätzen, inwiefern eine Bahnmarke Impulse für eine positive Entwicklung des ländlichen Raumes setzen kann und wie sich ihr künftiger Stellenwert in der Planung gestalten sollte.* Die Idee der Markenführung im Regionalverkehr richtet sich an alle Instanzen, die Verkehrsdienstleistungen im ÖPNV erforschen, als Leistung planen, erbringen, ausschreiben und bestellen, vermarkten, entsprechend ihrer Politik gestalten oder indirekt an ihrer Erstellung beteiligt sind. Die Arbeit richtet sich auch an die Aufgabenträger der Länder, an Verkehrsunternehmen und an die Verkehrs- und Raumordnungspolitik. Sie vertritt die Überzeugung, dass das vorhandene Potenzial der Bahn kreativ dazu genutzt werden muss, um heutige Schwächen von Räumen und Verkehren in einem weiter reichenden, gesellschaftlichen Gedankenansatz lösen zu können.

Darstellung 1:   Untersuchungs-Synopse

Ländlicher Raum –
Probleme, raumplanerische Leitbilder, Potenziale,

Verkehr –
Kennzeichen des Verkehrs im ländlichen Raum, Psychologie des Fahrens,
Steuerungsinstrumente,

Regionaler Bahnverkehr –
geschichtliche Entwicklung, Schwächen des Bahnverkehrs heute,
Produkteigenschaften und Anforderungen an den Schienenverkehr,
herauszuarbeitende Stärken,

funktionales Bedienungsmodell des Semipermeablen Netzes -
ein neues Bedienungsmodell für den Bahnverkehr im ländlichen Raum als funktionale Angebotsgestaltung zur Unterstützung endogener Potenziale, seine Ausgestaltungsprinzipien,

Die Bahn als Dienstleistungs-Marke –
Leitgedanken der Markenführung zur Steigerung der Wahrnehmung, des Erlebniswertes der Bahn,
Prämissen des Marktes,
die Bahn als Verkehrsdienstleistung,
Ermittlung neuer und Herausstellung bekannter Potenziale,
Entwicklung von Identitäten und Erlebniswelten als ganzheitlicher Ansatz von Bahn und ländlichem
Raum,

Die Bahnmarke im ländlichen Raum –
Entwicklung von Markenkonzepten für den Bahnverkehr in zwei unterschiedlichen ländlichen
Räumen,
Raumanalyse und Diskussion der möglichen Wirkung.

Zur Anmerkung

Es ist bewusst darauf verzichtet worden, eine Marke für den Regionalverkehr textlich
und bildlich konkret zu konzeptionieren, obwohl dies durch den kreativen Gestaltungs-
spielraum, der ihr zu Grunde liegt, naheliegend gewesen wäre. Die Bahnmarke trägt in
dieser Arbeit keinen Produktnamen. Allein ein einfaches Logo dient zur Veranschaulichung der Liniennetze in Kapitel 6, um von der Sachdiskussion nicht abzulenken.

Es sind Lösungsmöglichkeiten entwickelt worden, die sich nahezu beliebig gestalten
und variieren lassen und sich deshalb in der Praxis völlig unterschiedlich ausgestalten.
Ein fester Markenname mit dazugehörigem Logo, mit bestimmten Designmerkmalen
und Servicebestandteilen hätte die Idee, die Bahn vielfältig auf räumliche Potenziale
auszurichten, zu stark eingegrenzt.

2 Schwächen und Potenziale des ländlichen Raumes in Deutschland

2.1 Analyse des ländlichen Raumes

2.1.1 Merkmale des ländlichen Raumes

Der ländliche Raum fasst eine Vielzahl von interregional ähnlichen, aber auch sehr unterschiedlichen und zugleich zeitlich wandelnden Merkmalen zusammen (Aspekt der Heterogenität), so dass er auch als synthetischer Kulturbegriff gesehen wird (HENKEL 1993, S. 25; über die Vielgestalt des ländlichen Raumes und seiner geschichtlichen Entwicklung ebd. S. 25-36).

Prägnant ist seine überwiegende Darstellung als problematische Restkategorie. Erst seit einigen Jahren wird versucht, die Potenziale und Funktionen des ländlichen Raumes aktiv herauszustellen. Im Zuge der heute gewünschten endogenen Entwicklung ländlicher Räume beziehen sich diese Funktionen auf die eigenen Bedürfnisse vor Ort; die klassischen Funktionen des ländlichen Raumes in der Industriegesellschaft (Agrarproduktion, Erholung, ökologischer Ausgleich) treten damit hinter lokale Ziele zurück.

Die großräumige Siedlungsstruktur des Bundesgebietes wird derzeit auf Kreisebene nach drei Regionstypen gegliedert. Die wesentlichen Bestimmungsfaktoren zu ihrer Beschreibung sind die Faktoren „Zentralität" und „Verdichtung" (*IfS* 2003, S. 127-128; die Bezeichnungen als *Typ I* bis *III* wurden vom Verfasser vorgenommen).

- *Typ I: Ländliche Räume innerhalb und am Rande von Regionen mit großen Verdichtungsräumen*
  Ihre Bewohner haben Zugang zu einer hochwertigen Infrastrukturausstattung der Verdichtungsgebiete. Der wachsende Siedlungsdruck aus diesen Agglomerationsräumen heraus birgt jedoch die Gefahr, einen ländlichen Teilraum in einen struktur- und identitätslosen Siedlungsbrei zu verwandeln (Suburbanisierung, sog. 'urban sprawl'). Dörfliche Strukturen, Freiflächen für Land- und Forstwirtschaft, für Erholung, landschaftliche Vielfältigkeit und ökologischer Ausgleich gehen verloren.

- *Typ II: Ländliche Räume mit leistungsfähiger zentralörtlicher Struktur*
  Hier handelt es sich meist um Gebiete mit einem ausgebauten Oberzentrum (oder einem Mittelzentrum mit Teilfunktionen eines Oberzentrums) und einem Netz von Mittelzentren. Die ländlichen Räume zwischen den zentralen Orten beziehen sich direkt auf diese. Dieser Typ ländlicher Räume entzieht sich den Sogwirkungen großer Verdichtungsräume.

- *Typ III: Periphere, dünn besiedelte ländliche Räume ohne leistungsfähige Zentren*
  Dieser Raumtyp[4] ist durch eine geringe Bevölkerungsdichte, verkehrliche Abgelegenheit, Mangel an Arbeitsplätzen und geringe wirtschaftliche Entwicklungsmöglichkeiten

---

[4] Dünn besiedelte ländliche Räume sind gemäß einer Definition des *BBR Bundesamtes für Bauwesen und Raumordnung* Gebiete mit einer Einwohnerdichte von unter 150 Einwohnern/km².

gekennzeichnet. Er befindet sich in einem grundsätzlichen wirtschaftlichen und sozio-
demografischen Umbruch. Indikatoren hierfür sind beispielsweise

- die rückläufige Zahl landwirtschaftlicher Betriebe,
- die rückläufige Zahl der Beschäftigten in der Landwirtschaft und anderen ländlichen Monostrukturen,
- Standortnachteile für Bevölkerung und Wirtschaftsbetriebe,
- die Abwanderung insbesondere der jungen Bevölkerung,
- der Verlust infrastruktureller Einrichtungen.

Die Voraussetzungen für eine wirtschaftliche Entwicklung in ländlichen Räumen hängen
von den Potenzialen des jeweiligen Raumes ab. Diese sind vor allem „weiche" Standort-
faktoren wie beispielsweise eine günstige Lage zu Verdichtungsräumen, die hohe Flä-
chenverfügbarkeit, gute Umweltbedingungen oder Nutzungsmöglichkeiten für Freizeit
und Erholung (LUTTER 2002). Durch die Stärkung und Förderung regionaler Eigenkräfte,
beispielsweise einer netzwerkartigen Planung auf regionaler Ebene, können weitere
Potenziale gezielt aktiviert werden.

Für den Verlauf dieser Arbeit sollen die Bezeichnungen „ländlicher Raum" und „Region" synonym verwendet werden, wie es im allgemeinen Sprachgebrauch als Termini zur
begrifflichen Abgrenzung vom städtischen Raum üblich ist. Teilräume sind als Gebiete
innerhalb der Region zu verstehen, die sich durch Merkmale oder anzustrebende Maßnahmen von anderen Teilen der Region abgrenzen. Hierbei erfolgt eine Konzentration
auf Räume, die sich nicht in geographischer Nähe zu Agglomerationen befinden (*Typ II*
und III).

2.1.2 Raumordnerische Leitvorstellungen und Leitbilder

Die Entwicklungs-Schwerpunkte für den ländlichen Raum lassen sich durch die raum-
ordnerischen Leitvorstellungen und Leitbilder recht kurz und dezidiert darstellen. Die
Raumordnung gibt übergeordnete, langfristige Leitvorstellungen für die Raumplanung
vor und ist damit auf Veränderungen und zielorientiertes Handeln ausgerichtet. Hieraus
können die Ziele für den ländlichen Raum abgeleitet werden.

Das Europäische Raumentwicklungskonzept EUREK, auf das sich die Mitgliedsstaaten
der Europäischen Union 1999 verständigt haben, fußt auf dem Leitbild einer nachhaltigen Raumentwicklung[5] und stärkt, wenn auch rechtlich nicht bindend, mit seinen Ziel-
vereinbarungen die Grundsätze der Raumordnung. Es fordert unter anderem die Entwicklung eines ausgewogenen und polyzentrischen Städtesystems sowie die Sicherung
des gleichwertigen Zugangs zur Infrastruktur.

Das Raumordnungsgesetz des Bundes (ROG), das 1997 grundlegend novelliert wurde, formuliert Leitvorstellungen und Grundsätze der Raumordnung, die auf den nachge-
ordneten Planungsebenen der Bundesländer konkretisiert werden sollen. Während es

---

[5] Eine nachhaltige Raumentwicklung ist eine besonders hervorgehobene Leitvorstellung. Danach sollen die
sozialen und wirtschaftlichen Ansprüche an den Raum mit seinen ökologischen Funktionen in Einklang gebracht
werden, um eine dauerhafte, großräumig ausgewogene Ordnung des Raumes herbeizuführen (MÜLLER/KARSTEN
2001, S. 43, Randtext).

sich lange Zeit hauptsächlich um eine Beseitigung oder Reduzierung räumlicher Disparitäten bemühte, räumt es heute dem Leitbild der Nachhaltigkeit[6] einen hohen Stellenwert ein.

Darstellung 2: **Auszug relevanter Stellen aus dem ROG für eine Perspektive des ländlichen Raumes**

---

§ 1 (2) ROG Leitvorstellungen bei der Erfüllung der Aufgabe nach Absatz 1 ist eine nachhaltige Raumentwicklung, die die sozialen und wirtschaftlichen Ansprüche an den Raum mit seinen ökologischen Funktionen in Einklang bringt und zu einer dauerhaften, großräumig ausgewogenen Ordnung führt. Dabei sind ...
6. gleichwertige Lebensverhältnisse in allen Teilräumen herzustellen... .

§ 2 (2) ROG Grundsätze der Raumordnung sind:
1. ... eine ausgewogene Siedlungs- und Freiraumstruktur ist zu entwickeln. ...
2. Die dezentrale Siedlungsstruktur des Gesamtraums mit ihrer Vielzahl leistungsfähiger Zentren ... ist zu erhalten. ..
3. Die großräumige und übergreifende Freiraumstruktur ist zu erhalten und zu entwickeln. ...
4. Die Infrastruktur ist mit der Siedlungs- und Freiraumstruktur in Übereinstimmung zu bringen. ...
5. ... Die Siedlungsentwicklung ist durch Ausrichtung auf ein integriertes Verkehrssystem und die Sicherung von Freiräumen zu steuern. ...
6. Ländliche Räume sind als Lebens- und Wirtschaftsräume mit eigenständiger Bedeutung zu entwickeln. Eine ausgewogene Bevölkerungsstruktur ist zu fördern. Die zentralen Orte der ländlichen Räume sind als Träger der teilräumlichen Entwicklung zu unterstützen. Die ökologischen Funktionen der ländlichen Räume sind auch in ihrer Bedeutung für den Gesamtraum zu erhalten ...
7. In Räumen, in denen die Lebensbedingungen in ihrer Gesamtheit im Verhältnis zum Bundesdurchschnitt wesentlich zurückgeblieben sind ... (strukturschwache Räume), sind die Entwicklungsvoraussetzungen bevorzugt zu verbessern. Dazu gehören insbesondere ... eine Verbesserung der ... Infrastrukturausstattung.
12. Eine gute Erreichbarkeit der Teilräume untereinander durch Personen- und Güterverkehr ist sicher zu stellen. ... Die Siedlungsentwicklung ist durch Zuordnung und Mischung der unterschiedlichen Raumnutzungen so zu gestalten, dass die Verkehrsbelastung verringert und zusätzlicher Verkehr vermieden wird. ...

(Quelle: MÜLLER/KARSTEN *2001, S. 61 ff.)*

„Die Vielfalt der ländlichen Räume erfordert differenzierte Entwicklungsstrategien, die auf die jeweiligen regionseigenen Potenziale ausgerichtet sind" (LUTTER 2000, S. 46). Diese liegen, gemäß *BBR*, in einer guten Infrastrukturausstattung, guten Umweltqualität und einer besseren Vermarktung der regionseigenen Produkte. Entwicklungstendenzen der Raumplanung sind daher

---

[6] Definition Nachhaltigkeit: „Nachhaltige Entwicklung ist eine Entwicklung, welche die heutigen Bedürfnisse zu decken vermag, ohne für künftige Generationen die Möglichkeiten zu schmälern, ihre eigenen Bedürfnisse zu decken" (ebd., S. 15). Die Nachhaltigkeit orientiert sich an langfristigen und globalen Zielen wie der ökologischen Verträglichkeit, wirtschaftlicher Effizienz und sozialer Gerechtigkeit.

- die Revitalisierung der Verdichtungsräume,
- der Erhalt der naturnahen Umwelt,
- die wirtschaftliche Sicherung peripher ländlicher Räume durch neue Förderkonzepte und
- die Weiterführung der dezentralen Konzentration.

Der Ballungsraum wird kleinräumig strukturiert (die „neue Nähe"), Erholungs- und Versorgungsfunktionen wieder an den Wohnort herangeführt. Dadurch entfallen viele in der Freizeit geleisteten Zwangsverkehre. Die Aspekte „Gleichwertige Lebensverhältnisse" und „Dezentrale Konzentration" stellen Leitbilder der räumlichen Planung dar, die Probleme des ländlichen Raumes lösen sollen.

2.1.2.1 Dezentrale Konzentration

Das System der zentralen Orte ist ein wichtiges Instrument der Landesplanung und zentraler Bestandteil des Leitbildes der dezentralen Konzentration. Das System von Ober-, Mittel- und Grundzentren soll nach diesem Leitbild die Versorgung der Bevölkerung und Wirtschaft mit infrastrukturellen Leistungen sichern. Der Vorteil dieses Leitbildes, Funktionen in mehreren Orten einer Region (dezentral) gebündelt (Konzentration) anzubieten, liegt in einer relativ guten Erreichbarkeit und Verbrauchernähe infrastruktureller[7] Einheiten wie Versorgung, staatlicher Stellen oder Freizeiteinrichtungen. Die Zusammenführung administrativer Einrichtungen führt zudem zur Kostenentlastung für die öffentliche Hand, ohne höherwertige Funktionen innerhalb der Region aufgeben zu müssen.

Auch in dünn besiedelten ländlichen Räumen kann eine Mindestausstattung mit Versorgungseinrichtungen gesichert und Abwanderungen vorgebeugt werden. Die öffentliche Daseinsvorsorge steht hierin vor der Aufgabe, einerseits Angebote vorzuhalten und andererseits eine möglichst effektive Auslastung der Infrastruktur zu schaffen. Die Kleinstädte als Grundzentren können strategisch als Lebensstützpunkte stabilisiert werden durch eine Sicherung der Grundversorgung, der Konzentration auf die Innenentwicklung und die attraktive Gestaltung des öffentlichen Raumes[8]. In einer vitalen Region könnten sich Aktivitäten des täglichen Bedarfs wieder verstärkt auf die Wohnstandorte hin orientieren. Funktionsmischung und örtlicher Verkehr sollten sich hierbei gegenüber Monostrukturen und regionsübergreifendem Verkehr durchsetzen. Sie fördern kleinräumige Aktivitäts- und Wirtschaftsmuster und stärken die Stabilität polyzentrischer, dezentraler Strukturen (IFK 2001, S. 24).

---

[7] Die „Infrastruktur" umfasst in diesem Sinne die gesamte Grundausstattung einer Region, die für das Funktionieren von Wohnen und Arbeiten erforderlich ist (nach HENKEL 1993, S. 233).

[8] In benachteiligten Regionen wie der Prignitz haben sich Städte zu einem Städtenetz zusammengefunden, um durch gemeinsame Radwegeprojekte und Beschilderung, gemeinsames Städtemarketing im Internet, mit einem Sozialatlas über die örtlichen Lebensverhältnisse und einer bewussten Städtebauförderung des Wohnens in der Stadt die Anziehungskraft für Unternehmen und Touristen zu vergrößern und den Bürgersinn zu wecken.

Zur Sicherung und zum Aus- oder Rückbau der Strukturen im ländlichen Raum sind damit folgende Maßnahmen anzustreben (vgl. hierzu: *Bundesministerium für Raumordnung, Bauwesen und Städtebau* 1993, S. 10-11):

- Konzentration der Förderung auf ausgewählte Kristallisationspunkte, von denen eine hohe Ausstrahlung in das Umland zu erwarten ist,
- Bündelung von Infrastruktur und Arbeitsplätzen in zentralen Orten,
- Sicherung der Grundversorgung in allen Teilen der Region,
- selektive Förderung von regionalen Potenzialen und
- Stärkung der interkommunalen Zusammenarbeit zur Ausnutzung von Synergien.

Das Ziel der Nachhaltigkeit kann durch die Stärkung des Zentrale-Orte-Systems mit dem Kriterium der Verkehrslagegunst gefördert werden, um einer Zersiedlung des Raumes entgegenzuwirken. Durch Siedlungsverdichtungen und Nutzungsmischung auf lokaler Ebene soll eine *Region der kurzen Wege* erreicht werden, die arm an motorisiertem Individualverkehr (mIV) ist und attraktive Angebote der umweltfreundlichen Verkehrssystem ermöglicht (u.a. SPANGENBERG/PÜTZ 2002, S. 596). Mit der angestrebten punktuellen Siedlungsverdichtung innerhalb des zentralörtlichen Systems sollen, dem Leitbild der dezentralen Konzentration entsprechend, Standortqualitäten verbessert werden. Diese stärken zum einen regionale Teilräume, andererseits werden Freiräume vor weiterer Inanspruchnahme geschützt.

Trotz aller staatlicher Ausgleichsbemühungen, u.a. um die Förderung der dezentralen Konzentration, sind die Agglomerationsräume immer noch die Wachstumspole. Der Radius der Wanderungsbewegung hat sich bis weit in die ländlichen Räume erweitert. Umlandgemeinden ohne zentralörtliche Bedeutung verzeichnen hierbei die größte Dynamik (*Typ I*). Stadtnahe und verstädterte ländliche Räume werden weiterhin stark wachsen (MÜLLER/KARSTEN 2001, S. 105, (*Typ I* und *II*, Kap. 2.1.1)). Diese so genannte Suburbanisierung[9] unterläuft damit die planerischen Prozesse einer dezentral konzentrierten Siedlungsentwicklung. Die Folgen daraus sind

- das Ausbluten der Kernstädte,
- mangelnde Auslastung von Infrastruktureinrichtungen in Städten, während sie in Umlandgemeinden fehlen,
- Konkurrenzierung der Stadtzentren mit Großeinrichtungen im Umland („Grüne Wiese"),
- schwindende Freiflächen im Umland,
- neue Verkehrsprobleme durch längere Wege und durch die Suburbanisierung induzierte Neuverkehre,
- Zersiedelung der Landschaft mit allen negativen Folgen für die Umwelt.

Die Raumstruktur scheint zudem für kurze Distanzen nicht mehr geeignet zu sein. Versorgungseinrichtungen finden sich an sekundären Standorten, die zu Fuß oder mit dem Fahrrad kaum noch zu erreichen und für sie nicht ausgerichtet sind. Von Arbeitnehmern wird zunehmend eine hohe räumliche Flexibilität erwartet. Auch der Staat nutzt die

---

[9] Suburbanisierung entsteht durch kleinräumige Wanderungen von privaten Haushalten und Betrieben, die ihren Wohn- bzw. Betriebsstandort aus der Kernstadt in das Umland verlegen.

gestiegene Mobilität des Einzelnen für die Rationalisierung von Aufgaben und Standorten[10].
Diese Entwicklung ist durch das überreichliche Vorhandensein von Erschließungsnetzen und ländlicher Fläche zu verstehen. Der private Pkw wurde in Westdeutschland seit den 1950er Jahren massiv gefördert. Ergebnis sind eine starke individuelle Mobilität und der überproportionale Anstieg der Raumüberwindungs-Geschwindigkeit („automotiver lifestyle" KUTTER 2002, S. 2). Damit steht das Leitbild der dezentralen Konzentration einer heute als selbstverständlich angesehenen Mobilität entgegen, in der Raum zunehmend an Bedeutung verliert.

Auch werden gemäß des Leitbildes durch die Bündelung von Funktionen auf zentrale Orte schwache endogene Potenziale der Dörfer ohne zentralörtliche Funktion abgesogen. Den Zugewinnen der zentralen Orte stehen „die gravierenden Verluste der historisch gewachsenen und von Generationen erarbeiteten Potenziale an Bevölkerung, Wirtschaft und Infrastruktur in den nichtzentralen Dörfern und Städten gegenüber" (HENKEL 1993, S. 203). Das Leitbild betrachtet lediglich einen kleinen Teil ländlicher Siedlungen; der Großteil bleibt undifferenziert und, trotz unterschiedlicher lokaler Historien, gleichartig.

Das Leitbild der dezentralen Konzentration stellt daher zwar einen wichtigen Ansatz zur Lösung von Problemen des ländlichen Raumes dar. Es kann auf Grund seiner Schwächen jedoch nur ein Instrument unter mehreren sein.

2.1.2.2 Gleichwertigkeit der Lebensverhältnisse – Identität

Im Bundesraumordnungsgesetz (BROG) von 1965, das durch das ROG 1997 abgelöst wurde, wird als übergeordnetes Ziel der Raumordnung die Schaffung gleichwertiger, gesunder Lebensverhältnisse in allen Teilregionen des Staates festgelegt. Die räumlichen Strukturen sollten so gestaltet werden, dass sie „der freien Entfaltung der Persönlichkeit in der Gemeinschaft am besten" dienen (§ 1,1 BROG).

Die Anpassung der Lebensverhältnisse wird dabei als Wachstum im Sinne einer Angleichung an den Bundesdurchschnitt „nach oben" verstanden. Mittlerweile ist bekannt, dass dieses Ziel nicht für alle ländlichen Teilräume finanzierbar sein wird. Der aktuelle Reformprozess des Staates führt u.a. dazu, dass dieser sich von zahlreichen „Fürsorgepflichten" gegenüber seinen Bürgern verabschiedet. Eine Eigeninitiative vor Ort wird damit notwendig.

Gemäß einer Klassifizierung zeichnen sich unterschiedliche Strategien der Infrastruktur-Bereitstellung für Teilräume innerhalb der Regionen ab, um durch regionale Stärken eine selbst tragende Entwicklung zu ermöglichen (IfS 2003, S. 17-20):

- **Stabilisierung auf Grund besonderer regionaler Stärken**
  In Teilräumen mit besonderen naturräumlichen Attraktionen können touristische Maßnahmen eine wirtschaftliche Stabilisierung erreichen. Infrastruktureinrichtungen kön-

---

[10] KUTTER nennt dies die „erzwungene Mobilität" (2002, S. 19). Raumstrukturelle Rahmenbedingungen ziehen durch diese Entwicklungen ein nach gewissen Zeiträumen angepasstes Mobilitäts- und Siedlungs- bzw. Standortverhalten nach sich – längere Wege werden selbstverständlich. Der Einzelne kann diese strukturellen Gegebenheiten nicht mehr aus eigener Kraft kompensieren. Das Dilemma aus steigender Dispersion und anwachsendem Verkehrsaufkommen scheint irreversibel zu sein.

nen in gewohntem Maße erhalten bleiben. Es ist eine regionale Profilierung erforderlich, um sich von den Vorzügen anderer Regionen deutlich abgrenzen zu können und
damit einen Wettbewerbsvorteil zu erhalten,

- **Stabilisierung durch Neuorientierung**
  Weite Teile ländlicher Räume, insbesondere in Ostdeutschland, sind durch ein Netz
  kleiner Landstädte und Dörfer geprägt, die eine wirtschaftliche Basis (z.B. Landwirtschaft oder Gewerbe) aufweisen. Besondere touristische Potenziale liegen oft nicht vor.
  Hier kann eine Stabilisierung der Infrastrukturversorgung auf niedrigem Niveau durch
  kooperative Arbeitsweisen in Selbstverantwortung erfolgen. Solche Regionen können
  eine Alternative zu städtischen Lebensweisen darstellen und sollten ihre endogenen
  Potenziale deutlich gegenüber anderen Regionen abgrenzen,

- **Infrastruktureller Rückzug**
  Für sehr dünn besiedelte Teilräume ohne wirtschaftliche Entwicklungsperspektive kann
  eine Option die Aufgabe infrastruktureller Angebote sein, wenn auf Grund weiterer Be-
  völkerungsrückgänge ein zu großes Ungleichgewicht zwischen Infrastrukturangebot
  und Nachfrage entsteht. Der Vorteil eines gezielten Rückzugs könnte in der Gewinnung
  großer zusammenhängender Flächen für den Natur- und Artenschutz liegen. Die Beziehung zwischen Demographie und Umwelt ist jedoch noch nicht verstanden worden,
  die tatsächlichen Auswirkungen des Bevölkerungsrückgangs spekulativ (z.B. VORHOLZ
  2004, S.30).

Es wird gefordert, endogene regionale Potenziale zu nutzen und lediglich Kernfunktionen
wie Bildungsangebote für Kinder und Jugendliche sowie eine medizinische Mindestver-
sorgung aufrecht zu erhalten sowie nicht-physische Erreichbarkeiten zu fördern (IfS
2003, S. 129). Alternativen zu den traditionellen Formen des Infrastrukturangebots
erfordern ein neues Selbstverständnis, um spezifische eigene Potenziale und Fertigkeiten
entwickeln zu können. Sie zielen verstärkt auf zwischenmenschliche Strukturen und die
Fähigkeit, lokale Probleme eigeninitiativ lösen zu können. Hierfür müssen eigene Identitäten wieder oder neu gefunden werden[11].

Eine regionale Identität lässt sich fördern, indem die Stärken der Region deutlich herausgestellt und ihre, z.B. kulturellen, Potenziale einbezogen werden. Die regionale Kultur
wird darin zur entscheidenden Voraussetzung einer zukunftsorientierten Identität[12]. Die
Ausbildung einer regionalen Identität stellt einen wichtigen Baustein für das Selbstverständnis der Bewohner dar, landschaftliche und wirtschaftliche Ressourcen zu erkennen
und sich persönlich in Entwicklungsprozesse zu involvieren.

---

[11] Zu den aktuell diskutierten Ansätzen des 'governance'-Prinzips und dem 'aktivierenden Staat' sei auf die
Leader+ - Projekte und den Wissenstransfer der Bundesregierung (auf *www.staat-modern.de*) verwiesen.

[12] Offen ist allerdings, was tatsächlich identitätsschaffend ist und wo die Stärken der Region liegen. Trotz der
Einbindung der Menschen vor Ort in regionale Projekte ist die Identitätsbildung und der Bezug der Bevölkerung zu
den regionalen Projekten zudem nicht hinreichend ausgeprägt. Innovations- und Ideenschwäche sowie mangelndes Interesse oder Verkennen notwendiger Aktivitäten können weitere Gründe sein, dass sich regionale Stärken
nicht herausstellen. Der Ansatz, Identitätenbildung als Maßnahme von einer überregionalen Planungsebene
gewissermaßen zu verordnen, führt sehr wahrscheinlich nicht zur wirklichen Erkenntnis durch die Bevölkerung.
Diese Umsetzungsprobleme sind jedoch nicht Bestandteil dieser Arbeit.

2.1.3 „Neue" Potenziale des ländlichen Raumes

Der ländliche Raum weist Potenziale auf, die ihn deutlich von anderen Regionen abgrenzen. Diese gilt es nutzbar zu machen. Wirtschaftliche und ökologische Bedingungen sowie der Aspekt der nachhaltigen Flächennutzung sind bekannt und gelten für alle Teilräume gleichermaßen. Deshalb soll zunächst ein Bereich fokussiert werden, der als Nutzfaktor für ländliche Räume eher unüblich ist.

2.1.3.1 Landschaftsästhetik und Wahrnehmung

Der ländliche Raum verliert durch Verstädterung und Einheitskultur seine Qualitäten als Gegenwelt zum Agglomerationsraum (STROHMEIER 2002). Diese Gegenwelt wird jedoch als Ausgleich benötigt; der Mensch ist Teil der Natur, und jede Veränderung der Natur hat automatisch Rückwirkungen auf die Qualität seines Umwelterlebens[13]. Die deutlich sichtbaren Veränderungen der Landschaft, die in der großräumigen Verarmung der Kulturlandschaft zum Ausdruck kommen, werden in der Regel als Verlust an landschaftlicher Schönheit und Vielfalt empfunden. Endogene Potenziale des ländlichen Raumes sind in den Kernbereichen Agrarwirtschaft und Produktion in vielen Teilräumen nicht (mehr) zu aktivieren. Der ländliche Raum wird damit zu einem gesellschaftlichen Thema und steht nicht selten klischeehaft für diffuse Sehnsüchte oder die „schöne Landschaft" schlechthin.

Ästhetik wird als die „Wissenschaft vom ‚Schönen', ... von der Gesetzmäßigkeit und Harmonie in Natur und Kunst" (*Duden*) beschrieben. In landschaftsästhetischen Konzepten stellt die Sicherung und Entwicklung landschaftlicher Schönheit den Mittelpunkt dar. Sie ist ein zu Unrecht vernachlässigtes Thema der räumlichen Planung. Ihre Entwicklungsmöglichkeit als ökologisches Gegengewicht, aber vor allem für die psychische Balance des Menschen, sollte nicht unterschätzt werden. Indem das Natur- und Landschaftserleben durch räumliche Planungsprozesse besser gefördert wird, steigt der Wohnwert von Orten sowie das Potenzial auch peripherer Räume ohne besondere landschaftliche oder kulturelle Attraktionen.

In ästhetischer Hinsicht können zu den besonderen Problembereichen räumlicher Entwicklung gerechnet werden (SCHAFRANSKI 1996, S. 2 f.)

• der Verfall und die Zerstörung von historischen Kulturlandschaften und deren Bestandteilen, z.B. durch Nutzungsaufgabe, Aufforstung, Verbuschung, landschaftliche Ausräumung, Überbauung oder Verfüllung,

• die Zerstörung dörflicher Eigenarten, z.B. durch unkritische Übernahme städtischer Vorbilder, nicht angepasste Bauweise und -materialien[14],

---

[13] Eine besondere Schwierigkeit ist allerdings die ausgesprochene Subjektivität, mit der eine Landschaft ästhetisch wahrgenommen und erlebt wird. Diese Diskussion würde die Arbeit sprengen. Es soll deshalb nur kurz skizziert werden, welche Relevanz eine ästhetische Umwelt für die Entwicklung des ländlichen Raumes haben kann.

[14] Beispielhaft sind die in ihrem Aussehen gleichartigen und mittlerweile bundesweit überall vorzufindenden Fertigbau-Landhäuser zu nennen, die, auf engem Raum an Ortsausgänge gestellt, Orte austauschbar werden lassen.

- die Verarmung der Landschaft an Sinneseindrücken, z.B. durch den Rückgang an Tier- und Pflanzenarten, durch einseitige Spezialisierung im Fruchtanbau,
- die Überformung und Zerschneidung von Landschaften durch Verkehrstrassen,
- die Technisierung der Landschaft durch Versorgungsanlagen, z.B. Freileitungen, Sendemasten, Windenergie-Anlagen,
- die Lärm- und Geruchsbelastung, z.B. durch Verkehr, Motorflugsport oder Massentierhaltung.

Zu den wesentlichen Folgen dieser Probleme zählen die Minderung des Landschaftserlebens, des Heimatgefühls, der Rekreationsmöglichkeiten sowie der Wahrnehmungs-Sensibilität (ebd., S. 3). Vor dem Hintergrund der Diskussion über die Stärkung der Selbstkräfte stellen Landschaftsästhetik und Landschaftserleben wichtige Faktoren dar, die Identifizierung mit dem eigenen Lebensmittelpunkt zu stärken. Die persönliche Relevanz kann möglicherweise besser erfolgen mit der wahrgenommenen Einzigartigkeit oder zumindest Besonderheit des eigenen Umfelds.

Die Landschaft steht zudem als Identitätsvermittlerin in einer Zeit raschen Wandels und empfundener gesellschaftlicher Ungeordnetheit. „'Disembedding', die Dynamik des Zerfalls von gesellschaftlicher Sicherheit, das Herausheben sozialer Beziehungen aus örtlichen Handlungskontexten, ihre imaginäre Rekonstruktion über unbestimmte Raum-Zeit-Bezüge, wird zur allgemeinen Erfahrung. Die Antwort, die ein 're-embedding' sucht, knüpft an alten Strukturen an, die längst verschwunden ... sind. Materialisiert wird diese Antwort oft gerade in den Landschaften, in denen scheinbar vertraute Kontexte noch sichtbar sind ... . Landschaften der Kindheit ... werden aufgebaut, um Geborgenheit und Sicherheit zu suggerieren" (STROHMEIER 2002). Es ist zu überlegen, wie aus diesen diffusen Sehnsüchten für die Entwicklung des ländlichen Raumes Nutzen zu ziehen ist.

Die Erfüllung ästhetischer Bedürfnisse vollzieht sich insbesondere bei Landschaften, die sich auszeichnen durch ihre (NOHL 1993, S. 5)

- **Vielfalt.** Eine Landschaft, die sich durch Reichtum an typischen Gegenständen und Ereignissen auszeichnet, kommt dem elementaren Bedürfnis des Betrachters nach Informationen und Erkenntnissen über ihr Wesen entgegen,
- **Naturnähe.** Eine Landschaft, die sich durch Eigenentwicklung auszeichnet, kann die Bedürfnisse des Betrachters nach Freiheit, Zwanglosigkeit oder Unabhängigkeit in besonderer Weise befriedigen. Naturnähe steht daher als Symbol der Freiheit, dem noch nicht Erreichten, der Zukunft,
- **Eigenart.** Eine Landschaft, die ihre Eigenart weitgehend erhalten hat, vermag das Bedürfnis nach emotionaler Ortsbezogenheit, lokaler Identität, Heimat und Geborgenheit zu befriedigen.

Dabei stellt die Art und Weise, wie die einzelnen Elemente einer konkreten Landschaft vom Menschen aufgenommen und verarbeitet werden, die *Lesbarkeit einer Landschaft* dar. Je leichter sie zu lesen ist, desto einfacher kann der Mensch sich ein zur räumlichen Orientierung geeignetes Vorstellungsbild zurechtlegen (nach LYNCH 1960). Menschen bevorzugen diejenigen Umwelten, die sowohl verstanden werden, weil sie kohärent und lesbar sind als auch diejenigen, die Ungewissheit enthalten und neugierig machen, weil

sie komplex und „mysteriös" sind. KAPLAN & KAPLAN stellen in ihrer information proces-
sing theory verschiedene Landschaften und ihre Wirkung auf den Betrachter da   e
soll an dieser Stelle nicht vertieft werden; in Anhang II findet sich eine Kurzorie   g
über die Theorie.

Diese Informationen können genutzt werden, wenn Landschaften großräumig re ulti
viert werden sollen. Die Lesbarkeit der Landschaft erhöht das Naturerleben für Erho
Suchende und vermag dem Raum eine Einzigartigkeit zu verleihen.

Die Maßnahmen haben hauptsächlich einen langfristigen Effekt. Zudem muss   u   t
erkannt werden, dass beispielsweise die großräumige Ausweisung von Wohn- u l
Gewerbegebieten an Ortsrändern zu einem Substanz- und Identitätsverlust der R g
führen. Der Erhalt von Dorfstrukturen oder die Rekultivierung von Landschaft muss s
jedoch für die Kommunen „lohnen", landschaftsästhetischen Konzepten muss ein m ne-
tärer Wert für die Kommunen entgegenstehen. Hier ist ein Kompromiss zu finden
einerseits gewachsene Strukturen fördert und andererseits Möglichkeiten und Spiel ä
me in kommunalen Haushalten gewährt.

2.1.3.2   Wirtschaftsfaktor Tourismus

Zur Stärkung der Selbstkräfte wird insbesondere in peripheren ländlichen Räumen d r
Tourismus- und Freizeitsektor als Schlüssel gesehen. Der Wunsch nach Nähe und Ruhe,
die Romantisierung des Landes, ist ein bedeutender weicher Faktor für die Herausstellung von Potenzialfaktoren des ländlichen Raumes. Dazu schreibt HASSE (1993, S. 105):
„Die fern der urbanen Zentren gelegenen ländlichen Regionen haben für die Bewohner
der .. Zentren Bedeutung als ‚mentale Ausgleichsräume'. So wurde und wird die Kulturlandschaft hinter den Rändern der Agglomerationen in einem idealisierenden Zugriff für
die jeweils mitgebrachten Sehbedürfnisse zugerichtet. In dieser fiktionalen Verfor-
mungsfähigkeit „des Landes" lag und liegt noch heute eine ethnographische und um-
weltpsychologische Ressource für den Tourismus".

Dass die an sich erlebnislose agrare Kulturlandschaft touristisch attraktiv geworden
ist, ist sicherlich der Verschlechterung der Wohn- und Umweltsituation in den Agglomerationsräumen zuzuschreiben. „Landschaft" und „intakte Natur" werden zu knappen
Gütern. Der ländliche Raum ist deshalb zu erhalten, weiter zu erschließen und dem
Besucher als Erlebnis anzutragen durch (HAART/STEINECKE 1995, S. 22)

- Erhalt oder Wiederaufbau landschaftlicher Vielfalt,
- Rekultivierung agrarisch genutzter Räume (Streuobstwiesen, kleine landwirtschaftli-
  che Flächen; auch sind Flächen für Selbstversorgung denkbar),
- Verhinderung struktureller Veränderungen (Flurbereinigungs-Maßnahmen o. Ä.),
- Nutzung vorhandener landwirtschaftlicher Flächen und Wege für Freizeitzwecke
  sowie die Vernetzung von Wegen, jedoch auch die
- Nutzungsbegrenzung zum Erhalt der Potenziale (Leitsysteme, Wegeführung, ..),
- Vermittlung der Geschichte (Museen, Lehrpfade, Kurse, ..),
- Propagierung des Landlebens als Lebensstil (wie z.B. 'country life' in England).

Der ländliche Raum in Deutschland zeichnet sich durch typische Tourismuspotenziale und -schwächen aus. Als Potenziale sind die gute Erreichbarkeit durch eine Flächen deckende, sehr gute Straßen-Infrastruktur, die hohe ästhetische Qualität, die hohe Umweltqualität sowie die guten Voraussetzungen für naturnahe Erholungsformen zu sehen. Schwächen sind hingegen die (ebd.)

- meist fehlende Einzigartigkeit durch das Fehlen spektakulärer Landschaftselemente,
- klimatische Benachteiligung gegenüber klassischen ausländischen Urlaubsregionen,
- zu wenig touristische Angebote und Einrichtungen, insbesondere bei schlechtem Wetter,
- eine oft konservative Grundhaltung gegenüber Gästen vor Ort,
- hohes Informationsbedürfnis, das nicht ausreichend befriedigt wird, und die
- räumliche und inhaltliche Zersplitterung touristischer Organisationen mit diffuser, unprofessioneller Vermarktung mit der Folge einer zu geringen konkreten Nachfrage.

HAART/STEINECKE (ebd., S. 22-24) empfehlen die Nutzung endogener touristischer Potenziale, die den landschaftlichen Charakter, die Kultur, die Geschichte und die Bewohner umfasst. Dafür fehlen jedoch oft die Alleinstellungsmerkmale, die das touristische Angebot prägen und unverwechselbar machen. Hier kann es bereits ausreichen, unspektakuläre einzelne Angebotselemente zu einem ganzheitlichen Konzept zusammenzufassen.

Durch unterschiedliche Ansprüche der Nachfrager ist eine differenzierte Angebotsstruktur erforderlich. Die Kulturlandschaft muss hierfür angereichert werden mit regionaltypischen Angeboten und der Möglichkeit einer körperlichen, intellektuellen und kreativen Herausforderung.

Für diese Maßnahmen ist ein neues Verständnis der Tourismusqualität bei der Bevölkerung vonnöten. Tourismusarbeit ist vielerorts unkoordiniert, finanziell schlecht ausgestattet und von lokalen Interessen beeinflusst. Oft verwenden regionale Organisationen ihre begrenzten Ressourcen parallel und konkurrierend, um dieselben Ziele zu erreichen. Die Aktivitäten erschöpfen sich dadurch auf einem bestimmten, austauschbaren Niveau, und der Nutzen für den Besucher wird nicht gesteigert. Stattdessen wäre ein einheitliches Leitbild erforderlich, das Potenziale bündelt und eine gemeinsame Sprechart findet. Dahin gehende Maßnahmen könnten dazu führen, die eigene Identität dem Besucher, jedoch auch und vor allem den Einwohnern verständlich und wahrnehmbar zu machen. Hieraus ergäben sich endogene und, weil wahrnehmbar, vermarktbare Potenziale. Das Leitbild der gleichwertigen Lebensverhältnisse könnte daher über einen koordinierten, professionellen Tourismus erzielt werden.

2.2 Verkehr im ländlichen Raum

„Verkehrswachstum beruht auf Megatrends wichtiger Gesellschaftsbereiche. Erfolgreiche Verkehrspolitik kämpft nicht gegen Systemtrends, sondern nutzt ihren Schwung" (HEINZE 2000, S. 55).

2.2.1 Entwicklung und Tendenzen des Verkehrs im ländlichen Raum

Verkehrspolitische Maßnahmen des Bundes oder der Länder für den ländlichen Raum konzentrierten sich in den alten Ländern lange Zeit auf die beiden Problemkreise Stilllegung von Nebenbahnstrecken und Bau neuer Autobahnen. Eine Betonung auf Großinfrastrukturen (Personenfern- und Hochgeschwindigkeitsverkehr, Güterfernverkehr) hatte und hat dabei eine infrastrukturelle Benachteiligung ländlicher Räume, insbesondere im öffentlichen Verkehr, zur Folge.

Um eine Distanzüberwindung ermöglichen zu können, Arbeitsplätze und Versorgungseinrichtungen stehen örtlich oft nicht zur Verfügung, wurde der motorisierte IV verkehrspolitisch forciert. Die fehlende Zentralität und schlechte Versorgungsausstattung ländlicher Räume wurde dadurch erreicht, dass gute Verkehrsverbindungen (= Straßen) zu den Zentren sichergestellt wurden. In der DDR war eine Versorgungs-Infrastruktur demgegenüber auch in Dörfern aufrecht erhalten worden. Der für Westdeutschland aufgezeigte Trend hat sich seit der Wende in den neuen Ländern in erheblich kürzerer Zeit vollzogen.

Die Verkehrspolitik[15] steht heute vor großen gesellschaftlichen und wirtschaftlichen Problemen. Durch veränderte Lebensstile hat sich die Mobilität der Bevölkerung stark ausgeweitet. Der modal split[16] verschiebt sich weiterhin zu Lasten Umwelt schonender Verkehrsträger. Der ländliche Raum zeichnet sich heute dadurch aus, dass bei geringer Siedlungsdichte und disperser Siedlungsstruktur ein hoher individueller Motorisierungsgrad vorherrscht. Verkehr ist damit kaum noch durch den öffentlichen Verkehr bündelbar[17]. Zwar wurde der Kausalzusammenhang von Raum und Verkehr erkannt, jedoch praktisch negiert[18].

Eine Vielzahl aktueller Maßnahmen befasst sich verstärkt seit den 1980er Jahren mit der Verkehrsreduzierung, -vermeidung oder -beeinflussung. Beeinflussende Maßnahmen zielen heute jedoch zu einem bedeutsamen Teil immer noch auf die Durchlässigkeit des

---

[15] Zur Verkehrspolitik als Einfluss des Staates auf regionale Verkehrsstrukturen; Struktur und Instrumente der Verkehrspolitik vgl. bspw. MAIER/ATZKERN (1992, S. 107 ff.).

[16] Der modal split stellt die Aufteilung der Mobilität und der täglich zurückgelegten Distanzen auf die verschiedenen Verkehrsmittel dar.

[17] Vertiefend zu Verkehrsstrukturen und Verkehrspolitik im ländlichen Raum sowie Ordnungs- und Strukturpolitik vgl. MAIER/ATZKERN (1992, S. 109 ff., 174 ff.); MÜLLER et al. (2001, S. 39-47).

[18] So finden sich Einzelhaussiedlungen ohne Bezug zum örtlichen Charakter an den Rändern gewachsener Orte. Sie sind im öffentlichen Verkehr, wenn überhaupt, nur aufwändig und wenig wirkungsvoll zu erschließen. Kaum bündelbarer Neuverkehr im motorisierten IV ist dadurch vorprogrammiert. Andererseits fördert der fortschreitende Ausbau der Verkehrswege die Suburbanisierung und sorgt für ein „Auseinanderfließen" von Siedlungsstrukturen.

Verkehrs ab. Der fortsetzende Autobahnbau, die Investition in Telematik und Verkehrs-
leitsysteme im Stadtverkehr oder der Bau von Umgehungsstraßen sorgen für eine
Fortführung des Trends[19].

Im ländlichen Raum zielen seit einigen Jahren integrierte Maßnahmen darauf ab, den
motorisierten IV zu Gunsten des öffentlichen Verkehrs zu verringern. Nachfrageorientier-
te Angebotsformen in verstärkter Eigenorganisation sollen vorhandene Ressourcen
zielgerichteter und effektiver nutzen. Ziel ist hierin, den Verkehr im ländlichen Raum mit
Hilfe der lokalen, aber auch der virtuellen Infrastruktur, zu vernetzen, zu verkürzen, zu
bündeln oder gänzlich zu vermeiden (Forschungsstand, Kap. 1.2).

2.2.2 Integrierte Verkehrspolitik und Nachhaltigkeit

Eine nachhaltige Verkehrsentwicklung fordert Erreichbarkeitsverhältnisse, die jedem den
Zugang zu anderen Menschen, Orten, Gütern und Dienstleistungen ermöglichen und
dabei die Verkehrsbedürfnisse auf eine gerechte Weise zwischen Menschen, Regionen
und Generationen sowie in einem verantwortungsvollen Umgang mit der Umwelt sicher
stellen. Für den ländlichen Raum gilt gemäß dem ROG insbesondere, dass die gesamt-
wirtschaftliche Entwicklung durch eine *verkehrsorientierte Raumordnungspolitik* gesichert
wird. Dies soll erreicht werden durch (HEINZE 2003, S. 2)

- *räumliche und soziale Ausgleichs- und Verteilungsziele:* sozialen Ausgleich und
  Teilhabe der Bevölkerung im Gesamtraum,
- *räumliche Entwicklungsziele:* Entwicklung und Wachstum benachteiligter und
  zurückgebliebener Gebiete, Sicherung sogenannter Wachstumsregionen,
- *Verlagerungsziele:* Erhaltung gefährdeter Subsysteme durch räumliche Entlastung
  von Verkehr und Beachtung ökonomischer Gesichtspunkte und Wahrung erforderli-
  cher Mobilität.

Im Rahmen der *Nationalen Nachhaltigkeitsstrategie* der Bundesregierung muss der Erhalt
hoher Mobilität bei gleichzeitiger Verringerung der Verkehrsintensität von Wirtschaft
und Gesellschaft und einer Verringerung der verkehrlich bedingten Belastungen für
Umwelt, Gesundheit und Lebensqualität bewerkstelligt werden. Der Bundesverkehrswe-
geplan (BVWP), der die Leitplanung für die verkehrliche Entwicklung der Bundesrepublik
Deutschland darstellt, integriert die Ziele der räumlichen Planung durch

- Förderung verkehrssparender Raum- und Siedlungsstrukturen und effizienter Pro-
  duktionsstrukturen (Verkehrsvermeidung),
- Stärkung des Anteils des öffentlichen und nicht-motorisierten Verkehrs (Verlagerung),
- Bereitstellung einer leistungsfähigen Infrastruktur als Voraussetzung für eine erfolgreiche Verlagerung,
- Vernetzung der Verkehrssysteme,
- die Gewährleistung dauerhaft umweltgerechter Mobilität,
- Unterstützung der dezentralen Konzentration,

---

[19] Vgl. dazu AHRENS (2002) zu den Antriebskräften des Teufelskreises Verkehr (Abb 2, S. 6).

- Sicherstellung der guten Erreichbarkeit aller Teilräume untereinander,
- die Verringerung der Inanspruchnahme von Natur, Landschaft und natürlichen Ressourcen,
- Entlastung verkehrlich hochfrequentierter Verdichtungsräume und Korridore,
- die Reduktion der Emissionen von Lärm, Schadstoffen und Klimagasen (vor allem CO_2) sowie
- die Stärkung des Wirtschaftsstandorts Deutschland zur Schaffung bzw. Sicherung von Arbeitsplätzen.

In diesem Zuge nimmt eine *integrierte Verkehrspolitik* als vielschichtiges Zielsystem einen zentralen Stellenwert in der heutigen Diskussion um nachhaltige Mobilität ein[20]. „Integriert" bedeutet in diesem Zusammenhang die gesamtheitliche Betrachtung und Gestaltung des Verkehrssystems unter Einbeziehung raumordnerischer, struktureller und fiskalischer Instrumente und nicht lediglich die Optimierung von Teilsystemen (BAUM 2002, S 78).

2.2.3 Mobilität als Grundbedürfnis

Wird „Verkehr" aus der Perspektive des Raumes beschrieben, ist „Mobilität" die Darstellung der Perspektive der sich bewegenden Person (ZÄNGLER/KARG 2001, S. 4). Mobilität bedeutet ein hohes Maß an Freiheit und Lebensqualität. Treibende Kräfte einer langfristigen Entwicklung sind unter anderem die (BAUM et al. 2002, S. 75)

- Individualisierung der Gesellschaft,
- Verkürzung der Arbeitszeiten – Wachstum des Freizeitverkehrs,
- Konsumgesellschaft als Motor des Verkehrswachstums,
- Siedlungspräferenzen der Bevölkerung und die
- Globalisierung der Wirtschaftsbeziehungen.

Mobilität soll dort, wo sie Ausdruck individueller und gesellschaftlicher Wertschätzungen ist, respektiert und mit einem leistungsfähigen Verkehrssystem befriedigt werden. Fehlentwicklungen der Mobilität, beispielsweise die disperse Siedlungsentwicklung, Anspruchshaltungen oder Vernachlässigung umweltlicher oder sozialer Anliegen durch gedankenlosen Verbrauch von Ressourcen, müssen jedoch verringert werden. Obwohl eine Trendwende im Verkehr erforderlich ist, sind faktisch nur wenige Verkehrsteilnehmer bereit, ihr eigenes Verkehrsverhalten zu verändern. Die Menschen der westlichen Industrienationen sind umweltsensibilisiert – das wirkt sich jedoch kaum auf die Wahl des Verkehrsmittels aus. Die Kluft zwischen Bewusstsein und Handeln ist auch in diesem Zusammenhang ein anerkannter Befund der Psychologie (DICK 2002, S. 10).

Ein Problem stellt hierbei das Verständnis von Mobilität dar, die untrennbar mit persönlicher Freiheit gleichgesetzt wird[21]. Doch „mobil ist nicht zwangsläufig, wer sich oft, weit oder schnell bewegt. Mobil im sozialen Sinne ist auch, wer seinen Zweck, seine

---

[20] Hierzu und zu Verkehrsprognosen 2015 vgl. ausführlich BAUM et al. (2002, S. 73-105). Unter nachhaltiger Mobilität wird dort ein „dauerhaftes, langfristig orientiertes und ausgewogenes Verhältnis von sozialen, ökonomischen und ökologischen Anforderungen der Teilhabe und Teilnahme von Menschen und der wirtschaftlichen Austauschprozesse" verstanden (ebd., S. 78).

[21] Zum „Rahmenmodell zur Erklärung von Mobilitätsverhalten" vgl. z.B. HÖGER (1999).

‚Position' auch ohne (oder) mit wenig Verkehr erlangt oder seine Bedürfnisse ohne viel Verkehr erfüllt" (BERGMANN o.J., Kap. 2.2.). Deshalb sind Maßnahmen der Verkehrsverlagerung oder -reduzierung nicht als Einschränkungen des Einzelnen zu verstehen. „Mobilität" bedeutet vielmehr, dass räumliche Angebote (Zielorte oder Strecken) und sozialräumliche Angebote (Einrichtungen und Kontakte) erreichbar und Menschen sozial beweglich sind (Begriff der funktionellen Mobilität).

Hierin zeigt sich deutlich, dass eine nachhaltige und integrierte Verkehrspolitik stärker individuelle Wünsche und Ängste berücksichtigen muss. Dem Gefühl, „Opfer" bringen zu müssen, „um dem Nachbarn die Straße frei zu machen", muss durch Instrumente begegnet werden, die persönliche Vorteile der veränderten Verkehrsmittelwahl aufzeigen, ohne den Aufwand oder die Kosten dafür zu erhöhen.

2.2.4 Psychologische Faktoren des Fahrens

Eines der am wenigsten verstandenen Themen in der Diskussion über Mobilität ist die Anziehungskraft des Autos als Verkehrsmittel im Vergleich zu seinen Alternativen. In den Wissenschaften klaffen Wissen und Handeln ebenso auseinander: Die Psychologie versucht umweltfreundliches Handeln aus Einstellungen heraus vorherzusagen, in der Soziologie dominieren rationale Handlungstheorien. Die Erforschung von Verkehrsmittelwahl-Verhalten konzentriert sich zu sehr auf die Motive Zeit, Kosten und Bequemlichkeit; der Grund für das Autofahren wird über Vernunft erklärt. „Zwei wesentliche Irrtümer .. bestehen darin, dass sich die Aufmerksamkeit der Autokritik auf das Auto als Objekt anstatt auf die Tätigkeit des Fahrens richtet, und dass das Fahren als Mittel zum Zweck statt als Selbstzweck betrachtet wird" (DICK 2002, S. 9 f.).

Das Auto ist für die meisten Menschen mehr als ein unter rationalen Gesichtspunkten zu betrachtendes Fortbewegungsmittel. Mit dem Auto verbinden sich Vorstellungen persönlicher Freiheit und individueller Mobilität, es ist Ausdruck der individualistischen Leistungsgesellschaft. Das eigene Fahrzeug dient als Symbol für die Vorstellung von Geschwindigkeit, Aufregung und Vitalität, Sicherheit und behaglicher Abgeschiedenheit zum einen, zum anderen für persönliche Autonomie und Ausdruck des erreichten Lebensstandards: „Das Erleben von Geschwindigkeit, Beschleunigung und Beherrschung (sind) die zentralen Qualitäten des Fahrens, psychologisch als Macht, Überlegenheit und Durchsetzung bzw. deren Gegenteil, Ohnmacht, Unterlegenheit und Kränkung empfunden" (ebd., S. 11). Dabei werden Aggressionen beim Fahren ungehemmter ausgelebt als im „wirklichen" Leben. Auch begründen sich bekannte Verhaltensweisen im Berufsverkehr oder Verkehrsstau: Das Fahren im dichten Verkehr erfordert eine aufgezwungene Kooperation mit anderen Verkehrsteilnehmern („zwangsweise Demokratisierung"); eine Situation, in der der Akteur nach Freiheit und Individualität strebt, aber stattdessen inmitten anderer Autos eingesperrt ist und deshalb Aggression und Frustration empfindet (ebd., S. 12).

Mit Hilfe des Fahrzeugs erweitert der Mensch seinen Wirkungsbereich über seine biologischen Möglichkeiten hinaus. „Insgesamt liegt der Reiz des Fahrens in der engen Verbindung aus alltäglicher Erfahrung und individuellen Wünschen und Idealen. Sicherlich überschreiten wir nicht jeden Tag den Horizont, die Situation des Autofahrens lässt ihn aber beweglich erscheinen" schreibt DICK, und bedeutungsvoll weiter: „Das Fahren macht das enge und schwierige Verhältnis zwischen uns Menschen und unserer Umwelt nicht nur in Bewegung erlebbar, sondern auch erträglich" (ebd., S. 15).

Fahren wird zum Selbstzweck. Das Auto erschafft damit keine Wünsche, es gibt bestehenden Wünschen lediglich Ausdruck. Drei Motivgruppen des Autofahrens sind zu unterscheiden (ebd., S. 10 f.):

* *Selbstkonzept und sozialer Vergleich:* Kompetenzzuwachs, Kontrollbedürfnis, Rivalismus, soziale Bindungsbedürfnisse,
* *Freizeitmotivation, Regeneration:* Eskapismus (Flucht vor der Wirklichkeit und den Anforderungen des Lebens in eine Scheinwelt), Hedonismus, Abenteuer als Kompensation für Entfremdung in anderen sozialen Bereichen, aber auch Entspannung und
* *Leiblichkeit und Sinnlichkeit:* Thrill und Flusserleben, Erregung, sinnliche Aspekte, fahrdynamische Aspekte aus kinästhetischer Wahrnehmung.

Ein Auto erfüllt demnach neben dem Transportzweck noch viele andere Bedürfnisse des Menschen, worauf nicht zuletzt sein überragender Erfolg, seine Beliebtheit und seine Akzeptanz beruhen. Verkehrsmittelwahl wird nicht wirksam veränderbar sein, wenn der Mensch als abstraktes zu beförderndes Medium angesehen wird, dem es ausschließlich darum geht, einen Ortswechsel rasch vollziehen zu können. „Eine Politik, die das Auto zurückdrängen will, beraubt den Menschen all der beschriebenen Möglichkeiten des Ausdrucks, des Erlebens und des Auslebens. Unsere Gesellschaft bietet zur Zeit ... keinen anderen Gegenstand, der diese Funktionen so ‚harmonisch' in sich vereinigt, der sozial akzeptiert wird und für die Mehrheit der Bevölkerung erschwinglich ist" (KIEGELAND 1997, S. 33). Eine Veränderung dieses Auto-Verharrens könnte über gesellschaftliche Einstellungen zu erreichen sein. Zu schaffen sind positive Identifikationsmöglichkeiten und ein „neues" Lebensgefühl statt eine Politik gegen das Auto.

2.2.5 Einfluss des Freizeitverkehrs auf den Raum

Auf Grund seines großteils selbstbestimmenden Charakters wird der Freizeitverkehr als Grundbedürfnis im Folgenden beispielhaft herausgestellt. Er nimmt im Gesamt-Verkehrsaufkommen einen immer höheren Stellenwert ein. Freizeitaktivitäten sind mittlerweile europaweit der größte Erzeuger von Personenverkehr (HEINZE/KILL 1997, S. 13). Der Trend entwickelt sich hin zu kurzen, spontanen Reiseentscheidungen und mobilerem Reiseverhalten. Die Grenzen zwischen Freizeit, Wochenend- und Kurzreisen und dem Urlaub verwischen. Freizeit ist zudem ein Systemtrend[22], kann also nicht durch Einzelmaßnahmen gesteuert werden, da er zu viele, einander widersprechende, Subsysteme (z.B. Beschäftigung versus Umweltschutz) beeinflusst.

---

[22] Systemtrends sind gerichtete Prozesse, die nicht verantwortlich gesteuert werden können und unabhängig von kurzfristigen Strömungen sind.

Die Vorteile des Autos im Freizeitverkehr sind hierin deutlich zu erkennen: Es ist schnell, wettergeschützt und dient als mobile Privatsphäre, bietet eine hervorragende Flächenerschließung und eine niedrige Reisezeit und steht jederorts und jederzeit zur Verfügung. Im ländlichen Raum stellen Reisezeit-Aufwand und Verfügbarkeit des motorisierten Individualverkehrs im Vergleich zum öffentlichen Verkehr die entscheidenden Nutzungsvorteile dar.

Freizeitverkehr ist heute für jeden zugänglich. Eine achtlose Übernachfrage ist die Folge. Die Wirkung des individuellen Freizeitverhaltens ist deshalb systemzerstörerisch (MIELKE 1994). Eine auf Nachhaltigkeit orientierte Verkehrspolitik müsste diesem Trend entgegensteuern; die Entwicklung im Freizeitverkehr ist jedoch nahezu irreversibel. „Freizeit und deren selbstbestimmte Ausgestaltung ist ein hohes gesellschaftliches Gut. Daraus leitet sich einerseits eine in der Masse problematische Affinität zum Automobil ab, das weitgehend unabhängig von räumlichen und zeitlichen Vorstrukturierungen genutzt wird. Andererseits gehört der Freizeitverkehr zur unmittelbaren Privatsphäre, die sich generell schwer beeinflussen lässt und auch aus übergeordneten politischen Überlegungen heraus besonderen Schutz genießt" (AXHAUSEN et al. 1998, S. 11). So verwundert es nicht, dass als Ausdrucksform unserer individualistischen Gesellschaft Individualverkehrsmittel untrennbar verbunden gehören. Wegen seiner Anpassungsfähigkeit ist der Pkw das perfekte Vehikel der Freizeitmobilität. Freizeitmobilität ist damit Pkwgeprägt, der Pkw wird als Freizeitmobil empfunden[23]. KIEGELAND begründet die Untrennbarkeit zwischen Freizeit und Mobilität mit dem Erlebnis der Bewegung. Die physische Bewegung im Raum ruft bei vielen Menschen positive Empfindungen hervor[24] (KIEGELAND 1997, S. 36).

Freizeit wird zum anderen mehr und mehr zu einer Herausforderung, der der Einzelne häufig nicht mehr gewachsen ist. Sie droht mit dem Gefühl der Leere, Sinnlosigkeit, Entfremdung und kann zum psychischen Zwang führen, sie ausfüllen zu müssen, um eventuelle krisenhafte Sinnfragen zu verdrängen (ebd., S. 37). Die psychische Flexibilität wird durch äußere Mobilität ersetzt. Diese Freizeitmobilität trägt Wunschcharakter – obwohl die Wünsche meist nur Ausweg, Flucht und Manipulation sind. Daraus resultieren ihre Eigenschaften, spontan, diffus und traditionell nicht prognostizierbar zu sein.

Freizeitmobilität mit dem Pkw ist demzufolge vor allem emotional bedingt, rationale Aspekte spielen eine untergeordnete Rolle (FUHRER/KAISER 1994). Freizeit und Urlaub selbst sind Gegenwelten zu Anonymität, Monotonie, Stress und bewegungsarmem Alltag. Die Verkehrspolitik muss daher den Einfluss einer Psychologie des Fahrens, des Erlebnis- und Fluchtaspekts der Freizeitmobilität bei der Entwicklung verkehrlicher Alternativen zum Pkw künftig adäquat berücksichtigen.

---

[23] Diese Entwicklung von Freizeitmobilität führt jedoch zu einer faktischen und psychologischen Falle: Durch die vielfältigen individuellen Erholungs- und Urlaubsansprüche wird freie Zeit auch immer mehr Raum beanspruchende (KRÜGER 1995, S. 55 f.); Freizeit wird zu einem großen Teil nicht in der ihr zugedachten Form genutzt, sondern einer selbst auferlegten Zwangsmobilität geopfert.

[24] Andererseits ist die absolute Bewegungseinschränkung durch den Freiheitsentzug eine wirksame Bestrafung (ebd.).

2.2.6 Mobilitätsbeeinflussende Maßnahmen

Je besser ein Ort zu erreichen ist, desto mehr wächst auch der Verkehr vor Ort und macht auch auf regionaler Ebene zusätzliche Strategien des Umgangs mit induziertem Neuverkehr erforderlich. Politisch gilt es, unerwünschte Verkehre zu belasten und erwünschte zu entlasten. Trotz des Oberziels, möglichst viel Verkehr am Entstehen zu hindern oder unmotorisiert abzuwickeln, werden wir auch künftig auf motorisierte Individualverkehrsmittel angewiesen sein.

Eine Politik gegen den motorisieren Individualverkehr ist deshalb nicht erwünscht und durchsetzbar. Sie ist auch nicht erforderlich. Dennoch ist eine differenzierte Siedlungsstruktur Mitteleuropas nur über die gezielte Beschränkung „überflüssigen" Verkehrs zu erhalten[25].

Arbeitsteilung und Funktionentrennung bilden wesentliche Voraussetzungen unserer traditionellen Wohlstandsgesellschaft. Der daraus erwachsende Verkehr war damit vorprogrammiert, und traditionelle Verkehrswege mussten auf den wachsenden Bedarf an Infrastruktur angepasst werden. Ein solches angepasstes Verkehrsangebot veränderte das Verkehrsverhalten bislang in der Weise, dass eine entfernungsintensivere Mobilitätsstruktur entstand. Dieser Trend wird mittelfristig nicht signifikant zu verändern sein. Unser aktuelles Verkehrssystem, unser Verkehrsverhalten und unser Bewertungssystem sind für eine nachhaltige Politik zu kurzfristig orientiert und, verkehrsökologisch betrachtet, nicht in die Zukunft übertragbar.

Durch die Zukunftspläne wurde ein langfristiger Prozess jedoch bereits skizziert. Für die verkehrliche Entwicklung der ländlichen Region könnten integrierte Maßnahmen zur Verkehrsvermeidung und -reduzierung insbesondere darstellen

- restriktive Maßnahmen zur Erzielung eines neuen Mobilitätsverständnisses sowie zur konsequenteren Sanktionierung bei der Verletzung von Verkehrsregeln, um das Ungleichgewicht zwischen den Verkehrsmitteln zu egalisieren (hard policies),
- verhaltensbeeinflussende Maßnahmen durch die (häufig unterschätzten) Beeinflussungsfaktoren Information, Schulung, Mobilitätsberatung (soft policies[26]),
- qualitative Maßnahmen zur Verbesserung des Angebots und zur Erhöhung der Service- und Informationsqualität im öffentlichen Personenverkehr.

---

[25] Die Frage, ob es überhaupt „überflüssigen" Verkehr gibt, wird kontrovers diskutiert (hierzu z.B. BECKER 2002). Er soll hier als solcher Verkehr verstanden werden, der bei einer geringeren Subventionierung nicht anfallen würde (z.B. unoptimierte Wegeketten, intrinsischer Verkehr (etwa Fahren aus Spaß oder Langeweile)) und damit offenbar nicht zwingend notwendig ist. Ziel ist die *bedürfnisgerechte Mobilität* für alle (ebd., S. 13).

[26] „Soft policies umfassen Handlungsansätze, die primär über Information und Beratung auf eine Veränderung des Verkehrsverhaltens abzielen, um die alternative Verkehrsmittel zu stärken. Bei Zielerreichung wird hiermit ein wirkungsvoller und im Vergleich zu Infrastrukturmaßnahmen deutlich kostengünstigerer Beitrag zur Entschärfung der Verkehrsprobleme geleistet" (AHRENS 2002, S. 12). Sie „... sollen dazu dienen, die Gesamtheit des individuellen Mobilitäts- und Verkehrsverhaltens sowie des individuellen Fahrverhaltens individuell (und subjektiv) vorteilhaft, dabei gesamtgesellschaftlich effizient, verträglich und nachhaltig zu gestalten" (BECKMANN 2002, S. 32). Soft policy − Maßnahmen sind freiwillig nutzbar. Sie sind besonders auf Bedürfnisse und Verhaltensweisen der Verbraucher ausgerichtet. Die Wirksamkeit von soft policies ist dann besonders hoch einzuschätzen, wenn es Anstöße oder Anreize (beispielsweise die Veränderung der räumlichen Einbindung durch Wohnortwechsel (Langfristmobilität)) gibt, individuell routiniertes Verhalten zu „reflektieren" (ebd., S. 39).

Die schwierigste Aufgabe wird dabei sein, Menschen dazu zu bewegen, ein im Sinne einer nachhaltigen Verkehrspolitik verändertes Mobilitätsverhalten zu verstehen und umzusetzen.

2.2.6.1 Restriktionen (hard policies)

„Aus Benutzersicht ist die heutige täglich erfahrbare Überlegenheit von Pkw und Lkw durchaus vergleichbar mit der konkurrenzlosen Überlegenheit der Eisenbahn über Fuhrwerk und Binnenschiff im 19. Jahrhundert. Dazu gehörte auch der untaugliche Versuch, die Flächenbedienung durch das Linienverkehrsmittel „Nebenbahn" zu lösen. Deshalb kommt kein Konzept einer nachhaltigen Verkehrsabwicklung ohne drastische Restriktionen (Erhöhung von Benutzerkosten, Verbote, Nutzungseinschränkungen) des motorisierten Individualverkehrs aus" (ARL 2000, S. 11).

Wie sich zeigte, beruht der Erfolg des privaten Pkw auf seiner Überlegenheit bei fast allen Verkehrsformen. Daher sind Reduzierungen im motorisierten Individualverkehr kurz- und mittelfristig nur restriktiv umzusetzen (*ARL* 2000, S. 1 ff.). Dies bedarf einer Verkehrspolitik, die sich nicht auf Stimmungen und Lobbys ausrichtet. Um das Image des Pkw nicht weiter irrational zu verstärken, sind neue Denkansätze und Alternativen zur Steuerung des Verkehrsgeschehens erforderlich. Verkehrliche Mobilität stellt sich als gesellschaftliches Phänomen dar. Restriktive Ansätze sind deshalb nur in Abstimmung mit den einzelnen Aktivitäten der Lebensgestaltung möglich. Rein administrative Beschränkungen allein werden nicht durchsetzbar sein.

Restriktionen sind hauptsächlich struktur-, ordnungs- und preispolitische Maßnahmen zur Beeinflussung des Verkehrsverhaltens. Diese Maßnahmen sind zwingend für alle Verkehrsteilnehmer und führen bei Verstoß zu Sanktionierungen. Verkehrsverhalten kann durch restriktive Maßnahmen in die gewünschte Richtung beeinflusst werden. Zu ihnen gehören, bezogen auf den ländlichen Raum, beispielsweise

- raumordnungs- und infrastrukturpolitische Maßnahmen (verbindliche Ausweisung punkt-axialer Gewerbe- und Wohngebiete entlang von Schienenwegen),
- Maßnahmen, die den motorisierten IV beschränken (vermehrte Geschwindigkeitskontrollen insbesondere an der Schiene parallellaufenden Straßen, Abkehr von baulichen Maßnahmen zur Auflassung von Bahnübergängen und dem Bau von Unterführungen oder Brücken),
- die Bevorrangung des öffentlichen Verkehrs zu Lasten des motorisierten Individualverkehrs.

Ziel muss ferner sein, für restriktive Maßnahmen einen Akzeptanzrückhalt zu erreichen. Dafür müssen zum einen Alternativen zeitlich und planerisch vorgeschaltet sein, die dem Nutzer einen mindestens ebenso hohen Nutzen versprechen. Es darf nicht zu einer – tatsächlichen oder subjektiv empfundenen – Einschränkung der persönlichen Mobilität kommen. Zum anderen müssen Restriktionen mit einer kognitiven und emotionalen Aufwertung der Verkehrsalternativen einher gehen. In der theoretisch richtigen Push und Pull-Logik „Alternativen fördern, Autoverkehr restriktiv behandeln" (MONHEIM 2002,

S. 49) liegen jedoch psychologische Gefahren. Alternative Angebote im Verkehr, die schnellere, billigere, attraktivere, bequemere oder vernetztere Verkehre bei ansonsten unveränderten Bedingungen bedeuten, führen zu einer höheren Verkehrsleistung. Auch kann ein attraktivierter öffentlicher Verkehr zu Lasten des motorisierten IV Suburbanisierungstendenzen begünstigen[27]. Weiterhin ist anzunehmen, dass, trotz guter vorgeschalteter Alternativen, restriktive Maßnahmen durch den sofort einsetzenden Gewöhnungseffekt dennoch einschränkend wahrgenommen werden. Eine stufenweise Angebotsverbesserung mit nachgeschalteten Restriktionen, wie MONHEIM (ebd., S. 49) sie fordert, wird deshalb politisch kaum durchsetzbar sein.

Eine interessante, wenn auch nur langfristig denkbare, restriktive Maßnahme ist die *Veränderung von Verkehrserreichbarkeiten*[28] (hierzu KUTTER 2002; BECKER 1998). Da Individualverkehrsnetze Flächen deckend vorhanden sind, bliebe ein weiterer „Nichtausbau" oder Baustopp von Straßen fast ohne Wirkung. Zudem sind Zugangsbarrieren nicht vorhanden.

Neben der Bepreisung von Verkehr könnte in diesem Zusammenhang eine strategische Option einer nachhaltigen Verkehrspolitik die *Verlangsamung des Systems* heißen. Theoretisch müsste sich die Verkehrserreichbarkeit und der resultierende Verkehr dann auf einem Niveau einpendeln, das „passend" zur jeweiligen Raum-Verkehrs-Struktur angesehen werden könnte.

BECKER (1998, S. 145) schreibt hierzu, dass einerseits begründet gefordert werden könne, mehr Autobahnen zu bauen, schnellere Schienenverkehre einzurichten oder die Flughäfen auszubauen. Andererseits gebe es gute Gründe für einen Straßenrückbau, die Abkehr vom Hochgeschwindigkeitsverkehr[29] oder die Beschränkung des Flugverkehrs[30]. Er stellt zwei diametrale Szenarien dar und beschreibt ihre Faktoren zur Beeinflussung von Fahr- und Verkehrsleistungen:

---

[27] Das Regionalexpress-Netz in Berlin-Brandenburg ermöglicht schnelle radiale Verbindungen aus allen Landkreisen Brandenburgs in die Hauptstadt. Das Konzept ist zwar erfolgreich, hat aber zur Suburbanisierung Berlins beigetragen. Das viel beachtete „Karlsruher Modell" erbrachte dieselben Effekte.

[28] Unter Erreichbarkeit wird verstanden, dass es für alle Menschen möglich sein muss, mittels des Verkehrssystems den Zugang zu Menschen, Orten, Gütern und Dienstleistungen zu erhalten.

[29] Der volkswirtschaftliche Wert des derzeit unter sehr hohem Mitteleinsatz forcierte Hochgeschwindigkeitsnetz ist anzuzweifeln (z.B. verkehrspolitische Thesen des *BUND*).

[30] Hierbei betont BECKER, dass Maßnahmen zur De-Attraktivierung und Sicherheitsreduktion nicht bedeuten, beispielsweise unbeleuchtete Tiefgaragen oder dunkle Unterführungen zu bauen.

Darstellung 3:   Szenarien zur Veränderung von Erreichbarkeiten im Verkehr

Fahr-/Verkehrsleistung wird größer durch	Fahr-/Verkehrsleistung wird kleiner durch
Preissenkungen	Preiserhöhungen
Erhöhung der Reisegeschwindigkeit	Senkung der Reisegeschwindigkeit
Attraktivitätssteigerungen	De-Attraktivierungen
Komforterhöhungen	Umsteigen, Unbequemlichkeiten
Vernetzung, Effizienzsteigerungen	Insellösungen, ungenutzte Systemteile
Globalisierung und Zentralisierung	kleinräumige, dezentrale Lösungen
Verkehrsfluss-Optimierungen, Stau-Abbau	gestörter, gedämpfter Verkehrsablauf
Neu- oder Ausbau von Verkehrswegen	Rück- oder Abbau von Verkehrswegen

(Quelle: BECKER *1998, S. 145; gekürzt)*

Daraus resultierende Standortnachteile für Deutschland in Europa liegen als Probleme jedoch auf der Hand. Ein in jahrzehntelangen Entwicklungen erreichtes Niveau müsste international „heruntergefahren" werden. Denn „... in einer globalisierten Wirtschaft gleichen nationale Alleingänge beim „Drehen an der Verkehrserreichbarkeit" einer „Selbstmordaktion"' (KUTTER 2002, S. 4). Vor dem Hintergrund, dass der Globalisierungs-Mechanismus endlich ist, käme die Verlangsamung des Systems allerdings einer Renaissance der regionalen Eigenkräfte entgegen.

Restriktive Maßnahmen sind erforderlich, um ein ausgewogenes Verhältnis zwischen den Verkehrsmitteln wiederherzustellen und unnötige Verkehre einzuschränken. Dabei sollten bereits vorhandene Möglichkeiten eingesetzt werden, um Fehlverhalten entgegenzuwirken. Alle bereits bekannten und akzeptierten ordnungspolitischen Maßnahmen (konsequente Geschwindigkeitskontrolle, Strafe für Rotfahrer, restriktives Parkraum-Management) sind zuerst durchzusetzen, bevor über weitere Restriktionen (Steuererhöhung, Mautgebühren, ...) nachgedacht wird.

Dennoch ist die Umsetzung von restriktiven Maßnahmen zur Eindämmung des mIV problematisch. Hard policies sollten daher nur begleitend und gleichzeitig mit angebotsverbessernden Maßnahmen im Rahmen einer integrierten Verkehrspolitik durchgeführt werden.

2.2.6.2   Information und Aufklärung (soft policies)

Wer die Psyche bewegt, steuert Mobilitätsverhalten (KLÜHSPIES 1997).

Seit den 1980er Jahren werden so genannte 'soft policy' – Instrumente erfolgreich in der Mobilitätsbeeinflussung eingesetzt. Diese zielen darauf ab, irrationalen und emotionalisierten Mustern mit einer Informationspolitik zu begegnen, die objektiv über die Möglichkeiten alternativer Verkehrsverhalten aufklärt, ohne die Mobilität des Einzelnen einzuschränken. Wir nehmen die Welt subjektiv wahr – diese subjektiven Sichtweisen sind unvollständig und verzerrt, aber sie bestimmen unser Verhalten. Verhalten kann beeinflusst werden.

Soft policy-Maßnahmen sollen dem Verbraucher helfen, Kenntnisdefizite abzubauen und Verständnis und Einsicht in die individuelle Vorteilhaftigkeit von Mobilitätsalternativen zu erhalten. Sie zielen vor allem darauf ab, Wissen über das spezielle Sachthema zu vermitteln und dabei Wahrnehmungsverzerrungen zu korrigieren. Eingefahrene Verhaltensroutinen können überprüft und selbständig verändert werden. Ziel von soft policies soll ferner sein, dem Verbraucher Konsequenzen aus Verhaltensweisen zu verdeutlichen, um langfristige und dauerhafte Einstellungsveränderungen herbeizuführen.

Der Mensch als Verkehrsteilnehmer muss stärker mit seinem Verständnis, seinen Kenntnissen, Bedürfnissen, Gefühlen und Verhalten in den Mittelpunkt verkehrswissenschaftlicher Forschungen gestellt werden (AHRENS 2002, S. 208). Allein restriktive Maßnahmen reichen nicht aus, weil sie als drohende Einschränkung der eigenen Mobilität verstanden werden. Der Verbraucher soll daher sein Fehlverhalten aus eigener Motivation selbst erkennen und aus möglichst eigenem Wunsch umstellen können. Verkehrsplanerische Maßnahmen des Baus, Betriebs, der Organisation und des Managements von Verkehrsangeboten sind häufig nur teilwirksam oder ineffizient, weil sie dem potenziellen Nutzer nicht ausreichend vermittelt wurden: „Es gab ein attraktives Angebot, aber keiner kam und nutzte es..." (BECKMANN 2002b, S. 25).

Es ist wichtig für den Menschen, Wege zu finden, alternative Verkehrsmittel zu benutzen, ohne dass grundlegende Veränderungen des Lebensstils erforderlich sind. Kleine Veränderungen bei jedem Einzelnen führen damit zu großen Veränderungen insgesamt (BRÖG/ERL 2002, S. 135; PREISENDÖRFER/DIEKMANN 1999). Schlüsselfunktion beim Verständnis der psychologischen Prozesse ist das Konzept des *involvement* (Kap. 4.2). Verhaltenswirksame Faktoren, die das involvement erhöhen, fördern gleichzeitig die Verhaltenswirksamkeit von soft policies.

Im Rahmen von soft policy-Maßnahmen ist das *Mobilitätsmanagement* ein vergleichsweise neuer Ansatz, um eine effiziente, umwelt- und sozialverträgliche, also nachhaltige, Mobilität anzuregen und zu fördern. Dabei steht nicht die Vergrößerung des verkehrlichen Angebots im Vordergrund, sondern es werden Wege neu organisiert. Nutzer sollen zu einer rationalen, umwelt- und sozialverträglichen Nutzung von eigenem Pkw, Bahn, Bus, Fahrrad und eigenen Füßen motiviert werden. Ziel ist es, maßgeschneiderte Informationen an den in seinen Bedürfnissen identifizierten Kunden zu bringen (so genannte Informations-Bringschuld)[31].

Der auf Ratio und Vernunft basierende soft policy-Ansatz greift nicht dauerhaft und erreicht insbesondere das Segment der „informationsresistenten" Autofahrer nicht. Informatorische Maßnahmen sind deshalb nur begrenzt geeignet, psychologische Momente der Mobilität zu beeinflussen. Soft policy-Maßnahmen müssen langfristig betreut werden. Es zeigt sich jedoch, dass regionale Initiativen mangels Finanzmittel der Gemeinden längerfristig nicht selbständig betrieben werden können und oft nach dem Auslaufen der Fördermittel eingestellt werden müssen. Auch hier kann im Rahmen einer regionalen Identität die Notwendigkeit für jeden Einzelnen bei den Einwohnern verinner-

---

[31] Hierzu z.B. Einsatz des individualisierten Marketings in Perth, Westaustralien (BRÖG/ERL 2002, S. 116-138).

licht werden. Tatsächlich gehen soft policy-Maßnahmen auch von einem gewissen Eigeninteresse an Veränderung aus.

Es zeigt sich in der Praxis, dass verkehrliche Konzepte erfolglos sind, solange sie von den Einwohnern des Raumes nicht genutzt werden. Hier wirken hard und soft policies lediglich punktuell, und sie werden auch nur situativ, nicht in der Gesamtheit der regionalen Verkehrssituation, verstanden.

Die Psychologie des Fahrens und die emotionalen Beweggründe der Mobilität bleiben daher die entscheidenden Faktoren der Steuerung des Verkehrs im ländlichen Raum. Ein mögliches Ziel ist daher die *Emotionalisierung* der verkehrlichen Alternativen. Die Potenziale, öffentliche Verkehrsmittel erlebbarer zu machen und dem Einzelnen neue individuelle Nutzen zu bringen, werden ab Kap. 5 diskutiert.

2.3   Schienen-Personennahverkehr (SPNV) im ländlichen Raum

Der Verkehrsträger Schiene brachte dem ländlichen Raum in Deutschland vor ca. 100 bis 150 Jahren den wirtschaftlichen Aufschwung, indem er ihn über sein Streckennetz an die überregionale Wirtschaft anband. Heute ist der ländliche Raum von anderen Problemen geprägt, und der Schienenverkehr hat seine Impulskraft längst verloren. Das heute als unmodern, langsam und unflexibel verstandene Verkehrsmittel Bahn, also die Beförderung von Personen und Gütern auf der Schiene, ist sogar selbst zu einem wirtschaftlichen Problem im ländlichen Raum geworden.

Der öffentliche Personen-Nahverkehr (ÖPNV) ist ein Dienstleistungsangebot zur Beförderung von Personen mit definierter örtlicher und zeitlicher Verfügbarkeit. Es kann von jedermann auf Grund vorgegebener Beförderungsbestimmungen beansprucht werden. Es fasst verschiedene Einzelnachfragen zusammen und schließt den Zwang zum Selbstfahren aus. Der ÖPNV wird als Linienbetrieb mit definiertem Streckenverlauf, Haltestellen, Haltestellenabfolgen sowie einem Fahrplan erbracht (z.B. BRÄNDLI 2002, S. 253).

Der ÖPNV auf der Schiene wird als Schienen-Personennahverkehr (SPNV) bezeichnet[32]. *Betrieblich* definiert er sich aus der allgemein zugänglichen Beförderung von Personen in Zügen im Linienverkehr zu Reisezwecken. Er dient der linearen Flächenerschließung und der Verbindung von Städten und Gemeinden in der Region mit dem Ballungskern sowie untereinander, hauptsächlich auf Nebenstrecken[33]. Die durchschnittliche Reisegeschwindigkeit wird mit ca. 50 km/h definiert, alternativ beträgt die Reisedauer

---

[32] Der SPNV stellt rechtlich einen Bestandteil des ÖPNV dar. Gerade der regionale SPNV zeichnet sich aber durch Eigenschaften aus, die eher dem Schienen-Personen*fern*verkehr zuzuordnen sind als dem ÖPNV (z.B. bei Zeitaufwand oder der Länge zurückgelegter Wege). Deswegen soll der SPNV im Weiteren losgelöst vom ÖPNV betrachtet werden.

[33] Der Begriff „Nebenstrecke" ist in Eisenbahnbau- und Betriebsordnung (EBO) und Bau- und Betriebsordnung der Straßenbahnen (BOStrab) nicht definiert, da er technisch nicht existiert. „Nebenstrecke" hat sich in der Praxis jedoch als Sammelbegriff für Strecken etabliert, die ein mäßiges Verkehrsaufkommen aufweisen und nur regional bedeutend sind. Sie können hierbei als Haupt- oder Nebenbahnen gemäß EBO gewidmet sein, sind meistens eingleisig und nicht elektrifiziert (PÄCHER 2002, S. 42).

im SPNV maximal eine Stunde. Der Zug hält an allen Unterwegsstationen[34], teilweise allerdings nur bei Bedarf.

Ländliche Regionen mit peripherem Charakter liegen meistens entfernt von Schienen- oder Straßen-*Fern*verbindungen. Sie werden, soweit vorhanden, durch die Bahn über die Nebenstrecken an andere Regionen und Ballungszentren angebunden.

Aus *betriebswirtschaftlicher* Sicht ist der SPNV eine Dienstleistung und damit „... jede einem anderen angebotene Tätigkeit oder Leistung, die im wesentlichen immaterieller Natur ist und keine direkten Besitz- oder Eigentumsänderungen mit sich bringt. Die Leistungserbringung kann – muss jedoch nicht – mit einem Sachgut verbunden sein" (KOTLER/BLIEMEL 2001, S. 772). Das Leistungsversprechen, die Beförderung vom Aus- gangs- zum Zielort, und das Leistungsergebnis, die Ortsveränderung, sind immateriell. Die Beförderung stellt insgesamt eine *Verkehrsdienstleistung* dar[35]. Verkehr umfasst dabei im engeren Sinne die Überwindung räumlicher Distanzen. Anbieter von Verkehr sind hierin Institutionen, deren Ziel es ist, das Bedürfnis von Personen nach Ortsverände- rungen und damit die Überwindung räumlicher Distanzen zu befriedigen.

Nebenstrecken machen rund 36 % des gesamten Streckennetzes des öffentlichen Schienenverkehrs in Deutschland aus (JAKUBOWSKI/ZARTH 2003, S. 212). Über Neben- strecken werden sowohl Nahverkehr als auch Zubringerdienste zum Fernverkehr abge- wickelt, wobei der Nahverkehr den größten Anteil hat.

Gemessen an der Personenzahl entfällt der überwiegende Teil der Mobilitätsnachfrage auf den Nahverkehr (rund 93 %), lediglich ca. sieben Prozent auf den Fernverkehr. Da- von betrug der Anteil des S-Bahn-Verkehrs in Ballungsräumen 1991 bis 1993 ca. 63 %, ca. 16 % entfielen auf den Nahverkehr auf Hauptstrecken. Das Aufkommen an Verkehrs- leistungen auf Nebenstrecken ist demnach deutlich begrenzt (ebd. , S. 213).

---

[34] Nach § 4 EBO werden Zugangsstellen im Schienenverkehr abhängig von ihrer technischen Beschaffenheit in Bahnhöfe, Haltepunkte und Haltestellen unterschieden. Für den Nutzer ist diese Differenzierung jedoch nicht relevant, so dass im Folgenden der einfache, wenn auch betriebsfremde Begriff „Station" einheitlich verwendet wird.

[35] MEFFERT (2000, S. 7) bemerkt hierzu, dass es sich, streng genommen, um eine Mobilitäts- und nicht um eine Verkehrsdienstleistung handelt. Der Wunsch nach Ortsveränderung stelle im Kern den Wunsch nach Mobilität, und nicht nach Verkehr, dar. So werden Dienstleistungen einer Bank auch nicht „Bank-", sondern „Finanzdienst- leistungen" gemäß ihres Verrichtungsgegenstandes genannt. Dennoch sind die Termini „Verkehrsdienstleistung" und „Verkehrsverhalten" im wissenschaftlichen Sprachgebrauch fest verankert, so dass sie beibehalten werden sollen.

Verkehrsunternehmen präsentieren sich zwar heute oft als Mobilitätsdienstleister (z.B. die Deutsche Bahn AG oder die *Hamburger Hochbahn AG*) und suggerieren dem Nutzer damit, im Sinne einer ganzheitlichen Kundenorientie- rung, Komplettlösungen für dessen Wunsch nach Ortsveränderung (=Mobilität, BECKER (2002, S. 13)) anbieten zu können. Das hieße, dass Mobilität durch einen einzigen Akteur gesteuert werden könnte, indem er seinen Einfluss auf die Wegekette des Nutzers verstärkt. Tatsächlich nimmt ein EVU jedoch nur einen kleinen Teil in der Mobilität des einzelnen Nutzers ein. Mobilität ist vieldimensional, sie kann nur in einem ganzheitlichen Ansatz und gemein- schaftlich beeinflusst werden (im Freizeitverkehr beispielsweise durch Maßnahmenpakete, die durch Zusammen- arbeit von Planern, Landesministerien, Aufgabenträgern, EVU, Tourismusverbänden, Kommunen, Veranstaltern und Gastronomen initiiert und umgesetzt werden). Die Mobilitäts*dienstleistung* zielt daher ebenfalls auf einen ganzheitlichen Ansatz ab, dem Kunden seine vielfältigen Wünsche nach Mobilität zu erfüllen. Diese leisten Ver- kehrsunternehmen heute nicht, und sie können es im Alleingang auch nicht leisten. Aus diesem Grund wird der Begriff der Mobilitätsdienstleistung in der Fragestellung dieser Arbeit nicht verwendet. Ohnehin muss es Ziel der Verkehrsplanung sein, dem Nutzer eine „nachhaltige" Mobilität anzubieten, statt dass EVU ihn in herkömmlichen, verkehrsintensiven Verhaltensmustern zu unterstützen.

Das gesamte heutige Schienenverkehrsnetz stammt in wesentlichen Teilen aus einer Zeit vor der privaten Massenmotorisierung. Seine ehemals hohe Dichte spiegelte demnach nicht nur reale Nachfrageverhältnisse wider, sondern auch und insbesondere historische Raumordnungspolitik. In der Reife- und Sättigungsphase der Eisenbahn in Deutschland (ca. 1870-1920) stand der angebotsorientierte Ausbau im Mittelpunkt. Im Rahmen dieser Diffusionsförderung entstand das dichte Netz an Nebenbahnen. Die Zielvorstellung damaliger Raumordnungspolitik war darauf gerichtet, eine Flächen deckende Grundversorgung an Verkehrsmobilität herzustellen, Vorstellungen der Agrar-, Industrie-, Sozial- und Verteidigungspolitik instrumentell zu unterstützen und räumliche Entwicklungsunterschiede zu begrenzen.

2.3.1 Probleme des SPNV heute

Das EU-Weißbuch zur Verkehrspolitik vom September 2001 stellt unter dem Titel „Wiederbelebung der Eisenbahnen" eine Analyse des Verkehrsträgers Schiene vor. Mit Ausnahme neuer Hochgeschwindigkeitsverkehre ist dem gemäß die Bahn heute ein altmodisches, unzuverlässiges und unattraktives Verkehrsmittel, welches kontinuierlich im Wettbewerb der Verkehrsträger Marktanteile verloren hat. Um die Auslastung der Verkehrsträger wieder in eine Balance zu bringen, ist eine grundlegende Erneuerung erforderlich. Als Kernprobleme, die es zu überwinden gelte, werden angeführt (CLAUS-ECKER 2002, S. 246-247)
- der Mangel an geeigneter Infrastruktur,
- fehlende Interoperabilität zwischen den nationalen Netzen und Bahnsystemen,
- zu wenig Forschung im Bereich neuer Fertigungstechnologien,
- der Mangel an Kostentransparenz,
- eine geringe Produktivität,
- der unzuverlässige Service.

Diese Darstellung trifft insbesondere den SPNV außerhalb der Metropolen. Der Bahnverkehr in der Region wurde in den vergangenen 50 Jahren vernachlässigt. Kennzeichen waren unter anderem ein unattraktives Verkehrsangebot bezüglich Bedienungs- und Beförderungsqualität sowie der Reisegeschwindigkeit und damit folglich ein geringes Fahrgastaufkommen. Hierdurch sanken die Einnahmen bei gleichzeitig hohen Betriebskosten, die sich insbesondere aus dem schlechten Zustand der Eisenbahninfrastruktur und einer veralteten, personalintensiven Bahntechnik ergaben. Die Finanzdefizite und damit der Subventionsbedarf stiegen hierdurch kontinuierlich an. Die Auswirkungen waren in der Regel Angebotseinschränkungen, die mit Zugangsstellenschließungen oder der Stilllegung ganzer Strecken verbunden waren. „Der regionale Schienenverkehr vermittelte vielerorts den Eindruck, er habe seine Daseinsberechtigung verloren. Verschlissene Infrastruktur, veraltetes rollendes Material und wenige Fahrgäste charakterisierten den Zustand" (BMVBW 1999, S. 19).

Dieser Abwärtstrend hat sich Mitte der 1990er Jahre durch Rechtsverordnungen der EU zur Stärkung des öffentlichen Verkehrs jedoch verändert. Durch die Bahnstrukturreform 1994 konnte ein umfassender Wandel in der Planung, Organisation, Gestaltung und Finanzierung des SPNV in die Wege geleitet werden. Ein wichtiger Aspekt ist hierin der Wettbewerbsgedanke zwischen Eisenbahnverkehrsunternehmen (EVU)[36]. „Auf den Hauptstrecken wird heute in großem Umfang moderner Bahnverkehr zügig und wirtschaftlich betrieben. Es stellt sich die Frage, wie auch für Nebenstrecken bei entsprechender Nachfrage die Voraussetzungen verbessert werden können, um einen modernen und wirtschaftlich erfolgreicheren Bahnverkehr zu gewährleisten" (*BBR* 2001, S. 3). Eine nennenswerte Trendwende im allgemeinen Verkehrsverhalten ist heute, trotz erheblicher Verbesserungen im Fern- und schnellen Regionalverkehr, nicht zu verzeichnen[37]. Der verstärkte Ausbau der S-Bahn in mehreren Verdichtungsräumen sicherte diesem Betriebszweig innerhalb des Nahverkehrs einen deutlichen Zuwachs von über 120 % an der Beförderungsleistung in der definierten Zeitperiode. Der ‚restliche' Schienen-Personennahverkehr der Deutschen Bahn nahm jedoch deutlich auf rd. 54 % der Ausgangsleistung ab (ebd., S. 5).

2.3.2 Aktuelle Situation der Bahn im ländlichen Raum in Deutschland

Die mit den europäischen Rechtsverordnungen verbundene Regionalisierung[38] verlagerte die Planungs- und Finanzierungskompetenz für den ÖPNV auf die Länder. Dadurch wurde eine strategische Einpassung des Bahnverkehrs in die Landesregional- und Verkehrplanungen möglich. Die direktere Leistungs- und Kostenkontrolle durch das Land erbrachte eine Verbesserung der Wirtschaftlichkeit und Leistungsfähigkeit des ÖPNV und SPNV.

Als Angebotsverbesserungen sind hier insbesondere verbesserte Fahrpläne im Zuge des Integralen Taktfahrplans (ITF)[39] oder die Aufwertung von Stationen zu nennen. Bahn- und Busangebote wurden vielerorts besser vernetzt, ihre Fahrpläne und Tarife aufeinander abgestimmt. Neue Schienenfahrzeuge sorgen für eine kürzere Fahrzeit und höheren Komfort während der Reise. Neue EVU traten auf den Markt und implementierten den Qualitätsgedanken. Eine verbesserte Integration des SPNV in die Raumplanung führte zudem zu einigen durchaus erfolgreichen Reaktivierungen von Bahnstrecken und Zugangsstellen.

---

[36] Die Bahnstrukturreform und die daraus entstandenen Veränderungen sind beispielsweise in KLEINE (2001) umfassend erläutert worden.

[37] Nahm die Leistung des gesamten Personenverkehrs im früheren Bundesgebiet zwischen 1975 und 1990 um rd. 39 % zu, so wuchs der Personenverkehr der Deutschen Bundesbahn um nur rd. 13 %, und ihr Marktanteil sackte von 7,5 auf 6 % ab. Von dem Rückgang der Schiene war der Nahverkehr (Leistungsanteil am gesamten Personenverkehr 1975 = 3 %, 1990 = 2,2 %) noch stärker als der Fernverkehr (1975 = 4,4 %, 1990 = 3,8 %) betroffen (*BBR* 2001).

[38] Gesetz zur Regionalisierung des öffentlichen Personen-Nahverkehrs RegG. Es regelt die Übertragung der Aufgaben- und Finanzkompetenz für den gesamten ÖPNV vom Bund auf die Länder.

[39] Das Hauptmerkmal des Integralen Taktfahrplans (ITF) ist, dass Züge oder Busse jede Stunde zur selben Minute ankommen und abfahren. Alle Züge einer Linie verkehren regelmäßig und halten immer zu festen Taktzeiten an denselben Stationen. Damit sind auch die Anschlüsse und die Wartezeiten beim Umsteigen festgelegt. In der Form des ITF erreicht der SPNV die höchste Flächenwirkung (SIEGMANN 2001).

Ein wirtschaftlicher Bahnverkehr in der Region kann nicht Kosten deckend erbracht werden[40] und wird daher als gemeinwirtschaftlicher Verkehr vom Aufgabenträger[41] des Landes in Streckennetzen im Wettbewerb ausgeschrieben und bestellt oder gegen entsprechende Erstattung auferlegt (vgl. § 4 RegG zur Sicherstellung einer ausreichenden Grundversorgung der Bevölkerung mit dem SPNV). Ziel des Aufgabenträgers ist es, für möglichst geringe Ausgleichszahlungen an das EVU eine höchstmögliche Qualität der Leistung zu erhalten. Das EVU mit dem (hauptsächlich unter Kostenaspekten) besten Angebot erhält den Zuschlag für den Betrieb der ausgeschriebenen Verkehrsleistungen (Besteller-Betreiber-Prinzip) für den im Verkehrsvertrag festgelegten Zeitraum. Der Aufgabenträger ist für die Planung, die Organisation und die Finanzierung des SPNV verantwortlich, bestellt die Verkehrsleistungen beim EVU und zahlt ihm den vertraglich vereinbarten Ausgleichsbetrag. Das EVU ist für die Erbringung und vereinbarte Ausgestaltung des Verkehrs verantwortlich[42].

Die positive Entwicklung durch die Regionalisierung darf allerdings nicht darüber hinwegtäuschen, dass auf vielen Nebenstrecken derzeit ein leistungsgerechter Fahrbetrieb nicht erbracht werden kann. Zahlreiche Streckenabschnitte sind durch eine mangelhafte Betriebsqualität auf Grund veralteter Technik und einer schlechten baulichen Beschaffenheit gekennzeichnet, die lediglich eine reduzierte Höchstgeschwindigkeit zulassen („Langsamfahrstellen"). Es werden daher in weit umfangreicherem Maße als bisher Investitionen in die Schienen-Infrastruktur zwingend erforderlich sein, um diesen Modernisierungsstau zu beheben, soll der Schienenverkehr am weiteren Verkehrswachstum partizipieren.

2.3.3 Der SPNV als Produkt im differenzierten Bedienungsmodell

Der öffentliche Verkehr auf Schiene und Straße stellt sich in einem differenzierten Bedienungsmodell dar, das in den letzten Jahren zu spezifischen Produkten ausgebaut wurde. Durch die unterschiedlichen Verkehrsaufgaben der Verkehrsmittel kann nicht von der Bahn- oder Busleistung schlechthin gesprochen werden. Die Verkehrswegenetze gliedern sich funktional entsprechend ihrer Verbindungsbedeutung.

Der eigenwirtschaftliche[43] Fernverkehr besteht aus Produkten, die schnell große Distanzen zurücklegen und Metropolen miteinander verbinden und Fernverkehren, die aufkommensstarke Ergänzungsstrecken bedienen. Produkte des gemeinwirtschaftlichen SPNV verbinden wichtige Städte entlang regionaler Hauptachsen miteinander oder vernetzen die Region Flächen deckend. Innerhalb dieser Bedienungsstruktur legen Länder, Verkehrsverbünde und Eisenbahngesellschaften ihre Produktbezeichnung und -ausgestaltung fest. Auch der Straßen gebundene Regional- und Stadtverkehr durch

[40] Auf den Nebenstrecken wird mit Kostendeckungsgraden gefahren, die unter 10 % liegen (KILL 2002, S. 70).
[41] Der Aufgabenträger des Landes ist das mit dem Verkehr betraute Ministerium oder eine aus seiner Sicht geeignete Organisationsform.
[42] Zur Finanzierung des SPNV vgl. ZÖLLNER (2002, S. 66-86).
[43] Eigenwirtschaftlicher Verkehr wird, im Gegensatz gemeinwirtschaftlichen Verkehr, nicht vom Aufgabenträger bezuschusst, sondern muss sich aus Tarif- und anderen Einnahmen des EVU selbständig finanzieren.

Busse ist Bestandteil des Bedienungsmodells. In den letzten Jahren wurden differenzierte Bedienungsformen entwickelt, um der Nachfrage zum einen, der Wirtschaftlichkeit einer Flächenbedienung zum anderen, Rechnung tragen zu können (Forschungsstand Kap. 1.2). Sie werden in dieser Arbeit jedoch vernachlässigt. Ziel ist, die vielfältigen Beförderungswünsche der Reisenden durch einander ergänzende und aufeinander abgestimmte Angebote zu befriedigen. Ein differenziertes Bedienungsmodell stellt sich wie folgt dar:

Darstellung 4:   Differenziertes Bedienungsmodell im öffentlichen Schienen-Personenverkehr

	Verkehrsaufgabe	*Produktbezeichnungen in Deutschland (Auswahl)*
Fernverkehr	*kontinental/interkontinental:* Hochgeschwindigkeitsverkehr in einem Kernnetz zwischen Ballungszentren im Taktverkehr, meist auf Schnell- und Ausbaustrecken	Intercityexpress (*ICE*), Metropolitan (*MET*), Thalys
	großräumig: Schnellverbindung im Kernnetz zwischen den Ballungszentren im Taktverkehr als Ergänzung zum Hochgeschwindigkeitsverkehr sowie entlang aufkommensstarker Ergänzungsstrecken und ins benachbarte Ausland	Intercity (*IC*), Eurocity (*EC*)
	Nachtschnellzüge zwischen den Ballungszentren mit Schlaf- und Liegewagen	Citynightline (*CNL*), DB Nachtzug (*NZ*), Euronight (*EN*)
	Schnellverbindung auf regionalen Ergänzungsstrecken mit Einbindung von Ober- und Mittelzentren in das Fernverkehrsnetz	Interregio (*IR*), Schnellzug (*D*), Interconnex (*X*)
Regionalverkehr	*überregional* Beschleunigte Verbindung (Beförderungsgeschwindigkeit min. 80 km/h) von Regionen und Städten entlang der Hauptverkehrsachsen im SPNV. Verbindet im Taktverkehr ausschließlich größere Siedlungskonzentrationen miteinander. Zielgruppe sind insbesondere Berufspendler und Reisende im Gelegenheitsverkehr	Interregioexpress (*IRE*), Regionalexpress (*RE*), Metronom (*ME*), Alpenexpress (*ALEX*), Flensburgexpress (*FLEX*)

	Verkehrsaufgabe	Produktbezeichnungen in Deutschland (Auswahl)
	regional Verbindung von Städten und Gemeinden in der Region als Grundprodukt des regionalen SPNV im Taktverkehr. Hält überall, Beförderungsgeschwindigkeit 50 km/h, mittlere Reiseweiten, undifferenzierte Zielgruppe	Regionalbahn (RB) der DB, (DNR, DPN als DB-Bezeichnungen für andere Bahnen), z.b. OME, NBE, ODE, NOB, NWB, PEG, BLB als Bezeichnungen privater EVU, z.b. „R" oder „B" als Produktbezeichnungen der Verkehrsverbünde oder Länder
	Verbindung von Städten und Gemeinden des Ballungsraumes mit dem Ballungskern im dichten Taktverkehr. Ergänzt oder ersetzt das Grundprodukt in Räumen mit sehr hohem Verkehrsaufkommen	S-Bahn (S)
Stadtverkehr	regional/lokal Schnellverbindung entlang dicht besiedelter Achsen innerhalb von Großstädten als Grundprodukt des großstädtischen Schienenverkehrs	U-Bahn (U), Straßenbahn

(Quelle: eigene Erstellung in Anlehnung an HÖLSKEN et. al 1996)

Anmerkung: Die RIN (FGSV 2002, S. 17) gliedert die regionalen Verkehrswegenetze funktional, worin Regionalverkehrsstrecken von Oberzentrum zu Mittelzentrum oder zwischen Mittelzentren und Nahverkehrsstrecken von Mittelzentren zu Grundzentren oder zwischen Grundzentren verlaufen. Als Orientierungswerte zur Beurteilung der Angebotsqualität dient insbesondere die Zeitgröße „Reisegeschwindigkeit" (ebd., S. 17).

Für den Fernverkehr finden sich einheitliche Produktbezeichnungen. Im Regionalverkehr existieren jedoch gerade im Segment des Grundverkehrs eine Vielzahl von Bezeichnungen nebeneinander, die das selbe Produkt darstellen. Darüber hinaus umfasst das Grundprodukt[44] im Bedienungsmodell Produkteigenschaften, die nicht attraktiv sind.

---

[44] Die Bezeichnung „Grundprodukt" für einen Zug, dessen Leistung, wie sich zeigen wird, völlig neu ausgestaltet werden muss, wird hier beibehalten, obwohl sie nicht unbedingt einfallsreich ist. Die Namensgebung, wie auch Logo, Design der Züge und der gesamte Auftritt des Produkt sollen für diese Arbeit jedoch weniger entscheidend sein, obschon die Markenthematik dazu leicht verführt. Von Interesse sind die faktischen Ausgestaltungsmöglichkeiten des Zuges, um den potenziellen Nutzer zum Mitfahren zu veranlassen. Damit soll der Versuchung widerstanden werden, durch ein so genanntes relaunch das äußere Erscheinungsbild des SPNV (Produktname, Zugfarbe, kurzfristig angelegte Kommunikation) völlig zu verändern, ohne jedoch die veränderungsbedürftigen Produkteigenschaften selbst grundsätzlich neu zu konzeptionieren.

Diese sind insbesondere die niedrige Beförderungsgeschwindigkeit und die Vielzahl an Halten.

Die Produkte des Fernverkehrs, die hauptsächlich der Deutschen Bahn AG zugehörig sind, sind national bekannt. Im Regionalverkehr verwenden die „privaten" EVU und die Aufgabenträger hingegen eine Vielzahl von Produktbezeichnungen, die die gleiche Verkehrsaufgaben erfüllen. Auch stellen zahlreiche Fahrzeugtypen unterschiedlichen Alters mit unterschiedlicher Ausstattung und Farbgebung dasselbe Produkt im Regionalverkehr dar. Die Fahrpreise sind unterschiedlich hoch und unterliegen länderabhängig verschieden ausgestalteten Tarifsystemen.

Dass sich der SPNV durch individuelle Produktnamen regional positiv verankert, ist notwendig und wünschenswert. Dennoch sind national gemeinsame Bedienungsstandards erforderlich, beispielsweise die Taktdichte, eine durchschnittlich hohe Reisegeschwindigkeit, eine Grundausstattung der Züge oder ein einheitliches Tarifsystem. Nur so kann das Grundprodukt eine unmissverständliche Position mit spezifischen Merkmalen im Bedienungsmodell einnehmen. Grundlegende Nutzungsbarrieren müssen vom Nutzer nur einmal überwunden werden. Diese Standards sind derzeit nicht vorhanden. Das Leistungsspektrum des Produkts bleibt damit diffus und erschwert eine zuverlässige integrierte räumliche und langfristige Verkehrsplanung. Das differenzierte Bedienungsmodell bleibt daher als Planungsinstrument für den öffentlichen Verkehr zu unkonkret und unverbindlich.

2.3.4 Raumordnerische Vorzüge des SPNV

Der regionale SPNV kann für die durch das ROG vorgegebenen Leitvorstellungen (§ 2 (2) ROG; Kap. 2) als „Rückgrat" eine Basis bilden. Dieser Aspekt wird in Kap. 5.2.2 wieder aufgegriffen.

Verkehrssparsame Verknüpfung der zentralen Orte

Der regionale Bahnverkehr unterstützt das raumordnerische Leitbild der dezentralen Konzentration. Eine gute Erreichbarkeit der zentralen Orte im ländlichen Raum wird dadurch erreicht, dass das Verkehrsaufkommen zwischen den Orten durch die Bahn gebündelt und schnell abgewickelt werden kann. Ziel ist eine leistungsfähige Schienen-Infrastruktur, die Orte mit wirtschaftlichen Potenzialen oder administrativen Aufgaben sowie Städtenetze innerhalb einer Region direkt, schnell und verkehrssparsam miteinander verbindet. Der SPNV nimmt innerhalb der Region der kurzen Wege deshalb eine Schlüsselposition ein.

Auch in der Diskussion um integrierte Verkehre stellt der SPNV einen zentralen Stellenwert dar. Bahnverkehr darf kein Selbstzweck, sondern muss gemäß seiner komparativen Vorteile integraler Bestandteil eines nachhaltigen Verkehrssystems sein (nach EWERS 1991, S. 215). Dies kann erreicht werden, wenn sich wirtschaftliche Kräfte und die Siedlungsentwicklung auf die Schienen-Infrastruktur als Entwicklungsnetz konzentriert, und nicht an Fernstraßen oder Autobahnen[45]. Die Funktionsteilung der zentralen Orte und Städtekooperationen muss sich deshalb an der bestehenden Schienen-Infrastruktur orientieren.

Netzfunktion im überregionalen Verkehr

Nebenstrecken bilden Verknüpfungstangenten zwischen Hauptstrecken im Schienen-Fernverkehr. Über sie können Fernzüge mehr Destinationen erreichen und stark frequentierte Hauptstrecken entlastet werden. Für den ländlichen Raum stellt dies eine verbesserte überörtliche Erreichbarkeit der Region und damit ein wirtschaftlicher Potenzialfaktor dar.

Steuerungsinstrument im Freizeitverkehr

Auch für eine Allokation des Freizeit- und Tourismusverkehrs bedarf es schneller, möglichst direkter Verbindungen aus den Agglomerationsräumen in touristische, ländliche Gebiete. In der Tat sind ganze Regionen davon abhängig, dass die Besucher möglichst ohne größeren Aufwand zu ihnen gelangen können (AXHAUSEN et al. 1998, S. 12). Die Bahn erschließt hierbei „Stadt-Umland – Ringe" vom verdichteten Raum über „traditionslose Räume" (Vororte mit Freizeitzentren, Bädern, Sportanlagen usf.) bis in disperse Räume und ist dadurch in der Lage, die touristische Vielschichtigkeit der Region zu durchdringen (KRÜGER 1995, S. 113). KRÜGER (1995, S. 58-59) klassifiziert den ländlichen Raum zudem in klassisch-periphere, alt-industrielle und gentrifizierte Strukturtypen mit unterschiedlichen Entwicklungschancen für den Tourismus. In Anhang VI werden beispielhaft differenzierte Bedienungsweisen für Nebenstrecken entwickelt, die sich diesen Raumtypen zuordnen lassen und sich in Semipermeable Netze einpassen lassen (vgl. Anhang VI und Kap. 3 zum Prinzip des Semipermeablen Netzes).

Eine intakte Schienen-Infrastruktur bietet der Region strukturelle und verkehrliche Vorteile. Sie kann als Standortfaktor für Anliegergemeinden entsprechend vermarktet werden. Sie stellt eine volkswirtschaftliche Option für künftige verkehrliche Entwicklungen dar. Nicht zuletzt kann ein entsprechend konzeptionierter SPNV in sensiblen Kulturräumen zur Reduzierung des Verkehrs führen.

Als Flächenverkehrsmittel ist der SPNV ungeeignet (hierzu Diskussion in Kap. 3.2.2). Deshalb ist eine Vielfunktionalität des Streckennetzes zu entwickeln, die Bedienungsweisen im regionalen Personenverkehr, jedoch auch Fernverbindungen über Nebenstrecken, touristische Direktverbindungen und den regionalen und überregionalen Schienen-Güterverkehr umfasst. Die Vorzüge des Schienenverkehrs im ländlichen Raum sind bekannt. Hierfür muss die Schiene langfristig und verbindlich als Infrastruktur in die räumliche Planung eingebunden werden.

---

[45] Die wirtschaftlichen Effekte von Autobahnen für die Region sind nicht eindeutig belegbar (z.B. GATHER 2003).

2.3.5 Raumordnerische Schwächen des SPNV

Tendenz zur Suburbanisierung

Die Einbindung des Bahnverkehrs ist im Rahmen des Suburbanisierungs-Problems differenziert zu betrachten. Er kann das Leitbild der dezentralen Konzentration durch die punktuelle Bedienung und Bündelung von Wegen unterstützen. Im Kontext des regionalen SPNV bedeutet die Entstehung verkehrssparsamer Siedlungsstrukturen eine am SPNV orientierte Siedlungsentwicklung, die in der Stadt und in der Region einen wesentlichen Baustein zur Verkehrsbündelung darstellt.

Suburbanisierungsprozesse werden damit jedoch beschleunigt. Weit in das Umland greifende Schienenstrecken erhöhen die Verkehrsgeschwindigkeit und verstärken die laufenden Raumentwicklungstendenzen. Diese unbeabsichtigte Wirkung kann bei modernisierten Schienenverbindungen mit verbessertem Verkehrsangebot beobachtet werden[46]. Sie widerläuft damit dem Grundsatz der ausgeglichenen Siedlungs- und Freiraumstruktur (gemäß § 2 (2) 1., 3. ROG). Um Suburbanisierungstendenzen entgegenzuwirken, ist der ländliche Raum mit seinen Potenzialen deutlich gegen den Sogeffekt von Agglomerationsräumen abzugrenzen. Ein Ziel muss in Zukunft sein, den Bahnverkehr besser innerhalb der regionalen Wirtschafts- und Siedlungsstandorte auszurichten und damit neue Verkehrserreichbarkeiten zu schaffen (vgl. den Vorschlag von BECKER, Kap. 2.2.6.1).

Langfristig fehlende Transportaufgaben

Obwohl ein überregionales, weitreichendes Infrastruktursystem vorhanden ist, hat der SPNV nur lokale Bedeutung. Die Bahn verharrt, trotz aller verkehrlicher Entwicklungstendenzen, in Kleinräumigkeit. Ihre Möglichkeiten, Verkehr aufzunehmen und zu bündeln, wird längst nicht ausreichend genutzt. Der Schrumpfungsprozess der Bahn im ländlichen Raum wird zudem durch eine nicht leistungsgerechte Infrastruktur fortgeführt.

Fehlende Integration in die Landschaftsplanung

Das Landschaftserleben beeinflusst die Bahnreise und damit das Verkehrsmittel Bahn positiv und vermag das Verkehrsmittel aus seiner rein sachlich-funktionalen Ausgestaltung, gekoppelt mit einem diffusen negativen Image, herauszulösen. Konkret bedeutet das, dass Erholungsziele, nämlich Orte, die durch Planung für den Erholung Suchenden ästhetisch und besuchenswert werden, sich in den Einzugsbereich der Bahn verlagern. Auch das Bahnfahren selbst wird durch die Landschaftsplanung erholsam, anregend und erlebnisreich, wenn die Bahn durch rekultivierte Landstriche fährt. Die Potenziale der Bahn zum Erhalt des Erholungswerts und der „Natur"nähe einer Region wird von den Akteuren im Tourismus aber nicht ausreichend erkannt. Somit muss kaum erwähnt

---

[46] Diese „Renaissance der Bahn" ist für eine nachhaltige Entwicklung der Region jedoch kontraproduktiv. Dort, wo eine Aufwertung des Bahnangebots zu Stadtbahn-Verkehren stattfand, ist eine besonders hohe Bautätigkeit zu beobachten. Beispiel Karlsruhe: Die Nachbarstadt Bretten verzeichnete einen Bevölkerungszuwachs nach Einführung der Stadtbahn nach dem Karlsruher Modell, der mIV hat sich jedoch kaum reduziert.

werden, dass die Möglichkeit des Landschaftserlebens während der Bahnreise in keiner Weise in die Landschaftsplanung einbezogen wird.

Kostenaspekte dominieren die Angebotsplanung

Der SPNV richtet sich derzeit noch nahezu ausschließlich unter Kostenaspekten nach dem Prinzip der Daseinsvorsorge, im Stadtverkehr flankiert durch das Problem ausgelasteter Infrastruktur-Ressourcen. Die Vorgaben für die Ausgestaltung des SPNV bestimmt der Aufgabenträger des jeweiligen Landes, abhängig von den Leitvorstellungen der Politik und der finanziellen Sachlage.

Der Reisende mit seinen Vorstellungen und Wünschen hat hierin eine geringe Bedeutung. „Die Unternehmen des öffentlichen Nahverkehrs kümmern sich in erster Linie um den Kunden ‚öffentliche Hand' und erst in zweiter Linie um den Kunden ‚Fahrgast'. Die Aufgabenträger in Kommune und Land nehmen vermittelt für die Nutzer die Zielbestimmung der Verkehrsbetriebe vor. ... Der Kunde ist weder König noch Souverän, er wird durch die Verkehrsbürokratie mediatisiert vertreten" (GEGNER 2004, S. 71). BLÜMEL vermerkt dazu, eine Abstimmung über Angebot, Tarife, Qualität und Umfang der Verkehrsleistungen erfolge in zahlreichen Gremien, der Kunde jedoch spiele in diesem System keine Rolle. Ein direkter Dialog werde vermieden. Die Automobilbranche hingegen nutze Kundenwissen schon lange (2003).

Und PROBST wirft den Verkehrsunternehmen vor, vor „lauter Restrukturierung und Kostenmanagement .. die eigentliche Existenzberechtigung, den Fahrgast" zu vernachlässigen. Grundanforderungen der Produktgestaltung, wie insbesondere Fahrgastinformation, Fahrzeuggestaltung und Tarife, würden vernachlässigt. Stattdessen konzentrierten sich die Unternehmen auf die hektische Positionierung eigener Marken in egoistischer Eigenbrötelei und verhinderten damit den Ausbau des ÖPNV zu einem schlagkräftigen, integrierten Verbundsystem (2002, S. 5).

Der Kostenaspekt ist zwar entscheidend, darf jedoch nicht Alles dominierend sein. Unter reinen Kostengesichtspunkten kann der SPNV weder langfristig noch planerisch vernetzt oder kundenorientiert gestaltet und durchgeführt werden. Dass eine strategische Ausrichtung der Verkehrsdienstleistung auf den Kunden neben dem langfristig stabilen Nachfrage- und damit Einnahmezuwachs auch positive regionale Effekte erzielen kann, wird bei der Bestellung von Nahverkehrsleistungen derzeit nicht ausreichend erkannt.

2.4   Diskurs: Synergien zwischen ländlichem Raum und SPNV

Für die Raumplanung ist der ländliche Raum eine problembehaftete Restkategorie. Unter dem bislang verfolgten Ziel gleichwertiger Lebensverhältnisse wurden vom Staat große Anstrengungen unternommen, Unterschiede zwischen Stadt und Land auszugleichen. Dies führte beispielsweise zu einem hohen Verkehrsaufkommen und zur Auflösung dörflicher Strukturen durch neue Wohn- und Gewerbegebiete. Die Gestaltungsarmut neuer Gebäude, große Pendeldistanzen zum Arbeitsplatz und der Abbau lokaler

Infrastruktur führten zum Verlust von Identität und räumlichem Bezug. Auch kann der Staat eine Flächen deckende Versorgungs-Infrastruktur nicht mehr finanzieren. Dies soll durch ein Selbsthilfeprinzip vor Ort kompensiert werden.

Der ländliche Raum wird künftig einen hohen Stellenwert in der Raumordnungspolitik einnehmen. Er ist als Landschaftserhaltungs- und Erholungsraum sowie für den Ressourcenschutz bedeutend. Typische Probleme kennzeichnen ihn, jedoch weist er auch Potenziale auf. Seine Bewohner selbst sind jedoch der Schlüssel zum Erfolg, nicht unbedingt raumordnerische Leitbilder oder Interventionen des Staates. Gestaltungswille und die Bereitschaft zur Zusammenarbeit sowie das Erkennen der historischen und landschaftlichen Werte bilden hier die Basis, um wirtschaftliche Eigenkräfte zu entwickeln. Der integrierte Tourismus und die Landschaftsgestaltung machen auch Teilräume mit nur geringen oder noch nicht ausreichend aktivierten Potenzialen nutzbar. Der ländliche Raum wird dadurch unverwechselbar und eigenständig. Dies fördert die Identität des Raumes.

Obwohl den regionalplanerischen Leitbildern auf kommunaler Ebene und bei den Einwohnern ein Verharren am Status-quo gegenübersteht, sollten die eingeleiteten regionalplanerischen Maßnahmen (dezentrale Konzentration, Schrumpfungsprozesse, Nutzung vorhandener Infrastrukturen) diesen Identitätsprozess begleiten. Eine wirtschaftliche Entwicklung aus den Eigenpotenzialen heraus scheint stabiler und langfristig wirksamer zu sein, als Arbeitgeber anzuwerben oder große Pendlerdistanzen zum Arbeitsplatz zu subventionieren. Dies ist durch Leitziele zu steuern. Mit einer Erneuerung der Bedeutung und Funktion des ländlichen Raumes kann die Sogwirkung der Agglomerationsräume abgeschwächt werden. Seine endogenen Kräfte werden stabilisiert.

Die verkehrlichen Probleme erwachsen aus einem veränderten Mobilitätserfordernis auf Grund fehlender Flächen deckender Versorgungsstrukturen und Arbeitsplätze. Verkehr im ländlichen Raum ist kaum bündelbar. Das Verkehrsverhalten ist darüber hinaus jedoch aus einer Psychologie des Fahrens zu erklären, in der der sachliche Nutzen der emotionalen Bedeutung des Sicht-Bewegens untergeordnet ist.

Einem ungebremsten Verkehrswachstum kann nur durch eine Verkehrspolitik entgegengewirkt werden, die verkehrliche Alternativen gleichrangig behandelt. Heutige Maßnahmen der Sanktionierung und Information stellen jedoch allein keine Lösungen dar. Sie sind lediglich Bausteine in einem ganzheitlichen Konzept, das seinerseits das psychologische Moment der Mobilität berücksichtigen muss.

Der SPNV trägt heute als Verkehrsmittel den Bedürfnissen der potenziellen Nutzer nicht ausreichend Rechnung. Sein Einsatz erfolgt zu kleinräumig, und seine Reisegeschwindigkeit ist durch die unmodernisierten Nebenstrecken und die Bedienung zahlreicher, oft schwach frequentierter Halte zu niedrig. Dies steht entgegen seinen Systemvorteilen der schnellen punktuellen Vernetzung. Auch ist eine langfristige, integrierte räumliche Planung kaum möglich, da über Betriebskosten und Strecken-Stilllegungen mehr diskutiert wird als über Potenziale und Leistungsfähigkeit. Der SPNV trägt Systemeigenschaften, die die Entwicklung des ländlichen Raumes in Deutschland fördern. Hierfür ist seine Leistungsfähigkeit deutlich herauszustellen. Die Verkehrsaufgaben des SPNV für die Region und den Menschen sind neu zu konzeptionieren. Das sollte bereits mit bundesweit einheitlichen Standards in Bedienungsweise, Services und Erscheinungsbild beginnen.

Einer Psychologie des Fahrens wird der heutige SPNV nicht gerecht. Er kann jedoch nur erfolgreich sein, wenn seine Eigenschaften das affektive Moment der Verkehrsmittelwahl berücksichtigen. Der Aspekt des emotionalen Zusatznutzens einer Bahnreise gehört sachlich nicht in die Raumforschung. Er soll aber die Potenziale der Bahn für den Einzelnen dort herausstellen, wo eine funktionale Aufwertung gegenüber dem Pkw allein durch Systemeigenschaften schwierig ist. Dieser Aspekt wird seine Vertiefung im Kapitel 5 dieser Arbeit finden.

3 Das Semipermeable Netz als Bedienungsalternative im SPNV in Deutschland

3.1 Überlegungen zu einem neuen SPNV im ländlichen Raum

Ein Bahnprodukt zur Stärkung der Region über mittlere Entfernungen stellte der Interregio (IR) dar. Er war ein Mischangebot mit dem Charakter von Zubringern zum schnellen Schienenpersonen-Fernverkehr (SPFV), aber auch ein Angebot für mittelgroße Städte und touristische Zentren entlang von Haupt- und schwach ausgelasteten Nebenfernstrecken. Mit über 300 Systemhalten bot er ein hohes Angebot an umsteigefreien, direkten Fernverkehrsverbindungen mit regionalem Erschließungscharakter. Der IR fuhr insbesondere Touristikregionen wie Schwarzwald, Thüringer Wald, Odenwald, Eifel, Hunsrück, Harz, Alpenvorland, Nord- und Ostsee, die Mecklenburger Seenplatte oder Kur- und Bäderorte an. Die Angebotsgestaltung lag der Erkenntnis zu Grunde, dass eine Urlaubsreise mit möglichst wenigen Umsteigefällen zurückzulegen sein müsse (HAUBER 2001). Die damalige Deutsche Bundesbahn entwickelte den IR für eher preis- als zeitsensible Kunden und war damit eine Alternative zum schnellen Fernverkehr. Neue Kundensegmente konnten akquiriert werden (BODACK 1999, S. 108). Die differenzierte Ausstattung der Züge mit Wahlmöglichkeiten zwischen Abteilen, Großraum, Vis-à-vis- und Reihensitzen, mit Tischen, Garderoben, Gepäckstellflächen und -schließfächern, Fahrrad- oder Mutter-und-Kind-Abteilen und Bistro sowie einer behindertenfreundlichen Gestaltung sollte die Urlaubsreise so kinderfreundlich, kurzweilig und erlebnisreich wie möglich machen. Seine Slogans lauteten beispielsweise „Großlimousine mit Kindersitzen, eingebauter Raststätte und 200 Spitze" oder „Ein menschlicher Zug" (ebd.)[47]. Die lebendige, aufgelockerte Zuggestaltung bot Möglichkeiten der Kurzweil.

Ausgestaltungsprinzipien des IR waren unter anderem (HAUBER/WOLF 2001; BODACK 1999)

- wesentliche Verkehrsleistungen auf schwächer ausgelasteten Nebenfernstrecken,
- umsteigefreie Fernverkehrsverbindungen mit regionalem Erschließungscharakter,
- langlaufender, schneller Verkehr über Ländergrenzen hinweg,
- Halt nur an im Regionalverkehr aufkommensstarken Stationen oder Knotenpunkten,

---

[47] Der IR wurde zum Fahrplanwechsel 2002 fast vollständig eingestellt. Länderfinanzierte Regionalexpress-Züge übernahmen teilweise seine Funktion und konkurrierten damit das eigenwirtschaftlichen Produkt der DB AG. Durch den Einsatz modernen Wagenmaterials wurden diese attraktiver als die IR mit aufgearbeiteten Altwagen. Hier wurden Investitionen in eine zeitgemäße Ausstattung des Produkts unterlassen. SIEGMANN forderte noch 2001, den „IR allerdings nicht komplett in Frage zu stellen, sondern möglichst bald von einem neuen Konzept unter Verwendung neuer Fahrzeuge im Rahmen eines Vorwärtskonzeptes abzulösen" (2001, S. 91).

Die DB AG verfolgte stattdessen ab 1999 die Strategie, Teile der IR-Verbindungen auf dem Preisniveau der ICE-Züge (so genanntes A-Netz mit A-Preisen) beziehungsweise auf dem Preisniveau der IC-Züge (mit unterschiedlicher Qualität in Bezug auf Reisezeit, Halteabstand, Service und Fahrzeugausstattung so genanntes B-Netz) oder als gemeinwirtschaftliche RE-Leistungen verkehren zu lassen (BODACK 1999, S. 110). BODACK vermerkt dazu, dass „mit der Zusammenlegung der IC- und IR-Züge, Relationen und Fahrzeiten unter der Marke IC .. das Problem (entsteht), dass zu Zeiten der Bundesbahn den D-Zug zu Fall brachte: Starke Differenzen und Qualitätsunterschiede (zwischen den Streckenrelationen, Anm. d. Verf.) verhindern, dass ein Markenartikel mit leicht kommunizierbaren Merkmalen angeboten werden kann – negative Erfahrungen in einzelnen Zügen zerstören im Lauf der Zeit das Image und machen das Produkt mehr und mehr unverkäuflich" (ebd., S. 111).

- Direktverbindungen für preis- und weniger zeitsensible Reisende als preiswerte Alternative zum Hochgeschwindigkeitsverkehr,
- Anbindung von Regionen und Zentren ohne „Hochgeschwindigkeitsverbindung"[48],
- Anbindung touristisch interessanter Regionen,
- Reisegeschwindigkeiten zwischen 80 und 110 km/h,
- Bedienung im Zwei-Stunden-Takt,
- modularer Aufbau der Fahrzeuge in Blockbildung,
- Gestaltung der Reise als Freizeiterlebnis.

Anpassung der Merkmale des SPNV an die Erfordernisse des ländlichen Raumes
Die vielfältigen Anforderungen an den regionalen Bahnverkehr zeigen, dass die herkömmliche Definition des SPNV (Kap. 2.3.3) für den ländlichen Raum nicht mehr passend ist. Statt den SPNV in einem Radius von 50 km um den Quellort enden zu lassen, steht die Bedienung raumordnerisch sinnvoller Achsen und zentraler Orte im Vordergrund. Auch ist eine Reisedauer von „maximal 60 Minuten" nicht mehr realistisch vor dem Hintergrund, dass sich Reiseziele insbesondere im Freizeitverkehr immer weiter vom Wohnort entfernen. Zudem kann mit der Bahn nicht allgemeinhin „die Fläche" erschlossen werden, denn ihre Systemstärken liegen in der schnellen, eher punktuellen Bedienung.

Der regionale Bahnverkehr ähnelt in seiner Beschaffenheit und seinen Produktmerkmalen eher dem Fernverkehr als dem Nahverkehr in Ballungsräumen. Er ist in seinem Leistungsangebot, beispielsweise in Information, Service und Komfortmerkmalen, entsprechend anzupassen. Dennoch ist davon auszugehen, dass er, wie der Nahverkehr, größtenteils eine gemeinwirtschaftliche Leistung ist und bleiben wird. Um den regionalen Bahnverkehr besser vom SPNV unterscheiden zu können, wird der Terminus *Regionalverkehr* verwendet[49]. Der Ausdruck „SPNV" wird lediglich dort beibehalten, wo er als Begrifflichkeit erforderlich ist.

Der neue Regionalverkehr soll unterhalb des IR ein Produkt mit ähnlichen Bedienungsprinzipien für den Schienenverkehr im ländlichen Raum darstellen. In Abkehr zu den Produktmerkmalen des SPNV im differenzierten Bedienungsmodell (Kap. 2.3.3) wird ein neuer, Schnittstellen übergreifender Regionalverkehr für den ländlichen Raum in Deutschland konstruiert.

3.2　Bedienungsmodell des Semipermeablen Netzes

3.2.1 Konzeptidee: Fokussierung des ländlichen Raumes

In Anlehnung an den IR ist das entscheidende Merkmal dieses Regionalverkehrs die Bedienung zentraler Orte (Ober-, Mittel- und Unterzentren sowie Abstufungen dazwischen) und touristischer Zentren entlang von Schienenstrecken im ländlichen Raum. Es

---

[48] Hierin sind wahrscheinlich IC- und EC-Verkehre eingeschlossen, die aber nicht zum Hochgeschwindigkeitsverkehr gehören.

[49] Dieser beinhaltet eigentlich den Gesamtverkehr der Region (Bahn, Bus, mIV), findet seine Verwendung an dieser Stelle für den Schienenverkehr jedoch der einfacheren Lesbarkeit halber.

wird ein schneller, direkter Verkehr zwischen diesen Zentren sowie zu verkehrlichen Knoten zum Schienen-Fernverkehr, zu Nachbarregionen und Agglomerationsräumen erreicht. Darüber hinaus werden Direktverbindungen zwischen Oberzentren als überregionale Städteverbindungen über die Nebenstrecken im ländlichen Raum als Ergänzung zum Hauptstreckenverkehr geführt.

Insbesondere Städte, die an Nebenstrecken liegen und damit bislang über die Schiene schlecht erreichbar waren, werden besser erschlossen. Die Nebenstrecken selbst sind eine verkehrliche Ergänzung zu den Hauptstrecken mit eigenen Erschließungs- und Nutzungsvorteilen. Die Idee der Verlangsamung des Systems (BECKER 1998 in Kap. 2.2.6.1) ist eine weitere Grundlage für den neuen Regionalverkehr. Ziel ist nicht, den Verkehr derart zu attraktivieren, dass Teilräume mit hoher Geschwindigkeit durchfahren werden, um beispielsweise schnell in einen Ballungsraum zu gelangen. Vielmehr soll der Regionalverkehr die endogene wirtschaftliche Entwicklung ländlicher Teilräume unterstützen, indem Verkehre eher innengerichtet sind, ohne den Teilraum nach außen abzuschotten.

Polyzentralität durch Semipermeabilität der Regionalverkehrsnetze fördern
Polyzentrale Metropolregionen, wie beispielsweise die Rhein-Main-Region, bieten Voraussetzungen für verkehrssparsame Siedlungsstrukturen, in denen Arbeitsplätze tendenziell näher an die Wohnstandorte heranrücken (z.B. MOTZKUS 2002, S. 506). Durch die Polyzentralität wird gleichfalls das Idealbild der Region der kurzen Wege erreicht (Kap. 2.1.2.1).

Diese Idee kann möglicherweise auf den ländlichen Raum übertragen werden. Die zentralen Orte bilden darin eigene, in sich geschlossene Stärken aus, die beispielsweise auf der eigenen Geschichte oder spezifischen wirtschaftlichen Potenzialen beruhen. Darüber hinaus werden Synergien in administrativen Angelegenheiten oder der Vermarktung der Region durch Städtenetze mit den anderen zentralen Orten geschaffen. Dies führt zu einer punkt-axialen Verkehrsausrichtung in einem System ergänzender Funktionen. Durch die Konzentration der Verkehrsbedienung auf einen polyzentralen Teilraum werden Binnenverkehre gestärkt. Endogene Potenziale werden mit Hilfe der Schiene in der Region belassen, weil es zu einem optimierten Leistungsaustausch zwischen Orten innerhalb der Region kommen kann.

Das Bedienungsprinzip, den Regionalverkehr polyzentral auf die Region zu fokussieren, wird als *semipermeabel* bezeichnet. Unter Semipermeabilität ist in diesem Zusammenhang die Bedienung eines Angebotsnetzes im regionalen Schienenverkehr zu verstehen, dessen Hauptausrichtung auf die zentralen Orte innerhalb dieses Erschließungsgebiets ausgerichtet ist. Damit unterstützt das Bedienungsmodell eine Konzentration der regionalen Eigenkräfte innerhalb der Netzgrenzen. Durch die Semipermeabilität der Netzgestaltung wird die Sogwirkung verdichteter Räume auf ihr ländliches Umland gebremst. Die bislang vernachlässigten Nebenstrecken werden durch einen eigenen Erschließungscharakter aufgewertet. Siedlungszentren im ländlichen Raum werden künftig untereinander und überregional durch sinnvolle Bahnlinien besser verbunden. Touristische Potenziale werden untereinander und mit Agglomerationsräumen direkt vernetzt.

Das Bedienungsmodell des Semipermeablen Netzes ist ein Beitrag zur Stärkung der Eigenkräfte des ländlichen Raumes. Es zeigt sich nach innen geschlossen und geöffnet nach außen und hat damit einen regional-integrativen Charakter.

Darstellung 5:   Prinzip des Semipermeablen Netzes

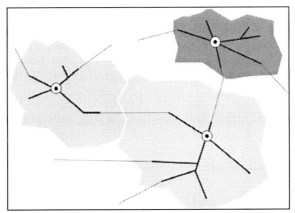

(Quelle: eigener Entwurf)

Erläuterung: Ländliche Räume (helle Grauflächen) und Agglomerationsräume (dunkle Graufläche) mit ihren Zentren (Punktmarkierung) werden über Schienenstrecken miteinander verbunden. Dabei ist eine dichte Bedienung auf die jeweiligen Zentren konzentriert und somit nach innen geschlossen. Region übergreifende Verkehre sind ausgedünnt (weniger Zugverbindungen, Umsteigezwänge usf.). Dies wird durch die verschiedenen Strichstärken symbolisiert. Die Regionsgrenzen sind damit „halbdurchlässig" und sollen den Sogeffekt von Metropolen auf den ländlichen Raum verhindern. Dies steht den Bedienungskonzepten heute entgegen, die den SPNV auf Agglomerationsräume ausrichten und tangentiale Nebenstreckenverkehre vernachlässigen.

Aus heutiger Sicht ist dieser Ansatz riskant. Derzeit wird die relevante Nachfrage im Regionalverkehr, neben dem Schülerverkehr, hauptsächlich durch die Anbindung des ländlichen Raumes mit der Metropole erzielt. Eine Verschlechterung des Angebots dürfte vor diesem Hintergrund nicht gefordert werden.

Umfangreiche Maßnahmen der Raum- und Verkehrsplanung sind dem Semipermeablen Netz jedoch vorzuschalten. Erst muss sich die wirtschaftliche und demographische Entwicklung wieder auf den ländlichen Raum konzentrieren und ihn damit gegen den Sogeffekt der Metropolen stabilisieren. Dies funktioniert nur dann, wenn die Eigenkräfte der Region gefördert und genutzt werden. Wenn erreicht werden kann, dass Arbeitsplätze und Versorgungsfunktionen wieder „vor Ort" vorzufinden sind, wird auch der Zwang zur metropolengerichteten Verkehrspolitik abgeschwächt. Eine persönliche Identifizierung mit dem Lebensumfeld unterstützt diesen Trend. Das hier vorgestellte Netzprinzip bildet damit ein verändertes Verkehrsverhalten lediglich ab und stellt ein zukünftiges planerisches Instrument dar, diesen Trend zu unterstützen.

3.2.2 Bedienungsgrundsätze

Die nachfolgenden Prinzipien legen den konzeptionellen Rahmen für das neue Bedienungsmodell fest.

- *Schnelle, direkte Verbindungen zwischen Städten der Region, Städtenetzen und regionalen Kooperationen durch ein punkt-axiales Bedienungsprinzip.*
  Die Flächenbedienung[50] wird aufgegeben,

- *Schnelle, direkte Verbindungen zwischen den zentralen Orten der Region und dem nahe gelegenen Agglomerationsraum, jedoch in einer nachrangigen Bedienungsweise* (siehe vorne),

- *Bildung zuverlässiger Systemknoten, vorzugsweise in Orten mit hohen zentralörtlichen Funktionen,*
  für Umsteigevorgänge oder Zugflügelungen (=teilungen). Einpassung ITF (Kap. 2.3.2) in benachbarte regionale Netze und in die Knoten zum Fernverkehr,

- *schnelle Direktverbindungen aus den Oberzentren in die Region im Freizeit- und Tourismusverkehr*
  zur Aufwertung der Nebenstrecken zu überregionalen, Länder übergreifenden Langlinien. Möglichst viele Destinationen sollen umsteigefrei für Tagesausflüge oder Urlaube aus den Großstädten heraus erreichbar und untereinander verbunden sein. Das Bedienungsmodell zielt in einem besonderen Maße darauf ab, Freizeitverkehr aufzunehmen. Im Tourismusverkehr verkehren Zugläufe überregional über die administrativen Aufgabenträger- und Ländergrenzen hinweg zu Ausflugs- und Urlaubszielen. Touristische Destinationen werden darüber hinaus direkt miteinander vernetzt.
  Diese Züge können aus einem werktäglichen Taktverkehr hervorgehen, der am Wochenende, in Urlaubszeiten und an Feiertagen durch unvertaktete Langläufe im überregionalen Freizeitverkehr ergänzt oder abschnittsweise auch substituiert wird. Urlaubsregionen mit höherem Nachfragepotenzial sind durch ein saisonales, eigenständiges Liniennetz einer täglich geringen Bedienung anzubinden. Die Produktbezeichnung ist jedoch immer gleich zu wählen („Regionalzug"), um den Kunden nicht zu verwirren. Die Bahnfahrt soll so erlebnisreich wie möglich werden. Lösungsmöglichkeiten werden in Kapitel 5 erörtert,

---

[50] Eine Flächenbedienung mit dem Regionalverkehr ist durch die geringe Netzdichte in Deutschland gar nicht möglich. Hier ist jedoch damit gemeint, dass der Regionalverkehr künftig über längere Distanzen nur noch Stationen bedient, die eine ausreichende Nachfrage aufweisen können. Kurze Distanzen, die Umsteigevorgänge erzwingen, und Halte mit geringer Nachfrage, die die Reisegeschwindigkeit unnötig verringern, werden aufgegeben.

- **Direktverbindungen zwischen Oberzentren als Ergänzung zum Hauptstreckenverkehr (Städteverkehr)**
  Diese werden auf Nebenstrecken durch den ländlichen Raum geführt. Dadurch entstehen neue *Städteverkehre*, die darüber hinaus neue zentrale Orte und touristische Ziele direkt erreichbar machen. Auch wird das Fernstrecken-Netz durch Relationstangenten über Nebenstrecken verdichtet und damit leistungsfähiger gemacht. Für den ländlichen Raum erbringt eine verbesserte Anbindung an die überregionale Infrastruktur wirtschaftliche Effekte.

Darstellung 6:   Städteverkehr im Semipermeablen Netz

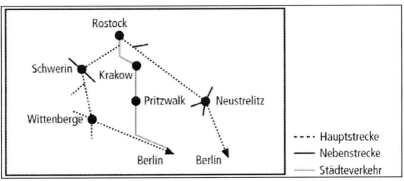

(Quelle: eigener Entwurf)

Erläuterung: Die Verbindung von Oberzentren wird über Nebenstrecken erbracht. Derzeit werden Berlin und Rostock über die Hauptstrecken Berlin – Wittenberge – Schwerin – Rostock und Berlin – Neustrelitz – Rostock miteinander verbunden. Zur Entlastung dieser Strecken, jedoch auch zur besseren Erreichbarkeit der Mecklenburger Seenplatte und der Prignitz im Ausflugs- und Urlaubsverkehr, werden Berlin und Rostock über Pritzwalk und Krakow am See im so genannten Städteverkehr erreicht. Diese Bedienungsweise ist dem IR ähnlich, konzentriert sich jedoch auf Nebenstrecken.

- **Ausbildung von Bedarfsstationen mit entsprechender technischer Ausrüstung sowie Schließung von zu gering frequentierten Stationen (Bedarfshalte-Prinzip),**

Um eine möglichst hohe Fahrgeschwindigkeit zu erreichen, werden Unterwegshalte mit geringen Ein- und Aussteigerfrequenzen zu Bedarfsstationen[51]. Zu geringe Stationsabstände[52] müssen darüber hinaus vermieden werden, um den Bahnverkehr nicht unnötig zu verlangsamen. Die axial zu den Zentren ausgerichtete Flächenbedienung mit geringem Haltestellenabstand wird effektiver durch den Regionalbus erbracht[53]:

Darstellung 7: Bedarfshalte-Prinzip

(Quelle: eigener Entwurf)

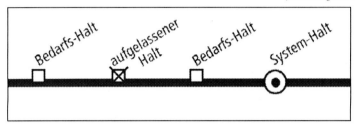

Erläuterung: Der Zug hält am Bedarfshalt auf Anforderung des Reisenden, am Systemhalt stets und am aufgelassenen Halt gar nicht.

- **Querverbindungen und Tangenten zur Verdichtung des Fernverkehrsnetzes**
zur besseren Nutzbarkeit der Netzsynergien und zur besseren Distanzüberwindung. Hierfür sind auch solche Nebenstrecken nutzbar, die keine ausreichende Nachfrage in ihren Einzugskorridoren erzielen können.

---

[51] Zur Erhöhung der Reisegeschwindigkeit und der Durchführung eines Energie sparenden Betriebs werden gering frequentierte Stationen als Bedarfshalte eingerichtet. An diesen Stationen hält der Zug nicht, wenn kein Reisender ein- oder aussteigen möchte. Bedarfshalte sind im Fahrbetrieb durchaus üblich.

Dennoch muss derzeit vor jedem solcher Halte die Fahrgeschwindigkeit reduziert werden, um bei eventuellem Zusteigewunsch rechtzeitig abbremsen zu können. Zeitgewinne werden damit nicht optimal erreicht. Für einen reibungsloseren Ablauf insbesondere bei Dunkelheit sind an Bedarfshalten deshalb Vorrichtungen zu installieren, die der am Bahnsteig wartende Reisende betätigt und damit dem Zug das Signal zum Halten gibt.

[52] Im Zuge umfangreicher Streckenmodernisierungen werden oft zahlreiche neue Halte eingerichtet, um (neue) Wohngebiete besser zu erschließen (z.B. bei der Usedomer Bäderbahn GmbH). Hier besteht die Gefahr, durch eine eher stadtbahngemäße Bedienung Systemvorteile des Regionalverkehrs (punktuelle Bedienung von Zentren, schnelle Distanzüberwindung in der Region) einzubüßen. Einem Mehr an Nachfrage durch zusätzliche Zugangsstellen steht die erhebliche Verringerung der Reisegeschwindigkeit und damit wiederum ein Absinken der Nachfrage entgegen.

[53] Beispielsweise JAKUBOWSKI und ZARTH warnen, den Bahnverkehr nicht durch einen Bus-Parallelverkehr zu konkurrenzieren (2003). Dem widerspricht der Ansatz von MEGEL, nach dem ein Nutzer die Bahn, unter vergleichbaren Angebotsbedingungen, aus Einstellungsmotiven dem Bus vorzieht (2001). Der Verfasser vertritt die Ansicht, dass sich die Frage nach Konkurrenzierung für ein gemäß seines inhärenten Systemvorteils eingesetztes und gut gestaltetes Verkehrsmittel eigentlich nicht stellen kann.

Darstellung 8:   Tangentialverkehr im Semipermeablen Netz

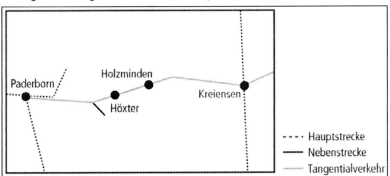

(Quelle: eigener Entwurf)

Erläuterung: Die Nebenstrecke Paderborn – Kreiensen (- Bad Harzburg) dient als Verknüpfung zwischen der Nord-Süd – Magistrale und den Fernverkehren nach Westen, so dass ein Synergieeffekt im Fernverkehrsnetz entsteht. Zudem wird durch den Regionalverkehr eine Direktverbindung aus dem Ruhrgebiet in den Harz geschaffen.

3.2.3 Weitere Gestaltungsmerkmale des Bedienungsmodells

Fahrweg

Das Bedienungsmodell funktioniert nur, wenn die Infrastruktur durchgängig ertüchtigt wird. Zu lange Reisezeiten auf Grund zu niedriger zulässiger Höchstgeschwindigkeiten können durch keine andere Aufwertungsmaßnahme kompensiert werden. Verkehrsverlagerungen im Rahmen einer nachhaltigen Verkehrspolitik sind nur, gerade in Hinblick auf die hohe Qualität der Straßen in Deutschland, durch gezielte Investitionen zu erreichen.

Alle Nebenstrecken sind auf eine Höchstgeschwindigkeit Vmax 120 km/h aufzurüsten. Hieraus sollten sich Reisegeschwindigkeiten von ca. 90 km/h ergeben. Die notwendigen Voraussetzungen für eine konkurrenzfähige Infrastruktur wurden beispielsweise in HÜSING (1999) entwickelt. Hiernach sind grundlegende Investitionen in Unter- und Oberbau, Signal- und Sicherungstechnik und in der Kreuzungssicherung an Bahnübergängen erforderlich. Sicherheitsanforderungen müssen in diesem Rahmen modifiziert werden, um sprungfixe Kosten in der Sicherungstechnik zu vermeiden.

Verkehrsknoten innerhalb des regionalen Netzes sind so auszugestalten, dass zwischen den Linien problemlos umgestiegen werden kann (Dies ist im Rahmen des ITF möglich.). Hierdurch und durch das Flügeln von Zügen (= Teilen von Zügen auf einer Relation) kann eine Vielzahl von Orten mit der Bahn problemlos erreicht werden (Mehr-Destinationsprinzip). Durch die Gestaltung der Linienläufe werden die Orte direkt verbunden, selbst wenn dadurch auf einzelnen Streckenabschnitten ein vermeintliches Überangebot vorhanden sein sollte.

Zur Nutzung synergetischer Effekte, jedoch vor allem für die Ausbildung sinnvoller regionaler Städteverbindungen, kann die Reaktivierung von Strecken nötig sein. Wirtschaftlichkeits-Untersuchungen, beispielsweise durch die Standardisierte Bewertung, berücksichtigen heute zu wenig den qualitativen Nutzen (Ressourcenschonung, Effekte für den Raum, Nutzungssynergien für das Gesamt-Verkehrssystem Schiene, nachhaltige Verkehrsentwicklung) solcher Investitionen.

Zugangsstellen

Die Nutzbarkeit von Bahnhöfen kann erhöht werden durch (z.B. BECKMANN 2002a, S. 370-374 stellvertretend für die Ergebnisse verschiedener Untersuchungen)

- Verbesserungen der Zugangsqualität für Fußgänger und Fahrradfahrer,
- Maßnahmen zur Information und Beratung (Fahrplanaushänge, Verkaufsstellen, Mobilitätsberatung),
- Verbesserungen der Wartemöglichkeiten (Witterungsschutz, Gestaltqualitäten, Beleuchtung, Sauberkeit, Überwachung),
- Umsteigemöglichkeiten zu anderen öffentlichen und privaten Verkehrsmitteln,
- Ausstattung von Bahnhöfen mit Anlagen zur niveaugleichen Querung der Gleisanlagen an Nebenstrecken.

Städtebauliche Ziele zur Stärkung der Kernfunktion von Bahnhöfen sind beispielsweise die Neugestaltung und Funktionsverbesserung von Empfangsgebäuden, Vorplätzen, Zugängen, Zufahrten und Straßenräumen sowie die Stärkung der räumlichen, städtebaulichen und funktionalen Bezüge zum Stadt- / Ortskern. Durch städtebaulich integrierte Bahnhöfe können

- die Innenentwicklung, Begrenzung peripherer, disperser Flächenbeanspruchung und
- die Mischung und Nachbarschaft verschiedener Funktionen in einer verträglichen Dichte gefördert,
- lokale und regionale Standortnetzwerke zur Förderung der Polyzentralität von Standorten in Städten und Regionen ergänzt und
- die Erschließungsqualität verbessert werden.

Damit das Bedienungsmodell des Semipermeablen Netzes tragfähig ist, muss der Regionalverkehr durch die Ausstattung der Stationen und ihrer Schnittstellen zum übrigen Verkehr und zum Ort wesentlich verbessert werden.

Fahrzeuge

Die Fahrzeuge sind in ihrer Fahrdynamik so zu konstruieren, dass trotz der Beschaffenheit der Nebenstrecken (z.B. enge Kurvenradien, Beschaffenheit des Unterbaus, eine Vielzahl ungesicherter Bahnübergänge) höhere Geschwindigkeiten erreicht werden können. Aktuelle Fahrzeugserien erreichen eine Höchstgeschwindigkeit von bis zu 120 km/h (z.B. Regioshuttle RS 1, Baureihen 641 („Walfisch"), 628, 642 („Desiro"), 640 (LINT)) und sind deshalb im abschnittsweisen Einsatz auf Hauptstrecken nur bedingt tauglich. Neigezüge (wie Baureihe 611) könnten speziell für die Beschaffenheit der Nebenstrecken konstruiert werden. Die Fahrzeuge wirken zudem oft in Konstruktion und Design zu behäbig, erinnern in ihrer Innenausstattung eher an Linienbusse. Sie vermögen somit ein Fahrerlebnis heute nicht überzeugend zu vermitteln.

Rechtliche Prämissen
Generell sollten alle Maßnahmen, die nicht mehr anforderungsgerecht sind und den Regionalverkehr unnötig verteuern oder verlangsamen, überprüft und modifiziert werden. Heutige Bestimmungen stellen oft unnötig hohe und aufwändige Anforderungen an den Bahnverkehr.

Service, Tarife und Information
Auch hier sind bundesweit einheitliche Standards und Systeme zu implementieren, damit der Nutzer mit dem Regionalverkehr vertraut werden kann. Wenn die oftmals komplizierten Nutzungsbedingungen gleichförmig sind, muss sich der Nutzer nur ein Mal mit ihnen auseinandersetzen. Diese Thematik wird in Kapitel 5 ausführlich erörtert.

3.3 Überlegungen zur Umsetzbarkeit des Bedienungsmodells

Umsetzbarkeit des Modells unter Aspekten der Raumplanung
Das Modell des Semipermeablen Netzes stellt, vorerst unabhängig von Finanzierungsfragen, Zuständigkeiten und der normativen Trennung von Nah- und Fernverkehr, die funktionale Basis für ein Bahnprodukt für die Region dar. Wie allerdings deutlich wird, sind der Umsetzung des Modells zahlreiche langfristige regionalplanerische Maßnahmen vorzuschalten. Der Regionalverkehr auf der Schiene kann sich nur auf eine Raumplanung ausrichten, die die Eigenkräfte des ländlichen Raumes konsequent und langfristig fördert. Ohne eine grundsätzlich veränderte, auf den ländlichen Raum ausgerichtete Raum- und Verkehrsplanung ist das Bedienungsmodell nicht umsetzbar.

Ein Umbruch der Regionalplanung zur Stärkung der einzelnen Regionen zu Lasten der Agglomerationsräume ist derzeit allerdings kaum vorstellbar. Auch hat der Ausbau der regionalen Schienenwege nicht die erforderliche verkehrspolitische Priorität. Das Bedienungsmodell ist daher aus heutiger Sicht ein hypothetischer Ansatz.

Umsetzbarkeit des Modells unter finanziellen Voraussetzungen
Eine Abschätzung von Kosten für das Bedienungsmodell des Semipermeablen Netzes ist an dieser Stelle nicht seriös möglich. Das Konzept unterscheidet sich nicht wesentlich von den heutigen Kilometerleistungen in den jeweiligen Netzen. Jedoch sind die Linienläufe verändert, teilweise verdichtet und im Zulauf auf Mittelzentren der Region parallel laufend. Derzeit gibt es solche Parallelverkehre kaum, um das fixierte Kontingent der bezuschussten Personenkilometer effektiv einzusetzen (was oft zu kundenunfreundlichen Umsteigezwängen führt). Andererseits wird es abschnittsweise auch zu Ausdünnungen in der Bedienung kommen.

Haupt-Kostenfaktor stellt die durchgängige Modernisierung von Nebenstrecken dar, ohne die eine verkehrliche Verlagerung nicht erfolgen kann. Diese Maßnahmen können nicht ausgeklammert werden, wenn nach einer ernst zu nehmenden Lösung für die regionalen Probleme gesucht werden soll.

Die Streckenmodernisierung, die Einrichtung von Bedarfshalten und der Einsatz nebenstreckengerechter Fahrzeuge hat jedoch auch Kosteneinsparungen zur Folge. Streckengeschwindigkeiten werden erhöht und damit weniger Fahrzeuge und weniger Personal entlang der Strecke notwendig. Die verbesserte Fahrleistung und die effektivere Bündelung des Verkehrsaufkommens führen zu einem Nachfrageanstieg und damit zu Erlössteigerungen.

HÜSING stellt in seiner Arbeit dar, dass selbst der Ausbau des Regionalverkehr zu einer von ihm neu definierten *Flächenbahn*, was den umfangreichen Bau und Betrieb neuer Strecken beinhaltet, finanziell vertretbar ist (1999, S. 151 ff.). Es kann deshalb behauptet werden, dass Investitionen im bestehenden Regionalverkehr, die nicht so weit greifen wie der Ansatz der Flächenbahn, insbesondere im Hinblick auf die ökologischen Effekte finanzierbar sind. Diese Betrachtung ist jedoch nicht Thema der Arbeit, Lösungen sind deshalb nicht entwickelt worden.

Umsetzbarkeit des Modells aus Kundensicht

Verkehrskonzepte verfolgen, neben ihrer Sachaufgabe, das Ziel, einen Wechsel vom Auto zu alternativen Verkehrsmitteln zu erleichtern. Ein klassischer, planerischer Ansatz wäre hier der Versuch, den SPNV so attraktiv wie möglich zu machen, den Pkw dagegen dort mit Hilfe restriktiver Maßnahmen unattraktiver zu gestalten. Das würde beispielsweise bedeuten, die Schnittstelle zwischen Bahn und Bus in einer Stadt mit hoher zentralörtlicher Bedeutung zu verbessern und gleichzeitig die Parkmöglichkeiten im Zentrum einzuschränken oder zu verteuern. Im Grunde sind dies jedoch rationale Konzepte, die beim Einwohner auf Unverständnis und Ablehnung stoßen. Vor diesem Hintergrund könnte auch das Konzept des Semipermeablen Netzes, die Angebotsqualität in Agglomerationsräume einzuschränken, scheitern. Das Semipermeable Netz ist als funktionaler Ansatz die Basis für einen neuen Regionalverkehr im ländlichen Raum. Dem potenziellen Reisenden muss sein Nutzen jedoch auf einer anderen Ebene vermittelt werden.

Wie sich in der Psychologie des Fahrens (Kap. 2.2.4) gezeigt hat, stellen Emotionen einen wesentlichen Beitrag im Mobilitätsverhalten dar. Die Vorteile der Bahn müssen daher, unabhängig vom Auto, als eigenständiges Erlebnis dargestellt werden. Die weitere Betrachtung wirft Fragen auf, die über die Prämissen der Regional- und Verkehrsplanung hinausgehen:

*   Bahnfahren ist heute erlebnisarm. Wie kann das Interesse des Nutzers an der Reise geweckt oder gesteigert werden?
*   Kann die Bahn beim Reisenden ähnliche Emotionen erzeugen wie das Auto?
*   Der Regionalverkehr ist eine Dienstleistung und damit immateriell und unsichtbar. Dennoch setzt sich die Bahnleistung aus zahlreichen Potenzialeinsatzfaktoren zusammen, die Reiseerlebnisse erzeugen und sichtbar machen können. Wie kann das

Bahnfahren begrifflich besser dargestellt werden? Was muss getan werden, um beim Reisenden eine Art Konsumerlebnis zu erreichen?

- Kann ein gutes Bahnimage auf die Identität einer Region abstrahlen?

Diese Fragen, die den Kunden mit seinen möglichen Wünschen und Bedürfnissen fokussieren, können mit einer raumplanerischen Betrachtungsweise nicht beantwortet werden. An dieser Stelle muss also ein Perspektivenwechsel zur Marketingforschung erfolgen.

Für diese Arbeit bedeutet das zunächst einen Bruch in der Disposition; eine thematische Fortsetzung erfolgt im Kapitel 6 durch die beispielhafte Anwendung der Erkenntnisse dieser Arbeit auf zwei ländliche Räume.

4 Emotionale Potenziale des Regionalverkehrs

4.1 Notwendigkeit der Emotionalisierung des Regionalverkehrs

Die Bedeutung des psychologischen Moments der Mobilität wurde in Kap. 2.2.3 kurz erläutert. Hier soll nun interessieren, welche *psychosoziale* Funktion das Auto für den Nutzer erfüllt, und welche Rückschlüsse sich für die Gestaltung des Regionalverkehrs daraus ergeben.

Autofahren wird in vielerlei Hinsicht positiv erlebt. Man ist schnell und jederzeit am gewünschten Ort. Fahren befriedigt Bedürfnisse nach Erleben, Ausbrechen, Anerkennung und Erotik. Das Auto ist ein Vehikel zur Selbstdarstellung. Das eigene Auto hat einen Symbolwert, der über die reine Transportleistung weit hinausgeht.

Auf Grund der Bevorrangung des motorisierten Individualverkehrs durch die Politik wird das Auto mittlerweile achtlos übernutzt. Verkehrliche Alternativen werden nicht erkannt oder akzeptiert. Emotionale Motive der Autonutzung sind entscheidender als Sachargumente. Der Autoverkehr in Deutschland fördert den gesellschaftlichen Trend zum konsumorientierten Individualismus. Der öffentliche Verkehr zielt auf diesen Individualismus und Lebensstil jedoch nicht ausreichend ab. Der Nutzwert des Regionalverkehrs verbleibt bei der Kernleistung, der reinen Beförderung. Stattdessen müsste er, wie der eigene Pkw, Möglichkeiten des persönlichen Ausdrucks, des Erlebens und sich Auslebens beinhalten, damit er gleichwertig betrachtet werden kann. Dem steht jedoch ein generelles Verständnis vom öffentlichen Verkehr entgegen:

- Das eigene Auto stellt ein wertvolles Spielzeug, oft auch eine Belohnung für den Besitzer dar. Dem Auto wird eine emotionale Bedeutung verliehen, die eher einem menschlichen Sozialpartner gemäß wäre (KLÜHSPIES 1997, S. 30-31). Diesen Sozialpartnerersatz konnte die Bahn bislang nicht übernehmen. Im Gegenteil: Schienenfahrzeuge sind anonymes Allgemeineigentum und damit in keiner Weise „Spielzeug", sondern als „öffentliche Einrichtungen" Zielscheibe für Vandalismus,
- Benutzer des ÖPNV gelten als brav-angepasst, risikoscheu, altmodisch und humorlos (ebd., S. 32). Mit diesen Eigenschaften möchte sich niemand identifizieren,
- Durch das zufällige und nicht beeinflussbare Zusammensein mit Menschen kann eine positive Selbstdarstellung nicht aufgebaut werden. Eine Abgrenzbarkeit zu anderen, vermeintlich niedriger gestellten, Gesellschaftsschichten ist nicht möglich,
- Der Trend des 'cocooning', des sich Abschottens von der Gemeinschaft, kann noch auf dem Weg zur Arbeit im Auto, aber nicht in öffentlichen Verkehrsmitteln, gelebt werden. In öffentlichen Verkehrsmitteln bietet allenfalls die 1. Klasse eine Möglichkeit der persönlichen Schutzzone,
- Bereits lärmende Schüler, inziviles Verhalten, wie Füße auf die Sitzbank zu legen, Trunkenheit, Körpergeruch oder unangemessene Gesprächslautstärke und -inhalte sorgen als Belästigung für subjektiv mangelhaft empfundene Sicherheit. Eine tatsächliche Gefahr ist zwar meistens nicht zu erkennen. Das eigene Auto gilt jedoch

als sicherer und angenehmer Ort, und negative Bilder und Einstellungen zur Bahn werden bestätigt,

- Persönlich empfundene, mangelnde Ästhetik von Zügen und Stationen stehen im Gegensatz zum individuell gestaltbaren „fahrbaren Wohnzimmer". Nicht behobene Vandalismusschäden oder Verschmutzungen sowie modernisierungsbedürftige Bahnhöfe unterstreichen diese Polarisierung,

- Das Fahrerleben unterscheidet den aktiven Autofahrer vom passiven Bahnfahrer und widerläuft dem Wunsch des Erlebens und die Sehnsucht nach Freiheit: „Der frontale Blick macht den Fahrenden zum Mittelpunkt des Geschehens, während der seitliche Blick ihn zum unbeteiligten Betrachter innerhalb fester Grenzen macht" (DICK 2002, S. 10).

Können im Regionalverkehr persönliche Erlebnis- oder Selbstverwirklichungswerte erzielt werden? Eine direkte Übertragbarkeit der Motive des Autofahrens ist nicht möglich. Interessant ist jedoch die Tatsache, dass der Reisende in öffentlichen Verkehrsmitteln des *Luftverkehrs* das Gefühl vermittelt bekommt, „weltmännisch" zu sein, obwohl dort die Flugkabinen oft schäbig und beengt sind. Der regionale Bahnverkehr ist hingegen etwas Alltägliches und ewig Reproduziertes. Ziel muss deshalb sein, den Bahnverkehr in seinem gesamten Leistungsspektrum derart darzustellen, dass seine ihm eigenen Vorzüge erkannt, sichtbar und erlebbar werden.

4.2 Aspekt der persönlichen Relevanz im Regionalverkehr

Unter *involvement* wird der Grad der Ich-Beteiligung, des persönlichen Interesses, verstanden, die der Konsument beim Kauf eines Produktes oder einer Dienstleistung einbringt. Der Kauf beispielsweise eines Autos ruft andere aktivierende Determinanten hervor als der Kauf einer Tafel Schokolade[54].

Der Regionalverkehr stellt eine Leistung mit geringem persönlichem Interesse (*low involvement*) dar, in der der Reisende in der Regel kein über die notwendige Information über Tarif und Fahrplan hinausgehendes Interesse hat. Grund mag das in der allgemeinen Bevölkerung eher schlechte Image des regionalen Bahnverkehrs sein. Das Verkehrsverhalten ist sehr oft von Kindheit an auf das Auto fixiert. Die Einstellung zur Bahn stärkt sich damit in großem Maße durch den sozialen Hintergrund des Einzelnen. Eine Einstellungsänderung lässt sich nur aufwändig, umfassend, konsequent und wahrscheinlich mit nur langfristig einsetzendem (wirtschaftlichen) Erfolg erzielen.

Psychosoziale Regulationsbedürfnisse

Für die Verkehrsmittelwahl im ÖPNV sind psychosoziale Regulationsbedürfnisse[55] festgestellt worden, die emotionale Motive für die Verkehrsmittelwahl liefern[56]. Verkehrs-

---

[54] Die Bestimmungs- und Einflussfaktoren des Konsumentenverhaltens sind in Anhang III zur Orientierung kurz skizziert und sollen an dieser Stelle nicht weiter betrachtet werden.

[55] „Das psychosoziale Regulationspotenzial eines Verkehrsmittels ist die Gesamtheit aller emotionaler Ausgleichsfunktionen, die ein Verkehrsmittel ... (dem Nutzer) zur Regulation der individuellen psychischen Bedürfnisse anbietet." (detailliert in KLÜHSPIES 1997, S. 27 ff.).

mittel, die dem Nutzer die Möglichkeit bieten, diese individuellen psychosozialen Bedürfnisse zu befriedigen, erscheinen attraktiv für eine Nutzung. Über diese Bedürfnisse ist eine Steigerung des persönlichen involvement möglich.

Während das Auto einen Großteil dieser Potenziale effektiv erfüllen kann, trifft KLÜHSPIES bei der Suche nach Regulationspotenzialen für den ÖPNV auf Grenzen. In seiner Arbeit ergibt sich eine nahezu uneingeschränkte Bevorrangung des Autos gegenüber öffentlichen Verkehrsmitteln (1997, S. 30). Das emotionale Regulationspotenzial kann für den Regionalverkehr jedoch erheblich erweitert werden, wie die nachfolgende Aufzählung zeigt. Beispielhaft werden einige Potenziale genannt, die die Bahn unter bestimmten Prämissen befriedigen kann:

Kommunikationsbedürfnis
Das Bedürfnis nach Kommunikation stellt für Viele ein entscheidendes psychosoziales Regulationspotenzial dar, für kontaktfreudige gleichwohl wie für einsame Menschen. Mit steigender räumlicher Abgrenzung nimmt die Möglichkeit zur Kommunikation ab. Das eigene Auto ist einem „rollenden Wohnzimmer" ähnlich, während die Bahn, vergleichbar mit einem Café, ein öffentlicher Raum ist, in dem Kontakte möglich sind. Dem Bedürfnis zur Kommunikation kann die Bahn daher Rechnung tragen.

Die Alltäglichkeit des Nahverkehrs wird hier sogar zum Vorteil. „Durch die längere gemeinsame Verweildauer im Fahrzeug entstehen positive Kontakte u.A. besonders dann, wenn ein territorialer Mindestabstand (,Sicherheitsabstand') zu noch unbekannten Personen gehalten werden kann. Aus diesem Grund können z.B. abgegrenzte, getrennte Einzelsitze wesentlich zum psychischen Wohlbefinden in öffentlichen Verkehrsmitteln beitragen" (KLÜHSPIES 1997, S. 34). Schlechthin ermöglicht der öffentliche Verkehr die Ausbildung eines Wir-Gefühls durch die Möglichkeit der Kommunikation, was bei Gruppenreisen leicht zu beobachten ist.

Die „anonyme Nähe" (KAROPKA et al. 2000, S. 62) stellt eine geheime Attraktion des ÖPNV dar. Sie beschreibt u.a. die Situation, für sich allein unter Menschen zu sein, an Gesprächen partizipieren zu können oder einfach nur Fremden zu lauschen. Diese Begegnung mit „dem Anderen" als tägliche Chance und „seelisches Fitnesstraining" (ebd., S. 62) kann die Bahn als öffentlicher Ort so gut wie ein Café oder Museum vermitteln. Es ist jedoch zu gewährleisten, dass der Fahrgast sich aussuchen kann, ob er mit Mitfahrenden kommunizieren möchte oder ob er einen Platz bevorzugt, an dem er ungestört ist (hierzu auch MEGEL 2001).

Dieses Bedürfnis nach Kommunikation muss im Regionalverkehr effektiver herausgestellt werden. Die Innenausstattung von Zügen wie die Anordnung von Sitzplätzen muss dem Bedürfnis nach Kommunikation und gleichermaßen Privatsphäre und auflösbarer Distanz besser gerecht werden.

---

[56] Diese sind 1. Sozialpartner-Ersatz, 2. positive Selbstdarstellung, Image- und Prestigeförderung, 3. Identitätsfindung und Ausweg aus der Sinnleere, 4. Freiheitsgefühl-Erlebnis, thrill, 5. Schutz der Privatsphäre und eigene Sicherheit, 6. Kommunikationsbedürfnis, 7. Aggressionsabbau, Abbau sozialer Ängste und 8. Bequemlichkeit (nach KLÜHSPIES 1997, S. 26).

Sozialpartnerersatz
Ein Pkw wird oft „wie ein Sozialpartner in Kategorien sozialer Emotionen wahrgenommen" (KLÜHSPIES 1997, S. 30). Ein Fahrzeug zu besitzen und zu pflegen scheint dem Wunsch nach einem stets verfügbaren Sozialpartner mit idealen Eigenschaften zu entspringen. „Dieser Partnerersatz kann durch ein öffentliches Verkehrsmittel nicht erfüllt werden. Der öffentliche Verkehr ist nicht individuell zu besitzen ... . Die Möglichkeit, (es) in den emotionalen Rang eines Gesprächspartners zu erheben, besteht hier in nur geringem Maße – und ist im Vergleich zum Kfz minimal" (ebd., S. 31).

In dieser Betrachtung bleibt jedoch unberücksichtigt, dass insbesondere der Regionalverkehr beispielsweise mit seinen, wenn auch heute aus Kostengründen oft eingesparten, Zugbegleitern eine persönliche Ebene zum Reisenden durchaus schaffen kann und sollte. Die individuelle Betreuung von Reisenden im Flugverkehr ist eine entscheidende Aufgabe des Bordpersonals. Durch Aufmerksamkeit und unaufdringliche Präsenz der Zugbegleiter kann das Gefühl vermittelt werden, dass sich der Nutzer umsorgt und ernst genommen fühlt[57].

Positive Selbstdarstellung
Der ÖPNV ist seit langer Zeit von einem schlechten Image gekennzeichnet (Stichwort „Vier A's" – Kundengruppen Alte, Ausländer, Arbeitslose, Auszubildende), so dass eine positive Selbstdarstellung über den Regionalverkehr unter heutigen Aspekten kaum erfolgen kann. Der Pkw ermöglicht hingegen eine individuelle Selbstdarstellung des eigenen Erfolges, des Lebensstils und der Persönlichkeit.

Dies kann auf die Bahn übertragen werden, selbst wenn deren Züge nicht persönliches Eigentum und individuelles Ausdrucks-Vehikel sein können. Der ICE der Deutschen Bahn AG konnte das durchgängige Negativimage der Bahn durch eine Exklusiv- und Komfortbetonung durchbrechen und beweist, dass sich auch öffentliche Verkehrsmittel für eine positive, individuelle Selbstdarstellung eignen. Er wird dem Statusdenken seiner Hauptzielgruppe durchaus gerecht (z.B. durch ästhetische Elemente in Zugdesign und Zugausstattung oder das Gefühl der Geschwindigkeit).

Der Regionalverkehr umfasst eigene Potenziale zur positiven Selbstdarstellung. Er kann beispielsweise Berufspendlern über bestimmte Komfort- und Servicemerkmale sowie routinierte Abläufe trotz seiner Öffentlichkeit das Gefühl geben, noch im persönlich vertrauten Umfeld zu verweilen. Das tägliche, passive Fahren kann als ein Erlebnis herausgestellt werden, das mindestens die Vorteile der Entspannung und des effektiven Zeit Nutzens einschließt und Freiraum für lieb gewordene Rituale bietet. Positioniert sich die Bahn als wirtschaftlicher Bestandteil der jeweiligen Region, kann über die Identität eine positive Selbstdarstellung erfolgen. Nicht zuletzt beinhaltet die Fahrt mit der Bahn auch das angenehme Gefühl, einen persönlichen Beitrag „für die Umwelt" geleistet zu haben.

---

[57] Dieser Aspekt darf aber nicht mit dem Bedürfnis nach Status oder Sozialpartnerersatz derart verwechselt werden, dass der Nutzer versucht, zum Zugbegleiter eine erotische oder weisende Beziehung aufzubauen.

Freiheitserleben

Herkömmlich spielt in der Freizeit das Verlangen, den eigenen Aktionsraum zu vergrößern, Grenzen zu überschreiten oder neue Anregungen und Erlebnisse zu erfahren, eine entscheidende Rolle, um Erlebnisdefizite des Alltags auszugleichen. Beim Pkw oder Motorrad äußert sich der Freiheitsdrang oft in Angstlustregulation, dem Nervenkitzel des schnellen und riskanten Fahrens, um dabei das Gefühl vermeintlicher Grenzenlosigkeit zu erfahren. Die physische Bewegung im Raum ruft bei vielen Menschen positive Empfindungen hervor (KIEGELAND 1997, S. 36). Der vom Verkehrsträger vermittelte Bewegungseindruck stellt deshalb eine wichtige Einflussgröße bei der Wahl des Verkehrsmittels dar.

Eine Angstlustregulation kann im Regionalverkehr auf Grund der zahlreichen beeinflussenden Außenumstände (vorgegebener Fahrweg und Fahrplan, reglementierter Betriebsablauf) jedoch nicht befriedigt werden. Freiheitserleben könnte hier aber bedeuten, Zeit zu haben und zu genießen, auf einer kleinen Reise zu sein und sie zur Muße zu nutzen. Auch kann ein aufgeklärter Tourismus durch die Bahn erfüllt werden, in dem hedonistische Aspekte des Freiseins dominieren. Der Lustcharakter des Bahnfahrens wird durch die innere Einstellung und mit Hilfe entsprechender Leistungsbestandteile der Bahn erzeugt.

Je nach Ausgangslage und landschaftlicher und touristischer Potenziale einer Region lässt sich ein Freiheitserleben vielfältig gestalten. Vor dem Hintergrund eines wachsenden Freizeitmarktes muss sich der Regionalverkehr noch verstärkt um den Reiseaspekt in seiner Leistungsgestaltung bemühen.

Privatheitsregulation

Die Möglichkeit, mobil zu sein und gleichzeitig eigenes Territorium zu beanspruchen, ist durch den Pkw idealerweise gewährleistet. Der ÖPNV wird dagegen in der Literatur durch ein geringes Maß an Privatheit gekennzeichnet. Dennoch führen spezifische Servicemerkmale im Regionalverkehr dazu, dass die gewünschte Privatheit auch in die Züge geholt werden kann. Viele Menschen benötigen die bereits genannten Routinen und Rituale als Ankerpunkte. Durch Routinen lassen sich soziale Ängste und Unsicherheiten im gesellschaftlichen Umgang bewältigen. Der Regionalverkehr kann diese Wünsche auf Grund seines Routinecharakters erfüllen.

Reisenden, die regelmäßig den Zug nutzen, ist es oft wichtig, stets denselben Sitzplatz zu bekommen. Durch das Reservierungssystem der Eisenbahngesellschaft *metronom GmbH* kann der Reisende einen selbst ausgesuchten Sitzplatz dauerhaft reservieren. Er kann damit die häusliche Privatsphäre und ihre Morgen- und Abendroutinen auf den Zug ausweiten. Der feste Sitzplatz unterstützt das Bedürfnis, den Arbeitstag mit lieb gewonnenen Routinen beginnen zu können. Durch den Stammplatz trifft der Reisende allmorgendliche Mitfahrer, die zu Bekannten werden können, wenn er es wünscht. Das persönliche Gespräch wird selbstverständlicher und verkürzt mental die Fahrt.

Eine Privatheit könnte auch über die direkte Ansprache von Kunden, beispielsweise durch Kundenclubs, erreicht werden.

Identitätsfindung
Identität und Sinn kann der Regionalverkehr vermitteln, wenn sie in Ideologien eingebunden werden (Ökologie, Humanismus, Kommunikation, Synergien (KLÜHSPIES 1997,
S. 39). Für diese Arbeit entscheidend ist jedoch der Stellenwert der Bahn in der Region
für die dort lebenden Menschen. Entwickelt sie eine langfristige, zuverlässige Identität,
also ein deutliches Charakterbild, kann dies als Orientierung für die eigene Mentalität
der Bewohner sein. Die Bahn dient dann als Hilfsmittel zur Darstellung der eigenen
Identität.

Sicherheit
Ein Sicherheitsgefühl, der subjektiv erlebte Schutz vor tätlichen Übergriffen oder Beläs-
tigungen, kann der Pkw ausreichend gewährleisten. Im öffentlichen Verkehr ist das
Problem des subjektiven Unsicherheitsgefühls von Nutzern in Fahrzeugen und an Halte-
stellen und Stationen ein entscheidender qualitätsmindernder Faktor. Einen wichtigen
Baustein stellt daher die visuelle und optische Ansprache, wie Fahrzeugdesign und -ein-
richtung, Farbwahl in den Zügen, Beleuchtungskonzept an den Stationen oder ein hoher
Sauberkeitsstandard, dar, über die die subjektive Sicherheit erhöht werden kann. Der
Personaleinsatz ist jedoch der entscheidende Faktor im Sicherheitskonzept. Durch
demonstrative Präsenz, aber auch durch die Kommunikation von Verhaltenstipps kann
das subjektive Gefühl von Unsicherheit reduziert werden (mögliche Maßnahmen sind in
Kap. 6.1 und 6.2 dargestellt).

Die psychologischen Regulationsbedürfnisse des Menschen führen zu zahlreichen
Implikationen, sein involvement gegenüber der Bahn zu steigern. Diese geben Ideen für
die Ausgestaltung von Leistungsmerkmalen im regionalen Bahnverkehr.
Einzelmaßnahmen können jedoch nur eine punktuelle Erlebnissteigerung erbringen.
So können bequeme, verstellbare Sitze zwar zu einer höheren Zufriedenheit mit der
Bahnfahrt führen, weil über den Komfort etwa die positive Selbstdarstellung gefördert
wird („Ich fühle mich durch gutes Sitzen gesund, weil ich etwas für meinen Rücken tun
kann", „In der Bahn sitze ich komfortabler als mein Chef auf seinem Sessel" usf.). Die
Auswirkung einer einzelnen Maßnahme auf die grundsätzliche Einstellung zur Bahn
wäre aber gering. Deshalb sind alle Leistungspotenziale, die den Erlebniswert der Bahn
steigern können, so miteinander zu verknüpfen, dass sie ein *gesamtheitliches, widerspruchsloses Bild einer Dienstleistung* vermitteln. Um eine positive Selbstdarstellung zu
erreichen, müssten dann beispielsweise auch Leistungsmerkmale beim Kauf der Fahrkarte, dem Betreten der Station und des Zuges, der Verweildauer im Zug auf diese
Selbstdarstellung ausgerichtet sein.
Die Gestaltung persönlicher Relevanzen für den Reisenden ist vieldimensional. Um ein
konkretes Regulationspotenzial herzustellen, ist ein Anker erforderlich, der eine einheitliche Botschaft symbolisieren und zum Kunden tragen kann. Dieser Anker macht die
Bahn leichter begreifbar. Dadurch kann der Reisende gelenkt werden, sie mit seinen
persönlichen Wünschen zu assoziieren.

5 Markenführung im Regionalverkehr

„Die Lebenseindrücke jedes Gehirns scheinen so uferlos mannigfaltig und chaotisch zu sein, dass daraus eine Sehnsucht, ein Trieb oder ein Zwang gefolgert wird, durch Begriffsbildungen und Bildkompositionen Ordnung zu schaffen oder durch irgendwelche gedankliche Zusammenfassungen und Konstruktionen feste Anhaltspunkte zu gewinnen, an denen sich die unsichere Psyche anklammern und sich vor dem Ertrinken in der Fülle retten kann. Je größer die Unsicherheit, desto stärker der Kompositionstrieb. Das ist die Ursache der Bildung von religiösen Vorstellungen, von Idealen und letzten Endes auch von Marken" (DOMIZLAFF 1939, S. 164-165).

5.1 Grundzüge der Marke

Der Marke kommt in der Betriebswirtschaftslehre eine hohe Bedeutung zu. Aus der ehemals rein herstellerbezogenen Kennzeichnung von Objekten im Sinne einer Markierung von Waren ist eine Politik geworden, die von entscheidender Bedeutung für den Markterfolg eines Unternehmens ist.

Nach dem Markengesetz können als Marke „alle Zeichen, insbesondere Wörter einschließlich Personennamen, Abbildungen, Buchstaben, Zahlen, Hörzeichen, dreidimensionale Gestaltungen einschließlich der Form einer Ware oder ihrer Verpackung sowie sonstige Aufmachungen einschließlich Farben und Farbzusammenstellungen geschützt werden, die geeignet sind, Waren oder Dienstleistungen eines Unternehmens von denjenigen anderer Unternehmen zu unterscheiden" (§ 3 Abs. 1 MarkenG). Die Funktion der Marke geht jedoch über diese rein sachbezogene Darstellung weit hinaus.

Konsumenten suchen in der heutigen Warenwelt vermehrt nach emotionalen Bindungen und Identifikationsmerkmalen. Eine Marke verkörpert beispielsweise ein bestimmtes Image, eine Lebenswelt, eine Kultur oder einen Personenkreis, dem sich der Konsument zugehörig fühlen kann (TOMCZAK/BROCKDORFF 1998, S. 487). Sie stellt einen Anker dar, an dem Assoziationen, Botschaften und Werte festgemacht und dargestellt werden können.

Marken verhelfen dem Einzelnen zur Selbstdarstellung. So wird sie als „ein in der Psyche des Konsumenten verankertes, unverwechselbares Vorstellungsbild von einem Produkt oder einer Dienstleistung" verstanden (MEFFERT/BRUHN 2001, S. 395), sogar als "the consumer's idea of a product" (OGILVY 1951). Die Marke entsteht letztendlich im Kopf des Verbrauchers, was klare Vorgaben für die Markenführung durch den Produzenten zur Folge haben sollte.

Marken verhelfen zur Erfüllung individueller psychischer Bedürfnisse und liefern damit einen *emotionalen Zusatznutzen* (KROEBER-RIEL/WEINBERG 1996, S. 128), der über die reinen Grundbedürfnisse hinausgeht. Sie charakterisieren sich damit als ein vom Konsumenten sinnlich erlebbares, mit „Bedeutung" aufgeladenes Produkt mit einem klaren, attraktiven, prägnanten Markenbild und einzigartigen Eigenschaften als benefit für die Zielgruppe. Dieser kann durch geeignete Marketingmaßnahmen bei den relevanten

Kundensegmenten hohe Zufriedenheits-, Sympathie- und Vertrauenswerte erzeugen (LINXWEILER 2001, S. 52-53).

Die Marke steht auch als Vertrauensvorschuss für etwas materiell nicht Fassbares (MEI-POCHTLER 1998, S. 66). Sie garantiert ein stets gleichbleibendes Qualitätsniveau und gibt dem Konsumenten damit Sicherheit beim Kauf – sie symbolisiert ein bestimmtes Leistungsversprechen. Die Marke liefert dem Konsumenten (nach BIEL 2001, S. 69)

- **Vertrauen.** Starke Marken können dem Konsumenten glaubhafter funktionale und emotionale Qualität garantieren,

- **Vereinfachung des Entscheidungsverhaltens.** Marken stehen für ein Bündel von funktionalen und emotionalen Attributen,

- **Vehikel zur Selbstdarstellung.** Marken helfen dem Verbraucher, seiner Umgebung ein bestimmtes Bild von seiner Person zu vermitteln,

- **Problemlösung.** Marken reduzieren das funktionale, psychologische und soziale Risiko[58].

Sie stellt damit ein spezifisches Produkt oder eine spezifische Leistung dar, angereichert mit einer Bedeutung für den Konsumenten, beispielsweise dem persönlichen Nutzen, einer Relevanz oder Assoziationen. Die Marke ist damit als Schlüsselinstrument des Marketings zu verstehen.

Eine Marke ist nicht zwangsläufig erfolgreich. Ihr Erfolg zeichnet sich dadurch aus, dass sie langfristig, konsequent, gesamtheitlich, auf einem hohen Qualitätsniveau und von allen Beteiligten entsprechend einer festgelegten strategischen Richtung gesteuert wird. Die Hauptfunktion der *Markenführung* ist deshalb, effizient sämtliche materiellen und immateriellen Leistungsmerkmale der Marke zu kommunizieren (TOMC-ZAK/BROCKDORFF 1998, S. 487). Diese bringt damit eine konzeptionelle Klammer (STAUSS 1998, S. 10) um die Aktivitäten eines Anbieters. Das bedeutet, alle Instrumente der Markenführung müssen auf dieses Bild langfristig und verbindlich abgestimmt sein, alle Unternehmensebenen müssen die Kernbotschaft der Marke verstehen und glaubwürdig übermitteln können. Die Markenführung hat daher einen integrativen Charakter.

Die Funktion der Marke für den Konsumgüterhersteller und später auch den Dienstleistungsanbieter veränderte sich im Zeitablauf der letzten 80 Jahre. Über die Entwicklung der Markenführung mit ihren zeitspezifischen Ansätzen geben beispielsweise LINXWEILER (2001, S. 49-53) und MEFFERT (2001, S. 21-28) einen kurzen Abriss. Heute ist der wirkungsbezogene Markenansatz relevant (BRUHN 1994, S. 8 f.; LINXWEILER 2001, S. 52). Dieser Ansatz betrachtet die Marke nicht aus Anbietersicht, merkmalsbezogen oder juristisch, sondern über das Vorstellungsbild und über die subjektive Wahrnehmung des Konsumenten. Dieser Ansatz bezieht die psychologischen und soziologischen Tatbestände, wie Emotionen, Motivationen, Einstellungen und das Konsumentenverhalten im sozialen Umfeld, in die Markenbetrachtungen ein und findet in den folgenden Kapiteln Vertiefung.

---

[58] Eine Marke erbringt auch Vorteile für den Produzenten. Vertrauen in die Marke erhöht die Preisbereitschaft und das Involvement des Kunden. Marken erhöhen die Eintrittsbarriere für neue Produkte und schaffen es, sich im Markt gegenüber bestehenden Produkten eindeutig und vorteilhaft zu differenzieren. Wie sich zeigen wird, besteht im SPNV-Markt keine klassische Wettbewerbs-Situation. Gegenüber dem mIV kommen diese Vorteile jedoch zum Tragen.

5.2 Ausgangssituation: Chancen und Schwächen des SPNV heute

5.2.1 Überlegungen zur Markenführung im Regionalverkehr

Die vermeintlichen Konkurrenten der Bahn im Verkehrsdienstleistungs-Sektor, die Luftfahrt und die Automobilindustrie, bedienen sich bereits seit langem der Markenpolitik. Auf hart umkämpften Märkten dient ihnen die Marke als Kennzeichen, das angereichert ist mit Symbolen und Bedeutungsfaktoren für den Kunden. Es gibt, daraus resultierend, viele Menschen, die sich gedanklich damit auseinandersetzen, welches Auto sie kaufen oder mit welcher Fluggesellschaft sie reisen, obwohl die Technik der Autos bzw. die Flugleistungen einander ähneln, wenn sie nicht sogar identisch sind.

Auch der Hochgeschwindigkeitsverkehr im Fernverkehr der Bahn wird mit dem Intercity-Express der Deutschen Bahn AG, dem ICE, assoziiert, seinen Serien, seiner Innenausstattung und der Schnelligkeit, vielleicht sogar mit der Farbe Weiß, dem Fahrgeräusch oder den neuen, gläsernen Bahnhöfen. Der ICE stellt als ein Verkehrsleistungsprodukt der DB eine Marke dar. Der Hochgeschwindigkeitsverkehr wird damit nicht mehr mit den üblichen wahrgenommenen Merkmalen der Bahn (z.B. unmodern, bürokratisch) assoziiert, sondern gilt als schnell, sicher, komfortabel und pünktlich. Die Marke erbrachte der Bahn eine erhöhte Nachfrage[59] auf Fernverkehrsstrecken.

Die Marke beinhaltet eine über das spezifische Produkt hinausgehende Bedeutung für den Kunden (benefits, Relevanz, Assoziationen). Die Bahnleistung muss also mehr sein als die einfache Transportleistung. Die Marke steht für ein integriertes Zusammenwirken von Produkt (elementares Kaufobjekt, Beförderung), Information, Service, Preispolitik und einer Kommunikation, um den Reisenden emotional anzusprechen.

Marken im Regionalverkehr sind heute nur vereinzelt vorzufinden. Keine der vorhandenen wäre zudem in der Lage, einen allgemeinen Imagewandel der Bahn bei den Menschen zu vollziehen[60]. Ziel soll aber sein, langfristig durch eine emotionale Beeinflussung des Verkehrsmittel-Wahlverhaltens eine signifikante Nachfrage für den deutschen Regionalverkehr zu erreichen. Es ist ein ganzheitliches, widerspruchsloses Bild in den Köpfen der Kunden zu verankern, das dem Kunden mehr bedeutet, als nur befördert zu werden. Zusätzliche Leistungen und emotionale Nutzwerte müssen in einen stimmigen

---

[59] Nach BRETTHAUER (1998, S. 1555) wurden 10 % mehr Kunden auf Strecken gezählt, die vorher mit einem IC befahren wurden, bereits unter Bereinigung des Geschwindigkeitseffekts.

[60] Die Zuggattungen „RB" und „RE" der Deutschen Bahn AG werden zwar rechtlich als Marken geführt, unterscheiden sich im regionalen Einsatz durch den Einfluss der Länder jedoch so stark, dass eine Einheitlichkeit trotz identischer Produktbezeichnungen nicht erkannt werden kann. Zudem ist der integrative Charakter, der durch die Abstimmung aller Instrumente auf ein einheitliches Markenbild erreicht wird, hier nicht vorhanden. Einzelne Aktivitäten wie die Ausarbeitung von Ausflugstipps existieren zwar, sie werden jedoch nicht zu einem Gesamtbündel mit einer eindeutigen Philosophie zusammengefasst. „RB" und „RE" sind deshalb nur im juristischen Sinn Marken.

Touristisch geprägte Bahnen wie der „Rasende Roland" auf Rügen sind hingegen auch im konsumorientierten Sinn Marken. Sie fahren zum Teil vom Land bestellte SPNV-Leistungen (z.B. die Harzer Schmalspurbahn), sind also dem hier untersuchten Regionalverkehr zugehörig. Sie vermitteln echte Reiseerlebnisse durch ihren historischen Fahrzeugpark, die Uniformen der Kontrolleure oder die alt anmutenden Pappfahrkarten. Sie haben einen hohen Identifikationswert für ihre Region, der, wie sich in Kap. 5.6 zeigen wird, entscheidend ist. Das Verständnis der Menschen folgt jedoch einer einzigen Begrifflichkeit. Für sie gibt es *nur einen* Nahverkehr. Einzelne, touristische Bahnmarken sind deshalb nicht in der Lage, dieses allgemeine den Menschen bekannte Bild des Nahverkehrs zu beeinflussen.

Kontext eingebettet werden, die in ihrer Gesamtheit eine persönliche Relevanz für den Kunden besitzen.

Einer Markenführung im Regionalverkehr sind Eingangsvoraussetzungen vorgeschaltet, die Auswirkungen auf die Produktausrichtung haben:

- Die Regionalisierung erbrachte die Verlagerung der Zuständigkeit für den öffentlichen Personenverkehr auf die Landesebene. Durch die Verkehrsentwicklungsplanung der Länder erhält der Regionalverkehr unterschiedliche Stellenwerte. Durch politische Einflussnahme auf Angelegenheiten des Verkehrs greifen Ziele für die Herausstellung einer Markenidentität zu kurz und sind zu „aktionistisch",

- Im Zuge des Wettbewerbs sind zahlreiche neue Verkehrsunternehmen am Markt erschienen. Diese versuchen, ihre eigene Leistungsfähigkeit herauszustellen, um Aufgabenträgern ihr Leistungsvermögen darstellen zu können. Die selbstbezogene Fokussierung der Unternehmen steht einem Marken-Regionalverkehr entgegen, der dem Kunden eine eindeutige Botschaft vermitteln muss,

- Derzeit werden ausgeschriebene Verkehrsleistungen nahezu ausschließlich unter Kostenaspekten vergeben. Der Aufbau einer Marke bedarf jedoch eines intensiven, auch monetären, input, dem erst zeitverzögert Erfolge, wie beispielsweise eine stabile Nachfrage auf höherem Niveau und die Funktion als Wirtschaftsfaktor für den Raum, entgegenstehen. Wie den meisten Marketingmaßnahmen kann die Markenführung nicht direkt Erlössteigerungen zugeordnet werden. Aufgabenträger, die allein aus Kostenaspekten Leistungen vergeben, können an dem Grundproblem des SPNV, nämlich seiner Erlebnislosigkeit, daher nichts ändern,

- Ein intramodaler[61] Wettbewerb zwischen Verkehrsunternehmen ist lediglich im Rahmen von Ausschreibungen angezeigt. Die Öffnung des SPNV-Marktes hat jedoch dazu geführt, dass sich Verkehrsunternehmen nicht selten auch in ihrer Tagesarbeit behindern.

Die wirkliche Konkurrenz des Regionalverkehrs stellt indes der mIV dar. Verkehrsleistungen, die realistischerweise verlagerbar sind, könnten durch ein einheitliches, schlagkräftiges Leistungsversprechen und eine kongruente Servicekultur gemeinsam gewonnen werden. Dies funktioniert, wie bereits an verschiedenen Stellen angedeutet, hauptsächlich über die Psyche des Nutzers. Hierfür muss die Notwendigkeit erkannt werden, im so genannten Umweltverbund zu kooperieren, um dem Nutzer durch den öffentlichen Verkehr ein stimmiges Regulationspotenzial anbieten zu können,

- Mangels Wettbewerbs war eine Führung von Leistungsmarken im öffentlichen Verkehr bis vor wenigen Jahren für die Verkehrsunternehmen nicht relevant. Hier prägte zudem der Aspekt der Daseinsvorsorge das Bild öffentlicher Verkehrsmittel. Diese Denkweise ist bis heute in vielen Verkehrsunternehmen noch vorherrschend,

---

[61] Der intramodale Wettbewerb vollzieht sich innerhalb einer Verkehrsträger-Ebene, hier dem Schienenpersonen-Nahverkehr. Im Gegensatz hierzu nimmt der intermodale Wettbewerb eine Verkehrsträger übergreifende Perspektive ein (nach MEFFERT 2000, S. 4).

- Weder das Personal selbst noch die Verkehrsunternehmen, die Verbünde oder die Aufgabenträger scheinen sich dem Stellenwert des persönlichen Einsatzes für den Kunden und seinen Regulationsbedürfnissen bewusst zu sein. Ein wichtiger Systemvorteil der Bahn wird damit vertan. Dieser Sachverhalt ist nur dadurch zu erklären, dass der SPNV für die Politik ein notwendiges Vehikel zur Daseinsvorsorge darstellt, die so kostengünstig wie möglich erbracht werden muss. Es ist fraglich, ob mit dieser Einstellung die für eine verkehrliche Nachhaltigkeit erforderliche Verkehrswende erreicht werden kann,

- Auch andere technische und rechtliche Aspekte haben auf die Leistungsqualität des Schienenverkehrs Einfluss: Genehmigungspflichtige Tarife im öffentlichen Verkehr können nicht unter marktwirtschaftlichen Aspekten gestaltet werden. Auch sorgen Schnittstellen in der Reisekette als Trennlinien in Eigentumsverhältnissen und Zuständigkeiten für variierende Qualitäten zwischen Verkehrsträgern.

	Heute tragen Absatzmittler zum Funktionieren der Bahn bei – der Infrastrukturbetreiber durch die Qualität des Streckennetzes, die Stationsgesellschaft zur Sicherheit, Sauberkeit, dem Service und Information an Stationen, die Dienstleistungsagenten (Reisebüros oder Verkaufsstellen) durch den Verkauf und die Information. Zu viele unterschiedliche Unternehmen mit eigenen Strategien übernehmen dadurch zu wenig Verantwortung gegenüber dem Reisenden. Kein Akteur im SPNV hat auf die Qualität alleinigen Einfluss, trägt aber zur Gesamtqualität der Verkehrsleistung maßgeblich bei. Die Bahnreform sorgte für diese Zersplitterung der Zuständigkeiten; für die Markenführung stellt dies eine schwierige Ausgangslage dar. Die ehemalige Bundesbahn hätte eine Marke besser einführen können, da sie als Alles umspannendes Unternehmen für sämtliche Geschäftsbereiche „allein" verantwortlich war.

Die Ziele der Markenführung und die rechtlichen und politischen Rahmenbedingungen stehen damit in wesentlichen Aspekten im Widerspruch zueinander. Entscheidend ist insbesondere, dass die alles umfassende Markenidentität, die dem Nutzer eine eindeutige Botschaft geben muss, der Zersplitterung der Zuständigkeiten im SPNV entgegensteht.

Auch kann ein klassisches Marktverhalten nicht zu Stande kommen, da der öffentliche Verkehr kein rein konsumentenorientiertes Produkt ist. Er ist vielmehr auch Leistungsträger der Politik und der Raumentwicklung und ist vielen rechtlichen und technischen Beschränkungen unterworfen. Ohnehin lässt sich heute noch nicht belegen, dass die Marke Mobilitätsverhalten tatsächlich verändern kann, denn eine Marke entwickelt sich über einen langen Zeitraum durch das Verhalten der Kunden.

Diese Prämissen müssen bei der Ausrichtung des Regionalverkehrs berücksichtigt werden. Dass es dennoch möglich ist, die Bahn im ländlichen Raum als Marke zu positionieren, soll in den folgenden Abschnitten gezeigt werden.

5.2.2 Organisation der Markenführung

Eine Marke trägt ein einheitliches Bild und eine eindeutige Botschaft. Ein Produkt, das von vielen Unternehmen gestaltet wird, keine strategische Linie aufweist, widersprüchliche Assoziationen weckt und verschiedenen politischen Richtungen unterworfen ist, kann keine Marke sein.

Funktional sollte ein Produkt im Regionalverkehr mit bundesweit gleichen Standards aufgebaut werden. Dieses passt sich in das in Kap. 2.3.3 dargestellte Bedienungsmodell ein, weist jedoch systemeigene Nutzungsvorteile auf, statt wie bisher eine unspezifizierte Restgröße des öffentlichen Schienenverkehrs zu sein. Damit ist jedoch nicht gemeint, dass alle EVU gleich sein und alle Züge gleich aussehen müssen. Der Reisende soll vielmehr an jeder Zugangsstelle auf ein Verkehrssystem treffen, das grundsätzlich immer gleich „funktioniert". Dadurch wird sicher gestellt, dass der Regionalverkehr mit bestimmten Produkteigenschaften eindeutig assoziiert wird. Über Synergieeffekte kann dadurch ein Image-Transfer erreicht werden, durch den positive Erlebnisse mit der Bahn auf den Regionalverkehr im Allgemeinen abstrahlt. Am wichtigsten sind gemeinsame Leistungsbestandteile jedoch für den Aufbau einer gemeinsamen Markenphilosophie. Deshalb

- muss der Regionalverkehr ein Erscheinungsbild aufweisen, das bundesweit einheitliche Ausgestaltungsmerkmale aufweist (z.B. ein stets gleiches Logo (das sich auch auf örtlichen Wegweisern wiederfindet) mit einheitlicher Bild- und Schriftmarke). Produktbestandteile dürfen nicht von einem einzelnen Marktteilnehmer rechtlich geschützt werden,
- benötigt der Regionalverkehr allgemeingültige, verbindliche Servicebestandteile, beispielsweise die Möglichkeit der kostenlosen Fahrrad-Mitnahme. Heute gibt es hier viele unterschiedliche Regelungen, die für den Reisenden verwirrend sind,
- ist ein einheitliches Bedienungsmodell, wie z.B. das Semipermeable Netz für den ländlichen Raum, erforderlich. Die Bahn muss durch ihr Angebot vermitteln, entscheidende Verkehrsrelationen über mittlere und lange Distanzen schnell zurücklegen zu können und ausreichend verfügbar zu sein,
- muss die grundsätzliche Tarif- und Vertriebssystematik Flächen deckend gleich sein. Da der Kauf der richtigen Fahrkarte als erhebliche Hürde verstanden wird, soll der potenzielle Nutzer das Tarifsystem des Regionalverkehrs nur einmal lernen müssen, um es dann an jedem Ort der Bundesrepublik oder Europas anwenden zu können. Nutzungsvorbehalte werden dadurch abgebaut,
- muss das Instrumentarium des Informationsmanagements (Leitsystem, Gestaltung der Printmedien, Aufbau und Gestaltung des Fahrplans, Kontaktmöglichkeiten usf.) bundesweit für eine einfache Orientierung gleichartig sein.

Darüber hinaus soll sich der Regionalverkehr auf die Gegebenheiten, Potenziale und Mentalitäten der jeweiligen Region anpassen, damit sich der Nutzer auch persönlich angesprochen fühlt (Anmerkungen zur Variation von Dachmarken vgl. unten).

Die Instanzen und ihr gemeinsames Ziel

Zur Erbringung des SPNV ist heute eine Vielzahl von Organisationen erforderlich, die durch Gesetzgebung oder Verträge in formalen Beziehungen zueinander stehen. Eine Ausrichtung des Bahnverkehrs an den Bedürfnissen der Reisenden ist durch diese Regulierung kaum zu erkennen[62]. Der Regionalverkehr wird vom Kunden jedoch als eine geschlossene Einheit wahrgenommen, die eine bestimmte Problemlösungs-Kompetenz suggerieren muss. Markenführung gestaltet sich unter diesen Voraussetzungen äußerst schwierig.

Die Marke muss eine starke emotionale Bindung zum Kunden aufbauen. Sie muss der besagte Anker sein, an dem Assoziationen, Werte oder ein Lebensstil festgemacht werden können. Durch ihren emotionalen Zusatznutzen und ein prägnantes Bild wird sie mit „Bedeutung" aufgeladen. Ohne eine zentrale Konzeptionierung auf einer übergeordneten Stelle ist eine Markenführung für den Regionalverkehr deshalb nicht möglich.

Diese übergeordnete, steuernde Einheit, angesiedelt beispielsweise beim Bundesministerium für Verkehr, Bau- und Wohnungswesen (BMVBW) oder als Arbeitsgemeinschaft der Aufgabenträger, gibt, neben den grundsätzlichen Produktbestandteilen, das konkrete Markenziel und das Markenbild verbindlich vor und unterstützt die beteiligten Unternehmen bei der Umsetzung. Markenführung kann nicht von einem einzelnen Unternehmen durchgeführt werden. Sie ist sinnlos, wenn Regionalverkehre unterschiedlicher Bundesländer dem Nutzer ein diametrales Image von sich präsentieren. Deshalb kann das gemeinsam für alle Unternehmen gültige Ziel, dem Nutzer eine erlebnisreiche Dienstleistung zu verkaufen und damit Einnahmen zu steigern, nur durch eine zentrale Steuerung erreicht werden.

Grundsätzlich darf das nicht dazu führen, dass Aufgabenträger oder Leistung erbringende Unternehmen Gestaltungskompetenzen verlieren. Kompetenzen wie beispielsweise die Bestellung und Vergabe von Verkehrsleistungen sind Ländersache und werden bei den Aufgabenträgern belassen (obwohl der Bahn durch die Regionalisierung eine künstliche Kleinräumigkeit aufoktroyiert wurde, die unnötig Grenzen ihrer Leistungsfähigkeit suggeriert). Die Länder müssen jedoch sicher stellen, dass ihre Verkehrsplanung langfristig und zuverlässig erfolgt und Entwicklungsmöglichkeiten für den Raum bietet. Die Markenführung muss wiederum so ausgerichtet sein, dass sie mit den Zielen und Potenzialen der jeweiligen Regionalplanung des Bedienungsgebiets verbunden werden kann.

Dachmarke und Varianten

Denkbar ist die Ausrichtung des Regionalverkehrs als *Dachmarke*, die verschiedene Varianten der Leistung unter einem Markennamen zusammenführt. Grundsätzliche Angebotsbestandteile des Produkts stellen das Dach dar, sie sind für alle Bedienungsgebiete gleich. Diese werden durch Leistungsteile ergänzt, die entsprechend den Anforderungen vor Ort und den regionalen Mentalitäten ausgestaltet werden können (*Varianten*). Der Vorteil liegt darin, dass der Kunde sich nur ein Mal mit den grundsätzlichen

---

[62] Zur Diskussion des Stellenwerts des Kunden im öffentlichen Nahverkehr sei nochmals auf GEGNER (2004) verwiesen.

Eigenschaften des Regionalverkehr vertraut machen muss (Hemmschwellen-Problematik) und auf regionale Anforderungen dennoch reagiert werden kann.

Die Bestandteile des Markendachs müssen von allen beteiligten Unternehmen aufgenommen und umgesetzt werden. Gestalterische Merkmale wie Farbwelt, Logo und Design sowie die Markenphilosophie (Was stellt die Bahn dar? Wofür steht sie?) werden von allen Instanzen, die direkt oder indirekt an der Verkehrsdienstleistungs-Erbringung beteiligt sind, übernommen:

- Der Markengedanke ist von jedem *Verkehrsunternehmen*, das die regionalen Leistungen erbringt, zu vollziehen und zu adaptieren und umzusetzen (insbesondere die Personalbefähigung). Das regional tätige EVU hat die Aufgabe, innerhalb der Dachmarke eine Variante zu entwickeln, die sich gleichzeitig an regionalen Potenzialen orientiert (zwei Beispiele in Kap. 6).

Die regionalen Varianten unterscheiden sich dadurch teilweise erheblich, so dass das EVU nicht befürchten muss, mit anderen Unternehmen verwechselt zu werden. Wenn die Marke emotionale Bindungen aufbauen kann, dann nur, weil der Konsument ein unverwechselbares Bild von ihr im Kopf hat. Die Gemeinsamkeit aller Varianten besteht beispielsweise darin, dass

- die Leistungserbringung sich durch einen besonderen persönlichen Einsatz des Personals auszeichnet,
- das erlebnisreiche Reisen neu entdeckt wird, weil die durchfahrene Landschaft wahrgenommen werden kann (was auf Hochgeschwindigkeitsstrecken meistens nicht möglich ist),
- ein besonderes Sicherheitskonzept durch Beleuchtung, Zuggestaltung, Wegeführung oder Personaleinsatz greift,
- ein besonderes Erleben von Land und Leuten, der regionalen Identität (durch das Personal, durch Mitreisende oder durch landschaftliche Merkmale) möglich ist (hierzu vertieft Kap. 5.6).

Unterhalb des Markendachs können beispielsweise Zügen, Linien oder Strecken individuelle Namen gegeben werden, ohne dass das Markenbild gestört wird. So steigern Bezeichnungen wie „Alma" (für Altmark-Express), „Rheintal-Express" (Linie Chur – St. Gallen), die „Saft-" oder „Semmeringbahn" oder viele weitere, teils langjährige Bezeichnungen sogar die Begrifflichkeit der Bahn für den Kunden. Das Bild der Marke ist zwar einheitlich, aber vor Ort unterschiedlich umgesetzt. Das EVU hat dadurch innerhalb der Dachmarke Möglichkeiten, seine Variante besonders zu profilieren.

Ein deutlicher Vorteil der Markenführung liegt für die EVU darin, dass Marketingmaßnahmen nicht mehr, auf Grund geringer Budgets, sporadisch und aus eigener Kraft erfolgen müssen. Sie werden Nutznießer integrierter Markenmaßnahmen (z.B. der integrierten Kommunikation, Kap. 5.3), die effizienter und kostengünstiger ist[63]. Expansionsbemühungen bleiben vom Markenansatz ansonsten unberührt,

- Der *Netzbetreiber* muss in der Lage sein, eine im Betrieb flexible, leistungsfähige Infrastruktur bereit zu stellen. Er muss schnell auf Nachfragesteigerungen reagieren können. Das beinhaltet technische und bauliche Lösungen sowie ein günstiges Preis-Leistungs-Verhältnis in Bau und Betrieb,

- Der *Stationsbetreiber* muss bereit sein, die vorhandenen, oftmals historischen Bauwerke vorzuhalten und zu vermarkten und damit einen Beitrag zur regionalen Identität zu leisten. Strikte Standardisierung von Elementen ist nicht immer förderlich, jedoch werden einheitliche Prinzipien in der Informationsbereitstellung oder der Gestaltung von Wartevorrichtungen benötigt. Die Einbindung der Station in das Umfeld (Beleuchtung, Wegekonzept, Schnittstelle mit anderen Verkehrsmitteln) muss in Kooperation mit Gemeinden erfolgen,

- Die *Verkaufsagenturen* müssen verstehen, dass ihre Arbeit darin besteht, über den Verkauf und die Beratung hinaus die Leistungsfähigkeit der Bahn visualisieren zu müssen. Hierbei sind ein kompetentes Auftreten und ein angenehmes Erscheinungsbild der Agentur Mindestvoraussetzungen,

- Nicht zuletzt ist der *Aufgabenträger* gefordert, Verkehrsleistungen in sinnvollen, geographischen Netzen zu vergeben und eine langfristige Bestellgarantie für alle Strecken erteilen zu können. Angebote zur Übernahme von Verkehrsleistungen dürfen nicht allein auf die niedrigsten Kosten beurteilt werden. Die Leistung von EVU mit besonderen Konzepten zur Gewinnung neuer Reisender muss honoriert und stärker als heute Vergabekriterium werden. Der Aufgabenträger muss frei sein von kurzfristigem Einfluss der Landespolitik.

Das gemeinsame Ziel muss lauten, mit dem Regionalverkehr ein Verkehrsmittel zu schaffen, das, wie das Auto, eine affektive Wahrnehmungsebene anzusprechen vermag. Eine persönliche Verkehrsmittelwahl zu Gunsten der Bahn muss aus eigener Motivation und Überzeugung geschehen. Hiervon partizipieren dauerhaft alle Unternehmen, die einen Beitrag zur Durchführung des Regionalverkehrs leisten.

Schwierigkeiten

Die Ausrichtung einer bundesweit zentralen Markensteuerung wirft jedoch auch Probleme auf. Unternehmen legen ihre Ziele und Strategien selbst fest. Eine übergeordnete Stelle ohne rechtliche Weisungsbefugnis wird deshalb in Entscheidungsprozessen kaum ernsthaft Gehör finden. Zudem werden Unternehmen nicht riskieren, Kompetenzen an eine überbetriebliche Instanz abzugeben und dadurch gegenüber dem Wettbewerb möglicherweise übervorteilt zu werden. Der Konkurrenzgedanke führt auch dazu, eigene Zugleistungen besonders positionieren zu wollen und sich damit gegenüber

---

[63] Maßnahmen zur Kundengewinnung, zum Informationsmanagement oder zur Kommunikation betrieblicher Belange sind aufwändig und teuer. Durch eine integrierte Kommunikation aller EVU sowie die grundsätzlich gleichen Produktstandards entstehen Synergieeffekte; viele Kundenfragen können entfallen, weil Leistungsmerkmale als allgemeingültig verstanden und angewendet werden.

anderen EVU zu profilieren. Durch die strenge Kostenorientierung im SPNV heute haben viele Unternehmen kaum Spielraum, Personal und finanzielle Mittel für einen Markenaufbau bereitzustellen; das Marketing nimmt zudem in den meisten beteiligten Unternehmen lediglich einen marginalen Stellenwert ein.

Ein einfacherer Weg wäre sicherlich, den einzelnen Unternehmen Anreize zur Markenführung zu liefern, beispielsweise, indem in den Vergabekriterien der Wert der EVU-Marke besonders bewertet würde. In der heutigen Konstellation des SPNV ist es jedoch für ein einzelnes Unternehmen nicht möglich, den Markengedanken zu implementieren und damit das allgemein vorherrschende, negative Image der Bahn verändern zu können.

Die Schwierigkeiten der praktischen Umsetzung der Markenidee im Regionalverkehr sind offensichtlich. Unter der heute typischen Denkweise ist eine Produktmarke chancenlos. Hier zeigt sich deutlich, dass die Markenführung ein langwieriger Prozess ist, der intern beginnen muss und der viel Zeit und Energie benötigt, um glaubhaft nach außen getragen zu werden. Die Marke benötigt daher ein starkes Verkaufsargument zunächst für die erbringenden Unternehmen, später für den potenziellen Nutzer. Dieses muss Vorteile wie eine höhere Nachfrage, höhere Einnahmen oder die Entlastung des Raumes vom Straßenverkehr aufweisen, wovon alle beteiligten Instanzen profitieren können.

Darstellung 9:   Mögliche Organisation der Markenführung für den deutschen Regionalverkehr

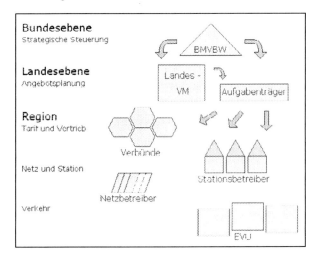

(Quelle: eigene Darstellung)

5.2.3 Kritische Beurteilung von Positionierungsstrategien im SPNV

Die beteiligten Unternehmen des SPNV-Marktes legen für sich, wie in jeder Branche üblich, strategische Unternehmensziele fest. Strategien betreffen die normative Ebene eines Unternehmens, bei der es um Wertfragen des unternehmerischen Handelns geht (strategisches Management). Sie dienen der langfristigen Existenzsicherung des Unternehmens durch die Ausweitung oder Verteidigung ihrer Marktanteile.

Da die Ausgestaltung des Regionalverkehrs von zahlreichen Außenfaktoren abhängig ist, kann er, streng genommen, einer einzelnen Unternehmensstrategie gar nicht obliegen. So beinhaltet der Schienenverkehr strategische *politische* Ziele, die

- volkswirtschaftlicher (Auslastung bestehender Infrastruktur-Ressourcen, geringer Ressourcenverbrauch, Stärkung benachteiligter Wirtschaftsräume),
- gesellschaftlich-sozialer (lebenswert und mobil sein),
- ökologischer (Erfüllung eines ökologischen Auftrags, Nachhaltigkeit in der Entwicklung) und
- psychologischer (Einstellungen und Verhalten ändern)

Art sind. Diese finden in den Unternehmensstrategien keine ausreichende Beachtung. Klassische Strategien sind beispielsweise die Strategie des Wettbewerbsvorteils, der Preis- oder Qualitätsführerschaft, der Immunisierung oder der Innovation. Sie werden in Hinblick auf ihre Wirksamkeit für die Markenführung eines integrierten Regionalverkehrs im Folgenden diskutiert.

5.2.3.1   Strategie des Wettbewerbsvorteils

Wettbewerb kann nur greifen, wenn der Markt dafür entsprechende Voraussetzungen liefert. Dies ist durch Konkurrenz der Anbieter, Transparenz der Angebote, freie Preisgestaltung und Wahlmöglichkeit für die Kunden gegeben. Eingangsprämisse für eine Angebotsgestaltung im SPNV sind jedoch regulierende Marktverhältnisse. Deshalb sind jene Voraussetzungen auf dem Markt für öffentliche Verkehrsleistungen kaum (eigenwirtschaftlicher Verkehr) bzw. nicht oder noch nicht (gemeinwirtschaftlicher Verkehr) gegeben. Durch die Ziele der Nutzensteigerung einerseits und der Kostensenkung andererseits liegt ein *gesteuerter Wettbewerb* vor. Eine Strategie des Wettbewerbs zwischen Verkehrsunternehmen kann im klassischen Sinn gar nicht vollzogen werden.

Im Zuge von Vergabeverfahren entsteht heute aber ein *situativer Wettbewerb* zwischen den EVU. Er hat eine dienende Funktion, um zu erreichen, dass der SPNV über das beste Angebot kostengünstiger und leistungsstärker wird. Wettbewerb ist damit nur im Zeitraum während der Ausschreibung einer Leistung offensichtlich. In der Erfüllung des Verkehrsvertrages hingegen wird der SPNV wie vertraglich vereinbart vollzogen. Eine Konkurrenzierung durch andere Anbieter findet nicht statt, so dass während der Laufdauer des Verkehrsvertrages ein intramodaler Wettbewerb ausgeschlossen wird. Die Strategie des Wettbewerbsvorteils ist für eine kontinuierliche Aufwertung des SPNV deshalb wirkungslos.

Wettbewerb, so wie er heute verstanden wird, ist zudem für den öffentlichen Gesamtverkehr im Verbund und für die nachhaltige verkehrliche Entwicklung nicht förderlich (zahlreiche Anbieter stehen für einen vergleichsweise kleinen Anteil am Gesamtverkehr in Wettbewerb). Vielmehr wäre ein *intermodaler* Wettbewerb gegen den mIV sinnvoll, für den sich regionale Eisenbahn- und Busverkehrsunternehmen zusammenschlie-
ßen müssten. Eine Strategie des Wettbewerbs des öffentlichen Verkehrs gegen das
Auto erbrächte starke Synergieeffekte (bessere betriebliche Abstimmung, höhere Nachfrage) für die Verkehrsunternehmen und könnte dem Nutzer ein einheitliches Bild des
ÖPNV vermitteln. Solche in Allianz gleichrangiger Unternehmen festgesetzten Strategien sind praktisch jedoch kaum umsetzbar.

Der SPNV befindet sich darüber hinaus in einem weiter reichenden wettbewerblichen
Spannungsfeld durch eine *paradoxe Bahn – Kunde – Beziehung* (MEFFERT et al. 2000,
S. 12). Der potenzielle Kunde ist einerseits Reisender in der Bahn, andererseits als
Fahrer eines Pkw ihr Wettbewerber und befindet sich daher in mehreren Rollen. Hier-
durch zeigt sich, dass ein Wettbewerb gegen das Auto Gefahr läuft, kontraproduktiv zu
sein.

Diese Strategie ist jedoch wirksam mit dem Ziel, Leistungen anzubieten und zu
erbringen, die dem Kunden *überlegen im Vergleich zum mIV* erscheinen, und die dauerhaft aufrecht erhalten werden können (so genannte *Komparative Wettbewerbsvorteile*
oder *Leistungsvorteile*; MEYER/BLÜMELHUBER 1998, S. 381). Diese Leistungsvorteile müssen gezielt herausgestellt werden. Sie treten nicht nur im Ausschreibungsprozedere zu
Tage, sondern während der gesamten Zeit der Leistungserbringung. Weil Bahn und
Auto eigentlich nicht vergleichbar sind, ist eine Strategie des Wettbewerbsvorteils nur
gedanklich durchführbar: Die Bahn, verglichen mit dem Auto (oder auch dem Flugzeug),
ist so „gut" wie möglich zu machen.

5.2.3.2   Preisführerschaft

Die Preisführer-Strategie bedeutet das langfristige Anbieten von Leistungen unterhalb
des Preisniveaus des Wettbewerbs. Dies kann auf Grund niedriger Produktions-, Perso-
nal- oder Vertriebskosten bewerkstelligt werden. Auf dem Luftfahrt-Markt entbrennt seit
einiger Zeit ein Kampf um die Preisführerschaft durch die so genannten „Billig-Airlines".
Eine aggressive Preispolitik wählte auch die Deutsche Bahn AG im Fernverkehr als
Versuch, den innerdeutschen Flugverkehr zu konkurrenzieren. Eine Preisführer-Strategie
unter den EVU gegenüber dem Reisenden ist auf Grund der Genehmigungspflicht der
Tarife nicht möglich. Da sich EVU in der Regel nicht direkt konkurrenzieren (z.B. durch
ein Zugangebot auf denselben Relationen), wäre ist sie auch wenig effektiv.

Der Wettbewerb zwischen Verkehrsunternehmen in der Vergabephase findet jedoch
unter nahezu reinen Preisbedingungen statt. Derzeit vergeben Aufgabenträger Verkehrsleistungen an das Unternehmen mit dem günstigsten Angebot den Zuschlag. Preisführerschaft ist hier jedoch nicht als strategische Entscheidung zu verstehen, sondern tritt
eher *situativ* und zufällig ein, da eine Angebotsabgabe verdeckt erfolgt.

Ein „Preisdumping" beim Regionalverkehr, also die massive Senkung der Fahrkartentarife, als Antwort auf den billigen Auto- und Flugverkehr erbrächte wahrscheinlich hinsichtlich der Verkehrsmittelwahl kaum Effekte. Vor dem Hintergrund einer nachhaltigen Verkehrspolitik ist die Subventionierung von Verkehr/Mobilität ohnehin der verkehrte Ansatz[64].

Die Preisstrategie von EVU zielt lediglich darauf ab, bei der Vergabe von Verkehrsleistungen stets der günstigste Anbieter zu sein, um seinen Marktanteil ausbauen zu können. Das bedeutet gleichermaßen, dass bei Personal und Services gespart werden muss (so genannte „no frills – Politik"). Der Regionalverkehr bleibt erlebnislos und bietet kaum affektive Nutzungsvorteile.

5.2.3.3 Qualitätsführerschaft

Qualitative Elemente haben im SPNV einen hohen Stellenwert erhalten. Von der Qualität des SPNV hängt maßgeblich die Verkehrsmittelwahl und damit die Nachfrage nach öffentlichen Verkehrsleistungen ab. Der Verband Deutscher Verkehrsunternehmen stellt folgende Qualitätsmerkmale der räumlichen und zeitlichen Bedienung auf (*VDV* 2000):

* *Verkehrserschließung (=Erschließungsqualität) mit*
    - räumlichem Beförderungsangebot,
    - Anbindung,
    - Erreichbarkeit.
* *Verkehrsangebot (=Angebotsqualität) mit*
    - Bedienungshäufigkeit,
    - Platzangebot,
    - Anschlusssicherung,
    - marktgerechter Angebotsdiversifizierung.
* *Beförderungsqualität mit*
    - Schnelligkeit,
    - Zuverlässigkeit und Pünktlichkeit,
    - Beförderungskomfort (Fahrzeuge und Haltestellen),
    - Fahrgastinformation,
    - Tarif- und Vertriebssystem,
    - Personaleinsatz,
    - Zusatz- und Serviceangebot,
    - Sauberkeit der Verkehrsmittel und –anlagen,
    - Kommunikation,
    - Beschwerdemanagement.

---

[64] Mit Erreichen einer „Kostenwahrheit", also der gleichrangigen steuerlichen Belastung oder Subventionierung öffentlicher und privater Verkehre, wären allerdings einfache und im Vergleich zum nunmehr verteuerten mIV günstige Bahntarife preislich attraktiv. Der Verkehrsdienstleistungsbereich ist für den Einsatz von Differenzierungsoptionen für Fahrpreise prädestiniert. Auch ist die Nachfrage im Verkehrsdienstleistungsbereich stark preissensibel (z.B. MEFFERT et al. 2000, S. 38). Je transparenter die Preise sind, desto besser können Unsicherheiten reduziert und das Vertrauen in die Leistung verstärkt werden (BIEBERSTEIN 1998, S. 300). Eine Preisdiskussion unter den heutigen Voraussetzungen ist jedoch zu vermeiden, da der öffentliche Verkehr, wird er allein über den Preis definiert, stets als zu teuer empfunden werden wird.

Die Qualität ist derzeit ein wichtiger Bestandteil von Leistungsvergaben im SPNV, der Leistungskreis *DIN EN 13816* definiert ihre Standards. Leistungen werden dadurch messbar und lassen sich auf einem festgelegten qualitativen Niveau verankern.

Einen wirklichen *emotionalen Mehrwert* für den Konsumenten liefert er damit jedoch nicht. Die Messmethoden der DIN EN 13816 beziehen sich in den direkt kundengerichteten *customer satisfaction surveys* (CSS) lediglich auf die Ermittlung der Zufriedenheit mit *vorhandenen* Leistungsmerkmalen[65]. Der Leistungskreis kann die Qualität einer Leistung daher lediglich unterstützen.

Qualität ist keine absolute Größe, sondern definiert sich immer wieder neu. Auch ist sie ein bedingender Faktor (conditio sine qua non) geworden und stellt damit keinen Erfolgsfaktor, sondern eine Notwendigkeit für die Marktposition eines Unternehmens dar. Eine Qualitätsoffensive wie die Standards nach DIN zeigt, wie groß der Aufholbedarf bei den Verkehrsdienstleistungen heute noch ist.

Als Unternehmensstrategie wird auch das total quality management (TQM)[66] genannt, das die konsequente Orientierung aller Aktivitäten an den Qualitätsanforderungen des Kunden (Bruhn 2003, S. 29) zum Ziel hat. Da die Rahmenbedingungen der Leistung im SPNV nicht auf individuelle Kundenwünsche angepasst werden können, hat der Kunde keine solche „Königsposition" inne.

Insofern dürfen die qualitativen Standards nach DIN nicht mit dem Qualitätsbegriff der Marke gleichgesetzt werden. Qualität steht, unabhängig von Standards, für subjektive, erlebte Werte, beispielsweise für Vertrauen und Tradition. Diese Werte entwickeln sich über einen langen Zeitraum; als unternehmerische, strategische Entscheidung lassen sie sich nicht festlegen.

5.2.3.4   Immunisierung

Eine Immunisierung ermöglicht es einem Unternehmen, durch bestimmte Maßnahmen den Wettbewerb teilweise zu umgehen oder sogar auszuschalten.

Der SPNV stellt als *exklusives Angebotsrecht über einen befristeten Zeitraum* eine Immunisierung gegenüber anderen EVU dar, die bis zum Ablauf des Verkehrsvertrages und der Folgeausschreibung aufrecht erhalten werden kann. Das zeigt, dass ein Wettbewerb, der mehr Verkehr auf die Schiene bringen soll, durch das derzeitige Vergabe-Prozedere nicht wirklich gegeben ist. Leistungen verbessern sich nur sprunghaft durch die Vorgaben des Verkehrsvertrages. Eine Kundenbindung kann hieraus allein nicht erfolgen. Für diese Betrachtung ist die Strategie der Immunisierung durch exklusives Angebotsrecht demnach nicht relevant.

---

[65] Für eine Orientierung über CSS findet sich ein Überblick über seine Inhalte und von Kunden häufig genannte Mängel in Anhang IV.

[66] „TQM ist eine auf der Mitwirkung aller ihrer Mitglieder beruhende Führungsmethode einer Organisation, die Qualität in den Mittelpunkt stellt und durch die Zufriedenheit der Kunden auf den langfristigen Geschäftserfolg sowie auf den Nutzen für die Mitglieder der Organisation und für die Gesellschaft zielt" (Definition der *DGQ Deutsche Gesellschaft für Qualität*, Lenkungsausschuss Gemeinschaftsarbeit (LAG) der DGQ e.V. (1995).

5.2.3.5 Innovation

„Eine Innovation umfasst die mittelbare und/oder unmittelbare Erarbeitung einer aus Unternehmens- und Kundensicht neuen Idee des Leistungsangebotes ... mit dem Ziel, diese Idee erfolgreich am Markt durchzusetzen und somit in der Folge den Kundennutzen .. zu steigern" (BRUHN 2003, S. 192). Regelmäßige Innovationen, die den Nutzwert der Marke steigern, führen dazu, dass über die Marke gesprochen wird. Je besser und länger sie erinnert werden kann, desto besser kann sie sich in den Köpfen der potenziellen Nutzer verankern.

Innovationen sind leicht einzuführen, wenn ihr relativer Nutzen hoch ist, sie mit bestehenden Lösungen vereinbar sind, sie relativ einfach verstanden und angewendet werden und sie gut kommuniziert werden können. Für den Regionalverkehr bedeuten Innovationen beispielsweise (Kap. 5.5, Leistungsfindung):

- *Neuheit für den Kunden:* Der Kunde findet im Regionalverkehr neue Zusatzleistungen, die in jenem Zusammenhang neu für ihn sind (z.B. Unterteilung der Regionalzüge nicht in 1. und 2. Klasse, sondern in Ruhe-, Arbeits- und Kommunikationsbereiche mit entsprechender Ausgestaltung),
- *höhere Problemlösungsfähigkeit:* Durch das offensive, durch die Marke verbildlichte Vorhandensein der Gesamtleistung und eine herausgestellte Mehrdimensionalität des Regionalverkehrs nimmt der Nutzer seine Mobilität anders wahr (z.B. wird durch die Betonung der Kommunikation das Zugfahren nicht mehr als langweilig und Zeit raubend empfunden, sondern erleichtert dem Einzelnen den Zugang zu Menschen oder Informationen; Personal geht offensiver auf Kunden zu, Internetportale in Zügen, kommunikationsgerechtere Gestaltung der Züge, Öffnung der Bahnsteige zum belebten Umfeld durch gestalterische Maßnahmen, ...),
- *bessere Befriedigung von Bedürfnissen:* Das Angebot ist auf die Anforderungen, Erwartungen und offensive oder latente Wünsche des Nutzers angepasst (z.B. werden Beschwerden durch parallele Instrumente offensiver stimuliert, der Kunde fühlt sich mit seiner Kritik ernst genommen),
- *größerer Zusatznutzen:* Die neuen Zusatzleistungen erweitern die Beförderungsleistung tatsächlich oder subjektiv (z.B. werden Bekanntmachungen von Gemeinden und Vereinen in den Zügen ausgehängt, der Kunde nutzt die Fahrtzeit, um sich über lokale Geschehnisse zu informieren),
- *leichtere, erweiterte Anwendbarkeit:* Durch Botschaften wie Status, Sicherheit, Bequemlichkeit etc. werden Vorurteile abgebaut (z.B. wird in einer Kampagne das bequeme Sitzen im Zug kommuniziert – der Komfortgedanke macht neue, potenzielle Nutzer neugierig),
- *Akzeptanz durch den Kunden:* Akzeptanz fördernd ist beispielsweise die rechtzeitige Integration des Kunden in die Entwicklung von Innovationen (werden Nutzer beispielsweise frühzeitig durch eine Kampagne dazu aufgerufen, Designvorschläge für eine neue Fahrzeug-Generation einzureichen, fördert dies das Interesse an der „neuen" Bahn).

Innovation als strategische Entscheidung bedeutet für ein Verkehrsunternehmen, *konti-nuierlich Leistungsbestandteile zu entwickeln, die neu für den Kunden sind und den Nutz-wert der Bahn erhöhen.* Dies ist in Anbetracht der bekannten Konstellation der Entschei-dungsträger im Regionalverkehr schwierig. Innovationen erfordern Personalressourcen und Budgets für Entwicklungen, die am Verkehrsmarkt durchaus auch scheitern können. Sie bilden aber eine wichtige, vielleicht die einzige, Möglichkeit für ein EVU, sich effektiv zu positionieren und seinen Marktanteil halten und ausbauen zu können. Durch eine innovative Markenführung kann der wichtige Aspekt der Exklusivität der Bahn, auch im Regionalverkehr, glaubwürdig herausgestellt werden.

Innovationen sind zudem ein wirksames Gestaltungsmittel, um den Regionalverkehr dem Nutzer regelmäßig und erlebnisreich in Erinnerung zu bringen. *Die Innovationsstra-tegie wird deshalb in dieser Arbeit mit zahlreichen Beispielen aufgegriffen.*

Zum Verständnis des weiteren Vorgehens

Die nächsten Kapitel befassen sich mit der Ausrichtung des vorhandenen Leistungs-spektrums zu einer Bahnmarke. Hierfür werden wichtige Leistungsbestandteile der Bahn auf ihre Wirksamkeit für die Marke beleuchtet und Beispiele genannt, diese im Sinne einer einheitlichen Botschaft neu auszurichten.

Weder ist es Ziel der Arbeit, heutige Vermarktungsansätze von Verkehrsunternehmen als ungenügend oder falsch zu verurteilen, noch eine völlig neu konzipierte Bahnmarke zu entwickeln und als „ultimative Lösung" für den Regionalverkehr darzustellen. Viel-mehr handelt es sich im Folgenden um kreative Bausteine, die auf den Regionalverkehr angewendet werden können – hier insbesondere der Abschnitt zur Generierung neuer Leistungsbestandteile – um seine Wahrnehmbarkeit zu erhöhen. Einige Lösungsvor-schläge sind nicht neu. Auch hier galt es nicht, Bewährtes zu verwerfen, sondern es in den integrierten Ansatz der Marke einzufügen, damit es in einem stimmigen Kontext eine höhere Wirkung erzielt.

5.3 Integrierte Markenkommunikation

Markenkommunikation ist das wichtigste Mittel, um eine Dienstleistung erklären und der Marke „eine Stimme" (ESCH 1998, S. 104) geben zu können. Eine Dienstleistungs-marke steht stets für einige wenige, wichtige Eigenschaften, vergleichbar mit Persön-lichkeiten in der Öffentlichkeit. Wie diese können auch Dienstleistungsmarken nicht „ständig ihr Hemd oder ihre Einstellung tauschen, sondern müssen für klare Eigenschaf-ten stehen. Diese müssen über alle Kommunikationsinstrumente und bei allen Zielgrup-pen vermittelt werden" (ebd., S. 130). Der Aufbau eines solchen prägnanten Markenbil-des ist von einer konsequenten integrierten Kommunikation abhängig. Nur dadurch können klare Gedächnis-Strukturen für Marken aufgebaut werden (z. B. ebd., S. 105, TOMCZAK/BROCKDORFF 1998, S. 496). Die Marke muss stets im Mittelpunkt der Kommu-nikation stehen.

Unter integrierter Kommunikation ist die inhaltliche und formale Abstimmung aller Maßnahmen der Marktkommunikation zu verstehen, die einen einheitlichen Eindruck der Marke erzeugen. Hierbei handelt es sich um einen Prozess, „der darauf ausgerichtet ist, aus den unterschiedlichsten Quellen und Ebenen der Kommunikation eine Einheit herzustellen, um ein für sämtliche Zielgruppen des Unternehmens konsistentes Erscheinungsbild zu vermitteln" (MEFFERT/BRUHN 2002, S. 18). Es ist wichtig, dass sich alle eingesetzten Marketinginstrumente auf die Kernbotschaft der Marke konzentrieren. Situative Einzelmaßnahmen über unterschiedliche Kommunikationskanäle wären eher kontraproduktiv und könnten das Gesamtbild der Marke nicht vermitteln. Dies wäre zum Beispiel der Fall, wenn eine Bahngesellschaft mit einer eigenen Kundenzeitung insbesondere ältere Menschen anspricht, gleichzeitig aber ein örtliches Motorkross-Rennen sponsert. Das Bild, das sie zu vermitteln versucht, bliebe unklar.

Erklärungsbedürftigkeit der Dienstleistung

Eine gute Servicestrategie muss auffallend und umfassend kommuniziert werden, wenn der Kunde leicht erkennen soll, welchen Zusatznutzen das Leistungsangebot bietet. Das Leistungsversprechen ist erklärungsbedürftig. Deshalb sollte es sinnlich besser wahrnehmbar gemacht werden (SCHEUCH 2002, S. 276). Dies kann durch die kommunikative Darstellung von Prozessabläufen (z.B. Herausstellung der Verantwortung, jedoch auch souveränen Kompetenz des Fahrzeugführers), eingesetzte Personen und Sachmittel oder das Ambiente (z.B. Darstellung eines geschmackvollen Zugdesigns mit komfortablen Sitzen) erfolgen. Ziel sollte sein, Ergebnis und Nutzen des Leistungsversprechens sichtbar und objektivierbar zu machen. Eine sichtbare Zustandsveränderung, wie eine Reise sie darstellt, kann, um ein sehr einfaches Beispiel zu nennen, durch das erholte, entspannte Ankommen oder die Urlaubsstimmung durch ein touristisches Panorama am Zielort visualisiert werden.

Die Kommunikation trägt auch einen entscheidenden Anteil bei, das soziale Risiko des Bahnfahrens („Bahnfahren ist uncool", es ist unangenehm, dabei gesehen zu werden etc.) zu beschränken. Zudem muss der Dienstleister dafür Sorge tragen, dass er für objektive Qualitätsdefizite nicht verantwortlich gemacht wird, die er nicht beeinflussen kann. Der Nutzer rechnet alle mit dem Transport verbundenen Sach- und Leistungsmerkmale dem Verkehrsunternehmen zu. Treten Qualitätsdefizite auf, die ein EVU nicht beeinflussen kann (z.B. Verspätungen auf Grund von Streckenschäden), so kann und sollte dies in persönlicher Kommunikation herausgestellt werden (über Begleitpersonal und Beschwerdetelefon). Eine Kommunikationskampagne, die den Kunden über die Verantwortlichkeiten für Netz, Stationen, Sitzplatz-Anzahl oder Tarife informieren will, wäre für ihn uninteressant.

Das EVU kann jedoch aus diesem Missstand sogar einen Nutzen ziehen, indem es sich als Ansprechpartner und „Retter in der Not" darstellt, der in Problemsituationen ein Ohr für die Reisenden hat. Diese Kundenfreundlichkeit einer „Feuerwehr", die zur Stelle ist (wo sich andere EVU verstecken), kann dann ausgiebig kommuniziert werden.

Involvement-Steigerung

Die Kommunikation vermag das involvement in die Verkehrsdienstleistung entscheidend zu erhöhen. Wachstumsbedürfnisse, wie die Bedürfnisse nach Selbstverwirklichung, Wertschätzung und sozialer Anerkennung, das heißt die Steigerung der Lebens- und Erlebensqualität, sind beim Kunden vordergründig. Die Kommunikation beeinflusst die Einstellung des Nutzers stimulus-spezifisch. Das bedeutet, eine erlebnisbetonte Positionierung beispielsweise über Emotionen (z.B. glückliche Kinder auf der Reise, Erlebnisvielfalt der Umgebung) sind effektiver als eine Sachprofilierung (Kommunikation von modernen Zügen, Sitzkomfort, Preiswürdigkeit).

Die Kommunikationsbotschaft sollte bei low involvement-Leistungen aus möglichst nur *einem zentralen Argument* bestehen und oft wiederholt werden. Sie sollte so einfach wie möglich sein ("KISS" – keep it simple and stupid). Die Verkehrsdienstleistung sollte durch möglichst konkrete Bilder, prägnante Farbcodes und eine bildhafte Sprache (z. B. slogans) leicht verständlich gemacht werden.

Schlüsselbilder sind das visuelle Extrakt einer Positionierungsbotschaft (ESCH 1998, S. 113). Sie dienen der inhaltlichen Integration bzw. der Ausbildung besonders starker formaler Klammern[67] und werden unter den genannten low involvement-Bedingungen bevorzugt aufgenommen. Typische Medien gegen ein low involvement sind hierbei das Fernsehen, die Direktkommunikation, sponsoring und das Eventmarketing.

Selbstbewusstsein vermittelt Glaubwürdigkeit

Um weitere Einnahmen erzielen zu können, vermarkten Verkehrsunternehmen Werbeflächen an ihren Fahrzeugen. Fremdwerbung führt neben einer verschlechterten Wahrnehmbarkeit des ÖPNV zu weiteren low involvement – Effekten. Die zugeklebten Fahrzeuge legen eine mangelnde Wertschätzung der Dienstleistung sogar durch das Verkehrsunternehmen selbst offen. Die direkt erzielbaren Einnahmen aus der Flächenvermarktung stehen hier möglichen Einnahmesteigerungen durch die Generierung neuer, weniger preissensibler und mehr komfort- und statusorientierter Zielgruppen gegenüber.

low cost-Marketing

In diesem Zusammenhang ist der Effekt des *low cost – Marketings* zu nennen, unter dem die optimale Allokation vorhandener Marketing-Ressourcen durch die Nutzung von Synergieeffekten der integrierten Kommunikation verstanden wird (nach ESCH 1998, S. 111). Eine integrierte Kommunikation ist daher insbesondere für Dienstleistungsunternehmen mit geringen Marketing-Budgets, wie es für Verkehrsunternehmen kennzeichnend ist, ein wichtiges Instrumenten-Mix.

---

[67] ESCH führt die Figur des Herrn Kaiser bei der Hamburg-Mannheimer als Schlüsselbild für die Nähe zum Kunden an. Dabei müssen visuelle Schlüsselbilder klar erkennbar, einprägsam und lebendig, hinreichend variabel und im Zeitverlauf anpassungsfähig und in den unterschiedlichen Medien umsetzbar sein (ESCH 1998, S. 113).

Direktkommunikation / Persönliche Kommunikation

Die Direktkommunikation (personalisierte, unpersönliche Kommunikation, z. B. Database-Marketing[68], Quartiersmarketing) ermöglicht eine gezielte persönliche Ansprache. Sie stellt für low involvement – Produkte ein wirksames Medium dar. Die Verkehrsdienstleistung hat den Vorteil gegenüber Sachgüterproduzenten, dass zum Kunden ein direkter Kontakt aufgebaut werden kann. Dennoch bleiben heute Kommunikations-Aktivitäten oft wirkungslos, weil sie zu schematisch und wenig individuell gestaltet sind oder nur sporadisch eingesetzt werden.

Eine individualisierte, persönliche Kommunikation (z.b. Infomobil vor Ort, persönliche Fahrplan- und Tarifauskunft als soft policy – Maßnahmen (Kap. 2.2.6.2) baut Hemmschwellen gegenüber komplexen Dienstleistungen ab. Der direkte Kontakt mit dem Kunden ist personal- und zeitintensiv. Über das persönliche Gespräch können jedoch Informationslücken oder Vorurteile wirksam reduziert, das Verkehrsverhalten verändert und die Mund-zu-Mund –Propaganda positiv beeinflusst werden.

Die Marke dient dem Kunden während der direkten oder persönlichen Kommunikation als Verständnisanker; der Kontakt wird stark durch das Markenimage geprägt. Dennoch muss bedacht werden, dass eine Angebotskommunikation im ÖPNV Zeit benötigt, bis sie zu merklichen Erfolgen führt. So steigt drei Jahre nach der Einführung des neuen Bussystems in Vorarlberg die Nachfrage nach dem neu implementierten Buskonzept immer noch langsam an (STEGER-VONMETZ et al. 2003, S. 43). Hier sind Kontinuität und ein langfristiges Kommunikationskonzept erforderlich.

Ein fehlendes Produktversprechen kann zudem nicht durch Kreativität in der Werbung ersetzt werden. Erst in der Verbindung von Funktionalität und Service und zielgerichteter Kommunikation entsteht die Mehrleistung, die die Marke vertrauenswürdig macht (nach KLEIN-BÖLTING 2003).

5.4   Identitätsorientierte Markenführung

Die Herausbildung einer unverwechselbaren Markenpersönlichkeit ist zentraler Erfolgsfaktor für eine Marke, damit ein Markenbild überhaupt entstehen kann. Diese so genannte *Identität* stellt die in sich widerspruchsfreie, geschlossene Ganzheit von konstitutiven Merkmalen einer Marke dar. Sie ist „die als ‚Selbst' erlebte innere Einheit der Person" (*Duden*). Dabei ist ihre Stärke wesentlich von dem Ausmaß der Übereinstimmung von Selbst- (Unternehmensphilosophie, internem Bild) und Fremdbild (Image, externem Bild) abhängig (MEFFERT/BURMANN 1997, S. 58) und bringt die spezielle Persönlichkeit einer Marke zum Ausdruck[69]. Es ist wichtig, dem Regionalverkehr eine eindeutige, widerspruchslose Identität zuschreiben zu können, damit der integrative Charakter der Marke greifen kann.

---

[68] Database-Marketing: computergestütztes Dialogmarketing, mit dem auf Grund vorhandener Kundendaten ein „Maß geschneidertes" Angebot erstellt werden kann.

[69] Als Vertiefungshinweis zur Markenidentität z.B. MEFFERT/BURMANN/KOERS (2002).

Zugbegleiter stellen ein erhebliches Potenzial dar, die Vorteile und Einzigartigkeit der Bahnreise gegenüber anderen Verkehrsmitteln herauszustellen. Durch sie kann ein direkter, „physischer" Kontakt zu Kunden hergestellt und emotional aufgeladen werden. Ihr Aufgabenspektrum geht im Rahmen der identitätsorientierten Markenführung deshalb über den Verkauf und die Kontrolle von Fahrausweisen hinaus. Anhang V gibt eine Darstellung möglicher Personalaufgaben und den damit zu erreichenden Zielen im Kundenumgang komprimiert wider.

Heute treten Zugbegleiter ausschließlich mit Reisenden in Kontakt, um die Fahrausweise zu kontrollieren. Die Ansprache beschränkt sich oft auf ein „Die Fahrkarten bitte". Eine so offensichtliche Kontrolle widerspricht dem Markenverständnis, in dem der Kunde emotional eingebunden werden soll. Gemeint ist statt dessen, den Reisenden eine persönliche Zuwendung spüren zu lassen, hinter der die – notwendige – Fahrausweis-Kontrolle zurücktritt.

Der Identitätsgedanke stellt in dieser Diskussion sicher, dass die Botschaft der Marke durch alle Instanzen des EVU getragen, dort richtig umgesetzt und damit vom Kunden verstanden wird. Vor diesem Hintergrund ist beispielsweise die heute übliche, rein Kosten senkende Maßnahme, Begleitpersonal in Regionalzügen zu reduzieren, langfristig kontraproduktiv für das Verkehrsmittel Regionalverkehr. Ein wichtiger Faktor zur Kundenbindung wird damit aufgegeben.

5.4.1 Selbstbild der Marke

So, wie ein Mensch sich durch individuelle Persönlichkeitsmerkmale auszeichnet, muss eine Marke ein klares Eigenschaftsbild innehaben. Das *Selbstbild (Ich-Identität)* entspricht den spezifischen Ressourcen, die der Marke ihre unverwechselbare Persönlichkeit verleihen (LASSLOP 2002, S. 333), als wäre sie ein menschliches Individuum. Diese Ich-Identität kennzeichnet das Bild, das ein Individuum von sich selbst hat. Sie dient als Orientierungsrahmen für sein Verhalten. Eine starke Ich-Identität ist erforderlich, um nicht durch Erwartungen der Gesellschaft in Rollenkonflikte zu geraten. Das Selbstbild eines Unternehmens vermittelt Können, Erfahrung und Kultur eines Unternehmens und ist auch im Zeitablauf logisch und widerspruchslos zu halten (im Sinne der corporate identity).

Mit dem *Fremdbild* (das bereits genannte *Image*) wird dem Individuum eine Identität von außen zugeschrieben, die aus einem Bündel an Merkmalen besteht und im Widerspruch zur Selbstwahrnehmung stehen kann[70]. Sind Selbst- und Fremdbild kongruent, entsteht eine klare und verlässliche Vorstellung über die Persönlichkeit des Individuums. Diese Zuverlässigkeit schafft ein zwischenmenschliches Vertrauen (nach MEFFERT/BURMANN 2002, S. 41-42 und BURMANN 2003). Die konstitutiven Merkmale einer persönlichen Identität sind auf die Marke übertragbar: Das Fremdbild stellt dabei das Bild dar, das der Konsument von der Marke hat und das auf subjektive Wahrnehmung in Form von Assoziationen in seinem Gedächtnis beruht.

---

[70] Dabei gilt: Fremdbild = Image, im Gegensatz zum Selbstbild = Identität, vgl. MEFFERT/BURMANN (1997.

Darstellung 10:   Konstitutive Merkmale der Identität von Personen und Marken

Konstitutive Merkmale	Individuum	Marke
Wechselseitigkeit	Identität als Erkenntnis vom Anderssein. Identität durch Beziehung zu anderen Menschen.	Identität durch die Abgrenzung gegenüber anderen Verkehrsmitteln. Abweichungen zwischen Selbst- und Fremdbild determinieren die Identitätsstärke.
Kontinuität	Beständigkeit der Merkmale zur Identifizierung einer Person (Geschlecht, Geburtsdatum, Körpermerkmale etc.).	Beständigkeit der Markenphilosophie.
Konsistenz	Zeitpunktbezogene, widerspruchsfreie Kombination von Persönlichkeitsmerkmalen.	Innen- und außengerichtete Abstimmung aller Aktivitäten im Rahmen der Markenführung. Vermeidung von Widersprüchen in Markenauftritt und Führungsverhalten.
Individualität	Biologisch und soziologisch bedingte Einzigartigkeit des Individuums.	Vom Kunden wahrgenommene Einzigartigkeit bestimmter Merkmale der Marke.

(Quelle: nach MEFFERT/BURMANN *2002, S. 45, Abb. 3)*

Die Identität schafft einen ganzheitlichen, widerspruchsfreien Markencharakter, der eher auf Lebensstil- und Verhaltensebene abzielt als auf situative Problemstellungen. Die Marke kann eine Identität transportieren und darstellen. Der Regionalverkehr muss daraufhin entwickelt werden, dass er eindeutige „Charaktermerkmale" erhält. Dafür

- müssen alle objektiven physischen Merkmale der Leistung, beispielsweise Schalterhallen, Zugdesign, Dienstkleidung auf das Corporate Design (= Erscheinungsbild) abgestimmt werden,
- muss die Leistung personifiziert werden, als stelle sie ein Individuum mit persönlichen Charaktereigenschaften dar (z. B. robust, aufrichtig, kompetent, kultiviert, spannend, ...),
- ist eine Unternehmenskultur zu entwickeln, in der die Charaktereigenschaften der Marke durch das Personal und die Ansprache zum Kunden gelebt wird,
- sollte eine Sphäre für den zwischenmenschlichen Austausch geschaffen werden,
- ist ein Abbild des Nutzers zu schaffen, der angesprochen werden soll. Die Zuordnung ist der äußere Spiegel der Zielgruppe,
- ist ein Wunschbild als der innere Spiegel der Zielgruppe zu entwickeln. Die Marke stellt ein Mittel für den Käufer dar, um sich seine Wünsche zu erfüllen.

Beispiel: Soweit sie Einfluss auf die Vertriebsstrukturen haben, gestalten Verkehrsunternehmen ihre Kundenzentren und Verkaufsstellen entsprechend ihrer Unternehmens-Farbwelt. Dies ist bei städtischen Verkehrsbetrieben einfacher zu bewerkstelligen als beim Regionalverkehr, wo der Vertrieb hauptsächlich bei der DB liegt. Was zur identitätsorientierten Markenführung im ÖPNV jedoch fehlt, ist die gezielte Auswahl und Qualifizierung des Personals auf eine Markenbotschaft sowie deren Selbstverständnis im Markenkontext. Dieses Manko konnte nach einem umfangreichen relaunch des Hamburger Verkehrsverbunds (HVV) 1997 beobachtet werden. Unter anderem beschränkte sich die Kommunikation mit ihren Trägermedien plötzlich auf Schlagworte, die dazu passend und witzig bebildert wurden. Es fand eine völlig neue, kaum sachorientierte Ansprache statt, die dem „verstaubten" Verbund gut tat. Die Vertriebsstellen blieben jedoch panzerglasversehene Schalter mit Sprechlöchern, das Personal wirkte unfreundlich und bürokratisch, die begrenzten Öffnungszeiten zwangen Abonnenten zum Monatsultimo in lange Warteschlangen. Die Imagekampagne wäre letztendlich nur dann erfolgreich gewesen, wäre der Witz und der Biss in den Vertrieb getragen und dort vom Personal verstanden und umgesetzt worden.

5.4.2 Personalidentität und Befähigungstraining

Der Kauf von Dienstleistungen ist von intensiven und häufigen Interaktionen zwischen Kunden und Personal geprägt. Eine identitätsorientierte Markenführung im Dienstleistungsprozess ist nur zu gewährleisten, wenn das Personal ein nachvollziehbares, widerspruchsfreies Markenbild und ein leitbildgerechtes Verhalten auf allen Hierarchieebenen vorfindet und annimmt. Dem abstrakten Markenbild muss dafür eine konkrete Gestalt verliehen werden. Das Personal sollte Identitätsfragen wie „Wer sind wir? Wo wollen wir hin? Was unterscheidet uns von anderen und was wäre, wenn es uns nicht gäbe?" für sich selbst beantworten können.

Die Qualität des Personals, z.B. das äußere Erscheinungsbild, Einsatzbereitschaft, Kompetenz und Freundlichkeit, die Fähigkeit, Vertrauen auszustrahlen sowie die Zuverlässigkeit, eine versprochene Leistung verlässlich und exakt durchzuführen, hat direkte Auswirkungen auf die Qualität der Dienstleistung. Sie ist jedoch allenfalls ein Baustein der Marke, allein macht sie die Marke jedoch nicht aus: Freundlich zu den Reisenden zu sein ist für viele Zugbegleiter sicherlich selbstverständlich. Dass dies aus einem komplexen Selbstverständnis verstanden wird, ist jedoch fraglich.

Zwischen Personal und Kunden vollzieht sich, neben der Leistungstransaktion, auch ein sozialer Austausch, in dem die Beteiligten Rollen übernehmen. Der Wert der Dienstleistung wird für den Reisenden damit systematisch gesteigert (BIEGER/LAESSER 2000, 231). Zudem bietet eine derart personalisierte Dienstleistung Potenzial für die Befriedigung weiterer psychosozialer Regulationsbedürfnisse (Kap. 4.2; z. B. ein persönliches „Sich-Kümmern" durch das Personal führt zur Befriedigung von Bedürfnissen nach Sicherheit oder Sozialpartnerersatz). Hierfür muss ein einheitliches, lebendiges Selbstverständnis und ein Verhaltenskodex innerhalb des gesamten Unternehmens bestehen. Die eigene Funktion muss für das Personal erkennbar sein (corporate identity; „Wofür mache ich das? Was

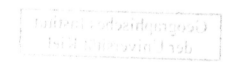

ziehe ich für mich persönlich daraus?"). Das Personal wird für den Kunden zu Botschaftern der Marke, weil es in besonderem Maße das Unternehmen repräsentiert.

Beispiel: Ein EVU beschließt, innerhalb der Dachmarke eine Variante zu entwickeln, die die Botschaft „geborgen sein" tragen soll. Es beschäftigt überdurchschnittlich viele Zugbegleiterinnen, die über 50 Jahre alt sind. Durch sie soll der Geborgenheits-Charakter zum Reisenden getragen werden, indem sie sich betont „mütterlich" geben. Sie sollen, neben den üblichen Anforderungen (freundlich, kompetent und zuverlässig sein), dem Reisenden eine besondere Fürsorge zuteil werden lassen und damit das Bedürfnis nach Kommunikation, Privatsphäre und Sicherheit (Kap. 4.2) befriedigen. Das lässt sich nur umsetzen, wenn jede Zugbegleiterin sich und ihre Aufgabe in der Markenphilosophie erkennen und jederzeit in allen Arbeitssituationen umsetzen kann. Dies wiederum kann nur geschehen, wenn das EVU selbst zu seinem Personal eine enge persönliche Bindung eingeht. Ein schwächeres, aber authentisches Beispiel stellt die Ostdeutsche Eisenbahn GmbH dar, die Verkehrsleistungen in Mecklenburg-Vorpommern und Brandenburg erbringt. Sie beschäftigt ausschließlich ostdeutsches Personal, das aus der Region kommt und die bedienten Strecken teilweise noch durch frühere Beschäftigungsverhältnisse bei der Deutschen Reichsbahn kennt. Das Verständnis als, wenn auch erst 2002 gegründet, dennoch ostdeutsches Unternehmen prägt den Umgang untereinander und das Verhältnis zum Reisenden. Eine Markenführung findet sich hier jedoch nicht; diese könnte leicht auf eine irgendwie geartete „Ostalgie" abzielen.

Motivation über Befähigungstraining

Das Personal in den Zügen arbeitet einen wesentlichen Teil seiner Arbeitszeit ohne Aufsicht durch Vorgesetzte in direktem Kontakt zum Reisenden. Zu diesem Zweck sollte das Personal über eigene Kompetenzen verfügen, um Teile des Leistungsprozesses eigenverantwortlich zu gestalten. Insbesondere beim Auftreten von Problemen und Beschwerden muss das Personal über die Möglichkeit zu einer flexiblen Kompensation des Kunden verfügen können[71].

Dies setzt intrinsisch motiviertes Personal voraus, das bereit und fähig ist, in einem vereinbarten Handlungsrahmen selbstverantwortlich Leistung zu gestalten. Die Zufriedenheit des Personals führt zu einer höheren Leistungsbereitschaft und zu einem offeneren und flexibleren Umgang mit dem Reisenden. Das Personal wird wichtiger Bestandteil der Leistung. Über die Identifikation mit dem Unternehmen wird die erforderliche Loyalität aufgebaut; das Personal ist Bestandteil des Selbstbildes der Bahn.

Die persönliche Interaktion kann durch ein Befähigungstraining (das so genannte *empowerment*, z.B. in Bieger/Laesser (2000, S. 225) geschult und anforderungsgerecht eingesetzt werden. Dieses lässt sich steuern (in Anlehnung an ebd.; vom Verfasser erweitert):

---

[71] Wie das Beschwerdemanagement zeigt, ist ein entscheidender Teil an Kundenbeschwerden ohnehin am besten direkt zeit- und ortsbezogen zu regulieren, um die Zufriedenheit der Kunden hinreichend wiederherstellen zu können (vgl. Kap. 5.5.5).

- formell durch Delegation von Kompetenzen und Verantwortung,
- materiell durch die Bereitstellung von Technik. Da Dienstleistungen mit Hilfe techni- scher Einrichtungen und Hilfsmittel erstellt werden, ist die Sachausstattung bedeu- tend für die Befähigung des Personals,
- durch die Bereitstellung aktueller, relevanter, zeitechter Informationen,
- durch die Unternehmenskultur, die die Rolle und den Grad der persönlichen Ein- bringung des Mitarbeiters festlegt, daraus resultieren Zufriedenheit, Motivation und Loyalität zum Arbeitgeber,
- durch Vermittlung der fachlichen, sozialen, methodischen und kommunikativen Fähigkeiten und
- durch die Förderung individueller Potenziale wie Begabung, Entwicklungsfähigkeit und Lernbereitschaft des Einzelnen[72].

Das Befähigungstraining steigert soziale Fertigkeiten und Art und Weise des Auftretens. Der Zugbegleiter könnte dadurch als „Gastgeber" und Ordnungskraft fungieren und wäre eher motiviert, rechtzeitig Präventivmaßnahmen gegen Inzivilitäten zu ergreifen. Indem ein Zugbegleiter stets dieselben Fahrten antritt, ist er in der Lage, einen direkten, persönlichen Kundenkontakt aufzubauen und damit die Kundenbindung zu intensivieren. Der Auftritt, das Äußere und die Kompetenz des Personals können sogar, in Anlehnung an den Auftritt der Stewardessen im Luftverkehr, eine erotische Komponente beinhal- ten. Für den Kunden führt die Identität des Personals mit dem Markenbild zu einer höheren persönlichen Problemlösungskompetenz. Auch kann er Affinitäten im Regional- verkehr besser herausbilden. Neben der dadurch erreichbaren Zufriedenheit des Kunden und Motivation des Personals können weitere Regularien der Nutzer befriedigt werden.

Befähigungstraining, verbunden mit der Wertschätzung des Personals hat eine hohe Kundenwertschätzung und damit eine hohe Kaufwirkung bei vergleichsweise geringen Kosten (ebd., S. 224) zur Folge. Es ist direkt Nutzen stiftend für den Kunden, beruht auf explizitem und verborgenem Wissen und stellt damit Kernkompetenzen und strategi- sche Ressourcen (ebd., S. 217) dar. Der Vorteil der persönlichen Beziehung zum Kun- den sollte deshalb so vielfältig wie möglich ausgenutzt werden.

Über die psychosoziale Ebene werden die Produktvorteile der Bahn gegenüber anderen Verkehrsmitteln wirksam ausgebaut und akzentuiert. Die Re-Personalisierung des Regio- nalverkehrs stellt daher einen wichtigen Faktor für dessen künftigen Erfolg dar.

5.4.3 Kundenintegration

Für den Kunden sind zwei Faktoren der Identität entscheidend. Die Marke ermöglicht ihm eine höhere Problemlösungskompetenz und reduziert ein subjektiv empfundenes

---

[72] Das Gegenteil von Befähigungstraining wäre eine unpersönliche Dienstleistung durch eine hohe Standardisie- rung und Rationalisierung, durch den Einsatz von Automaten und unpersönlicher Informationsmedien (Print, Aushänge, Internet). Auch die strikte Aufgabentrennung, wie sie heute den Bahnverkehr kennzeichnet, verhindert die Bereitschaft des Personals, sich individuell in die Dienstleistung einzubringen und Kompetenz zu signalisieren. Vielmehr scheint das Personal im ÖPNV oft ähnlich schlecht informiert zu sein wie die Reisenden. Es hat keine Möglichkeit und technischen Mittel, Informationen zu beschaffen, und keine Einflussmöglichkeit auf den Betrieb, z.B. zur Aufrechterhaltung von Umsteigebeziehungen bei verspäteten Zügen.

Kaufrisiko (hierzu näher Kap. 5.5.1). Ein interessanter Ansatz ist darüber hinaus, die *Integrationsfähigkeit und -bereitschaft* des Reisenden, die Dienstleistung zu beeinflussen. Der Kunde partizipiert am Leistungsprozess direkt und hat damit Einfluss auf die Qualität der Leistung insgesamt. Dies ist eindrucksvoll zu erleben, wenn Schüler ihre Schuhe auf die Sitze stellen, und Mitreisende sich insgeheim in ihr eigenes Auto sehnen. Der Reisende soll das Gefühl bekommen, dass sich die Leistungsqualität verbessern kann, wenn er sich aktiv in Dienstleistungsabläufe integriert:

- *Bahnfahrt als hochwertige Leistung.* Die Integrationsbereitschaft ist dann gering, wenn der Kunde seinen persönlichen Wert, den die Dienstleistung für ihn erbringt, nicht erkennt oder ihrer Leistungsfähigkeit nicht vertraut. Dies führt dazu, dass die Hemmschwelle, Züge und Stationen zu verschmutzen, gering und die Reaktion des „Wegsehens" hoch ist. Dem Kunden muss bewusst gemacht werden, dass er unmittelbarer Nutznießer der Leistung ist und es sein eigenes Interesse sein sollte, die Bahnreise so angenehm wie möglich zu gestalten. Lösung: Reisenden kann mittels persönlicher Information und kommunikativer Mittel ein Handlungsleitfaden an die Hand gegeben werden, wie sie sich in Stresssituationen verhalten können. Gleichzeitig sollten alle Reisenden ermuntert werden, Inzivilitäten und Eskalationen an eine Servicestelle zu melden. Es ist wichtig, dass es dadurch sofort zu einem sichtbaren Agieren gegen Störende kommt, damit sich der Beschwerende auch ernstgenommen fühlt.

- *Schulzug-Training.* In Anlehnung an erfolgreiche Projekte im Busverkehr können ausgebildete Schüler für Ordnung in den Fahrzeugen sorgen (z.B. Aktion „Fahr fair" der *Wupsi Kraftverkehr Wupper-Sieg AG*).

- *Beziehungsmanagement zu wichtigen regionalen Akteuren.* Dies spielt sich auf der Ebene zwischen Geschäftsführung des EVU und Bürgermeistern oder Aufgabenträgern ab. Kommunen und Besteller sind ebenso direkte oder indirekte Kunden des Regionalverkehrs wie Reisende und bedürfen einer persönlichen Kontaktpflege. Ziel ist hier, mit Hilfe dieser Kunden Ziele des Regionalverkehrs zu erreichen. Der Ansatz ist nicht neu, ihm fehlt jedoch bislang eine Systematik. Literatur über B2B-Marketing im ÖPNV ist bislang nicht vorhanden.

Kognitive Kontrolle

Es ist ein Ziel des Kunden, im Leistungsprozess einen höchstmöglichen Nutzen für sich zu erzielen. Die Zufriedenheit mit der Leistungsqualität lässt sich steigern, indem ihm eine kognitive Kontrolle eingeräumt wird.

Der Kunde steht während der Bahnfahrt in intensiver Interaktion mit Personal und Sachmitteln des Anbieters. Obwohl der öffentliche Verkehr stark reglementiert ist und sein muss, sollte der Kunde dabei den Eindruck bekommen, den Interaktionsprozess zu einem bestimmten Grad selbst steuern und beeinflussen zu können (interne Kontrolle, z.B. KUHLMANN 1998, S. 229; MEYER/BLÜMELHUBER 1998, S. 220) und nicht dem Personal und der Ablauforganisation unterworfen zu sein. Ein Maß an Kontrolle ermöglicht dem Kunden, auf die Qualität der Leistung Einfluss zu nehmen, um sie seinen individuellen Bedürfnissen anpassen zu können. Dies hat Auswirkungen auf sein Verhalten und seine Zufriedenheit während und nach der Fahrt. Er erhält zudem ein besseres Verständnis für die Qualität der Leistung und die Arbeit, die dahinter steht.

- **Kunden müssen mit unveränderbaren Leistungen versöhnt werden.**
  Beispiel: Ein kontinuierlicher, professioneller Informationsfluss bei Störungen führt dazu, dass der Kunde leichter Verständnis aufbringt und geduldiger ist. Darüber hinaus kann durch eine Störung die Zufriedenheit des Reisenden sogar gesteigert werden, wenn ihm vermittelt werden kann, dass sein Anliegen ernst genommen wird und er keiner Willkür unterliegt.

- **Selbst in Situationen der scheinbar völligen Außensteuerung kann dem Kunden eine Interaktion und Einflussnahme zugesprochen werden.**
  Beispiel: Dem Reisenden soll suggeriert werden, Herr über seine Zeit zu sein. Dies wird erreicht, indem ein bestimmtes Zeiterleben unterstützt wird. Warteschlangen an Fahrkartenschaltern werden beispielsweise durch Ablenkung angenehmer empfunden als ohne beeinflussende Maßnahmen (hierzu KUHLMANN 1998, S. 226 und Kap. 5.6.3).

- **Durch transparente, einfach vermittelbare Tarife und Sonderkonditionen (z.B. Vielfahrer-Fahrkarte, Gruppen, Talzeiten...) kann dem Nutzer das Gefühl vermittelt werden, das Preisniveau zu einem gewissen Teil selbst steuern und beeinflussen zu können.**
  Beispiel: Die Deutsche Bahn AG bietet dem Reisenden seit 2002 Frühbucher-Rabatte an. Hierdurch kann der Kunde selbst entscheiden, ob er sich frühzeitig auf eine feste Zugverbindung festlegt und dabei bis zu 67 % des Fahrpreises sparen oder in der Zugwahl flexibel bleiben möchte. In der 2004 aktuellen Diskussion um die Rechte des Kunden bei Verspätungen hingegen entstand der Eindruck, die DB wolle sich der Verantwortung für eine von ihr verschuldeten Schlechtleistung gegenüber dem Kunden entziehen. Der Vorteil der kognitiv empfundenen Kontrolle bei der Wahl des Fahrpreises wurde hierdurch wieder zunichte gemacht.

5.4.4 Synthese von Bahn- und regionaler Identität

Ein widerspruchsfreies Selbst- und Fremdbild des Regionalverkehrs hat Einfluss auf die regionale Identität. Eine bestimmte Mentalität der Bewohner des Raumes und des örtlichen Personals prägt wiederum die Identität der Bahn. Der Versuch, eine Verkehrsdienstleistung weitestmöglich zu standardisieren, ist damit entweder unmöglich oder führt dazu, dass die Bahn aus dem regionalen Leben ausgegrenzt ist. Die zentrale Steuerung des Bahnverkehrs durch die ehemalige Bundesbahn bzw. Reichsbahn führte dazu, dass die Bahn, die in ihrer Anfangszeit beispielsweise als Länder- und Lokalbahn durch ihre stark regionale Identität geprägt war, aus der Region entkoppelt wurde.

Durch ihre Identität verliert die Bahn ihre Unpersönlichkeit und bewirkt eine irgendwie geartete Reaktion. Eine Bahn, die von der Bevölkerung als ein Teil derer Identität betrachtet wird, wird besser wahrgenommen, gewertschätzt und letztendlich besser genutzt. Die Bahn ist dann untrennbar mit der Region verbunden und wird ein wichtiger Bestandteil der Lebensqualität. Durch die Bahn als Imageträger können regionale Besonderheiten öffentlichkeitswirksamer nach außen getragen werden als durch lokale Instanzen, weil ihre Identität sich schon systembedingt über die regionalen Grenzen trägt.

Falls eine regionale Identität nicht ausgeprägt vorhanden sein sollte, beispielsweise nach einer Zuteilung unterschiedlicher Teilräume in übergeordnete, künstliche Verwaltungseinheiten, ist auch die Übertragung einer Bahnidentität durch eine konsequente, integrierte Kommunikation auf die Region denkbar. Bei allen Maßnahmen ist jedoch zu gewährleisten, dass grundsätzliche Markenbestandteile, wie das Logo und der Produktname sowie Servicebestandteile und Tarifsystematik, überregional identisch sind, um aus dem Leistungsvermögen des Regionalverkehrs weit greifende Synergieeffekte ziehen zu können (wie bereits in Kap. 5.2.2 beschrieben).

Eventmanagement
Ein einfache Methode der Einbindung der Bahn in die Region ist die Veranstaltung von events (=Veranstaltungen vor Ort) und öffentlichkeitswirksamen Aktionen. Dies muss beständig und regelmäßig erfolgen, so dass nach einigen Jahren bekannt ist, dass wichtige Veranstaltungen für die Bewohner stattfinden (z.B. Bahnhofsfest, Sponsoringveranstaltung, Ausflugsfahrt mit Verein), die untrennbar mit der Bahn verbunden sind. Damit besteht eine günstige Gelegenheit, die Bahn als Angelpunkt von Aktivitäten zu besetzen, so dass die Infrastruktur der Bahn sich wieder in den Köpfen der Menschen verankert. Durch events werden darüber hinaus auch Nichtnutzer der Bahn kontaktiert und mit ihr auf eine spielerische Art vertraut gemacht (z.B. FLAIG/KILL 2004).

Events werden von vielen Verkehrsunternehmen bereits erfolgreich praktiziert. Veranstaltungsmanagement-Maßnahmen sollten sich im Rahmen der Markenführung jedoch als kommunikative Bestandteile in eine strategische Markenführung Nutzen bringend integrieren. So können events darauf abzielen, durch ein Erlebnisthema lokales Kolorit oder die Heimatliebe zu verstärken, statt lediglich ein Trinkfest zu sein.

5.5   Anpassung von Leistungsbestandteilen auf die Marke

Wurde die Marke bislang mit ihrem integrativen und gesamtheitlichen Aspekt beleuchtet, so sollen nun einzelne Bestandteile einer Verkehrsdienstleistung betrachtet werden. Ihre Teilleistungen können vielfältig entwickelt und zusammengefügt werden. Sie müssen sich in ihrer Vielfalt jedoch stets in das Markenbild und seine Botschaft einpassen, damit kein verwirrendes Leistungskonglomerat ohne eindeutige Aussagekraft entsteht.

5.5.1 Die Verkehrsdienstleistung und ihre Spezifika

Besondere Ausprägungen
Eine Verkehrsdienstleistung, in diesem Fall die Beförderung mit dem Zug, weist gegenüber Sachgütern einige besondere Kennzeichen auf. Das Absatzobjekt „Bahnreise" ist eine *immaterielle Leistungsfähigkeit* in Form interner Produktionsfaktoren. Um sie überhaupt erbringen zu können, ist ein *externer Faktor*, der Kunde, erforderlich. Die Ver-

kehrsdienstleistung verfügt damit über spezifische konstitutive Merkmale. Diese sind insbesondere die der Intangibilität, des Prozesscharakters und der Kundenintegration. Unter *Intangibilität* ist mangelndes physisches Vorhandensein und intellektuelle Erfassbarkeit der Leistung zu verstehen. Vor Erbringung der Leistung besteht seitens des Anbieters lediglich ein Leistungsversprechen. Die Qualität der Bahnreise kann nicht vor dem Kauf beurteilt werden, so dass ein spezielles Kaufrisiko für den Kunden besteht. Das Vertrauen in den Leistungsanbieter ist daher wesentlich, da eine Nachbesserung der Leistung, wie bei Sachgütern, schwer möglich ist.

Dienstleistungen zeichnen sich durch ihren *Prozesscharakter* aus. Die Qualitätswahrnehmung des Kunden wird, neben dem eigentlichen Leistungsergebnis, in hohem Maße von den Ereignissen beeinflusst, die während der Leistungserstellung auftreten. Ein Kunde kann mit einem eigentlich einwandfreien Leistungs*ergebnis* dennoch unzufrieden sein, wenn der Leistungs*prozess* Mängel aufweist[73].

Die *Kundenintegration* wurde bereits erwähnt. Sie liegt dadurch vor, dass eine Dienstleistung nur durch die Teilnahme des Kunden oder eines Kundenobjekts erbracht werden kann. Anbieter und Kunde stehen in einem dynamischen Prozess der Geschäftsbeziehung. Der Kunde als externer Faktor hat Einfluss auf die Ausrichtung des gesamten Leistungssystems. Ein konstantes Qualitätsniveau ist auf Grund des Prozesscharakters der Kundenintegration und der vielfältigen persönlichen Integration von Personal und Kunden damit schwierig zu gewährleisten. Der Aufgabenträger als ein Kunde des EVU beeinflusst die Leistungsgestaltung im ÖPNV maßgeblich. Der Reisende als ein anderer Kunde hat allenfalls Einfluss auf den Leistungsprozess, die eigentliche Fahrt. So führen lärmende Schüler zu einer von den Mitreisenden empfundenen schlechten Leistungsqualität. Auf beide Kundengruppen wurde bislang wenig Einfluss (im Sinne der Kundenintegration) genommen.

Inhaltsebenen der Verkehrsdienstleistung

In ihrer Gesamtheit stellt eine Dienstleistung eine Konstellation aus einer *Kernleistung* und ihr zugehörigen *Zusatzleistungen* dar. Der Kern einer Verkehrsdienstleistung ist der Grundnutzen, der sichere Transport von Ort A nach Ort B.

Der Kernnutzen ist vergleichsweise einfach herzustellen. Da eine segmentspezifische Modifikation der eigentlichen Kernleistung „Beförderung" jedoch oftmals nur mit hohen investiven Maßnahmen umgesetzt werden kann (z.B. Erhöhung der Reisegeschwindigkeit durch Streckenmodernisierung), gewinnen zur Leistungsdifferenzierung Zusatzleistungen an Bedeutung. Im Mittelpunkt stehen integrierte Problemlösungen, die aus einer Vielzahl einzelner Leistungskomponenten bestehen. Diese müssen so miteinander verknüpft sein, dass die Leistungskombination für den Kunden hochwertig ist. Deshalb

---

[73] So wird ein Reisender, wenn der Zug pünktlich im Zielbahnhof einläuft, dennoch unzufrieden sein, wenn er die gesamte Fahrt wegen Überbelegung stehend zubringen musste.

sollten dem Kunden Zusatznutzen angeboten werden, die die Kernleistung um unterschiedliche Dimensionen zu einem stimmigen Dienstleistungsbündel erweitern[74].

Im Luftverkehr wird ein solches Programm als Passageprodukt bezeichnet. Die Zusatzleistungen sind Differenzierungsmerkmale entlang der Reisekette (z.B. Reservierung, Lounge, Zugausstattung, Service). Die Gesamtheit ist als eine *Servicekette* zu verstehen, die für den Kunden ein Problemlösungspaket[75] sein soll (MAURER 2001, S. 79).

Die Deutsche Bahn AG versteht Zusatzleistungen im Fernverkehr als „alle Serviceleistungen rund um die Kern-Transportleistung. Wir unterscheiden hier vor allem in drei Servicegruppen

- Service im Zug (catering, Unterhaltung, Auskunft, Fahrkartenverkauf usw.),
- Service im Bahnhof (Auskunft, Lounges, Einstiegshilfen, Leitsysteme usw.) und
- übergreifende Services (Gepäck, Hotline, (Internet, d.V.) usw.)" (BRETTHAUER 1998, S. 1551-1552).

Damit sind zwar zahlreiche Zusatzleistungen vorhanden, sie finden sich jedoch nicht in integriertem Zusammenhang mit einer Markenphilosophie (als Beispiel hierzu Kap. 5.5.4).

Dimensionen der Verkehrsdienstleistung

Zusatzleistungen können an den drei Dimensionen der Dienstleistung ansetzen, der *Potenzial-*, der *Prozess-* und der *Ergebnisdimension* (z.B. MEFFERT/BRUHN 2001, S. 372).

Potenzial-Einsatzfaktoren der Dienstleistung im Regionalverkehr sind beispielsweise die Fahrzeuge, Stationen, Infrastruktur und die technische Ausrüstung. Die Potenzialdimension umfasst die Fähigkeit und Bereitschaft des Dienstleistungsanbieters, eine Dienstleistung zu erbringen. Das Humankapital mit seinen fachlichen und sozialen Fähigkeiten stellt hierbei das entscheidende Element des Leistungspotenzials dar, weil es für den Kunden meistens die einzige Verbindung zum Dienstleistungsanbieter darstellt (wie bereits beim Befähigungstraining in Kap. 5.4.2 genannt).

Der *Prozess* stellt die dienstleistende Tätigkeit selbst und die Gesamtheit aller Aktivitäten, die im Verlauf der Dienstleistungserbringung stattfinden, dar. Verkehrsdienstleistungen lassen sich vereinfacht in die Teilbereiche *Vorreise-, Reise- und Nachreisephase* unterteilen. Der Reisende durchlebt den Leistungsprozess in diesen drei Stufen:
- In der Vor-Reisephase sammelt er Informationen und trifft Entscheidungen. Da Dienstleistungen nicht im Voraus begutachtet werden können, muss er sich an dem Leistungsversprechen des Anbieters orientieren,
- Die Reisephase selbst umfasst den Fahrkartenkauf und die Bahnfahrt mit allen Aktionsmöglichkeiten, die er subjektiv wahrnimmt,

---

[74] Viele Serviceleistungen von Verkehrsunternehmen und Verbünden, bspw. Sondertarife bei der Autovermietung oder das Aussteigen zwischen den Haltestellen, sind dem Kunden nicht ausreichend bekannt (Werbemonitor 2000, *Research International*). Möglicherweise werden sie nicht ausreichend kommuniziert. Sie scheinen darüber hinaus aber vom Kunden nicht als eine der Kernleistung zugehörige Zusatzleistung verstanden zu werden.

[75] Unter „Problem" soll dort das Erreichen der Ortsveränderung von A nach B verstanden werden.

- Die Nach-Reisephase stellt mit dem Ankommen am Zielort den Abschluss des Leistungsprozesses dar. Erst jetzt ist eine Bewertung der Leistungsqualität möglich. Die *Ergebnisdimension* beinhaltet den Grad der Erreichung der Leistungsziele und damit den beendenden Vollzug der Dienstleistung. Sie stellt für Dienstleistungen eine entscheidende Phase dar, da sich hier herausstellt, ob sich die Erwartungen des Kunden in die Leistung erfüllt haben. Einen wichtigen Stellenwert in der Ergebnisphase nimmt daher die Qualitätskontrolle ein. Für den Aufgabenträger sind hierin beispielsweise Pünktlichkeit der Züge, Sauberkeit und Auftreten des Personals der Verkehrsunternehmen wichtig. Verkehrsunternehmen selbst vermögen aus der Leistungskontrolle Verbesserungen und Optimierungen ihres Betriebsablaufes zu ermitteln. Die Auswertung der Kundenreaktionen ermöglichen dem Verkehrsunternehmen, Leistungsbestandteile nachträglich zu verbessern.

5.5.2 Aufgaben der Marke zur Darstellung der Verkehrsdienstleistung

Leistung visualisieren
Während Konsumgütermarken mit einem konkreten Produkt in Verbindung gebracht werden können, sind Dienstleistungen intangibel. Um sie und ihren Nutzwert erkennbar zu machen, sollten für sie entsprechende Surrogate gefunden werden (TOMC-ZAK/BROCKDORFF 1998, S. 495), die der Leistung „ein Aussehen" verleihen. Der Kunde kann die Dienstleistung dadurch besser und gezielter wahrnehmen. Sie sollten daher bedeutsam herausgestellt werden, um dem Nutzer ein bestimmtes Bild der Leistung zu vermitteln. Im Rahmen der Markenführung sind alle sichtbaren Leistungsbestandteile derart aufeinander abzustimmen, dass sie alle die Botschaft der Marke unterstützen.

Der Bahnverkehr weist einen hohen Anteil an materiellen Bestandteilen auf, die die Leistung visualisieren und künftig noch besser visualisieren können:

- Dienstkleidung, Namensschilder, das Regionalverkehr-Logo an Fahrzeugen, Gebäuden, Wegeleitsystemen (als einfachste Form der Leistungskennzeichnung),
- Zugtyp und -ausstattung, Farbwahl und Materialien können die Versinnbildlichung des Bahnverkehrs unterstützen. Hierfür bedarf es interessanter Einrichtungskonzepte, die sich eher an den Fernverkehr der Bahn als an die Ausstattung eines Linienbusses orientieren,
- Ästhetisch ansprechende Fahrzeuge wie die Doppelstockwagen der Express-Linien in Berlin-Brandenburg stehen beispielsweise für komfortables Reisen für Berufspendler. Die DB bezeichnet die Doppelstockwagen mit einem RE-160-Logo als Markenzeichen (z.B. *DB* 2004),
- Fahrzeuge während der Fahrt. Der Zug ist während der Fahrt nur kurz sichtbar, beispielsweise an Bahnübergängen. Wenn er kommt, sollte er insbesondere Nichtnutzer der Bahn in Kürze einen Eindruck seiner Leistungsfähigkeit vermitteln können. Das wird durch Geschwindigkeit oder ein Design erreicht, das die Leistung als sicher, klassisch-hochwertig, „schliffig", komfortabel oder das Reisen als „Weltsache" visualisiert,

- Stationen und ihre räumliche Situation. Empfangsgebäude, die in einem schlechten baulichen Zustand sind, wirken kontraproduktiv auf die wahrgenommene Qualität der Bahnleistung. Gemeinden versuchen zudem, die Bahn aus ihrem Ortsbild zu verstecken; die Station findet man oft eher „zufällig",
- Ansprechende und leicht verständliche Kommunikation, hochwertige Gestaltung der Informationsmedien. Die Bereitschaft zur Informationsaufnahme steigt mit der Gestaltung von Fahrplan und Tarif (statt z.B. Fußnoten, umständliche Erklärung von Ausnahmen und Einschränkungen des Fahrtenangebots auf dem Fahrplan),
- Darstellung des Sicherheitsgedankens beispielsweise durch das Beleuchtungskonzept für die Stationen. Stationen, die hell ausgeleuchtete Wartebereiche aufweisen und von Weitem erkennbar sind, werden subjektiv als sicherer empfunden,
- Saubere Stationsanlagen weisen auf Aufmerksamkeit und Pflege hin. Verschmutzungen und Beschmierungen müssen deshalb umgehend entfernt werden. Dies wird im Idealfall von Anwohnern fortgeführt, indem sie Freiflächen und Gartenzonen in Angrenzung an die Bahn besser pflegen und sauber halten,
- Aktuelle und gepflegte Informationssysteme an Kontaktpunkten auch außerhalb der Stationen (beispielsweise in Einzelhandel, Banken, Arztpraxen und Gemeindezentren) erinnern regelmäßig an das Vorhandensein der Bahn.

Entsprechend der Markenphilosophie werden für das Image bedeutsame Visualisierungsmerkmale prägnanter herausgestellt als andere. Emotionale Werte wie der besondere Umgang mit dem Kunden werden dadurch vermittelt, dass der Triebfahrzeugführer oder der Zugbegleiter personalisiert und seine Funktion und Leistungsfähigkeit besonders herausgestellt wird.

Sachlich-funktionale Werte werden wiederum besser durch die Fahrzeuge, ihre Technik und ihr Design visualisiert. Soll ein Markenimage der Bahn technisch-innovativ sein, so sind regelmäßig Neuerungen notwendig, die diese Technikorientierung unterstützen. *Beispiel:* Eine Vielzahl individualisierter Services über das Internet oder regelmäßige updates der Automatensoftware, um Darstellung und Benutzerführung zu perfektionieren, unterstützen die Technikorientierung einer möglichen Bahnmarke.

Die Leistungsvisualisierung ist unter den heutigen Bedingungen schwierig. Zunächst wird in der Raumgestaltung oft nicht die Notwendigkeit gesehen, den Bahnverkehr durch gestalterische Maßnahmen (Wegeführung, Einbindung der Station in das Ortsbild, ...) besser sichtbar zu machen. Während die Bahn im Landschaftsbild eigentlich demonstrativ gezeigt werden müsste, wird sie eher versteckt. *Beispiel:* Die Deutsche Bahn AG wählte die Farbe Rot für ihren Regionalverkehr. Regionalzüge der DB sind rot, und in den Kommunikationsmedien sind Informationen und Verkaufsargumente für den Regionalverkehr rotlastig (während die des Fernverkehrs weißlastig sind). Damit kennzeichnet sie ihre Züge gegenüber anderen EVU.

Relevant ist jedoch weniger die farbliche Abgrenzung gegen andere Unternehmen. Entscheidend ist, die Leistung Regionalverkehr zu versinnbildlichen und ihr ein bestimmtes Aussehen zu verleihen, mit dem der Reisende diese untrennbar verbindet („Regionalverkehr ist rot und steht für ..."). Das DB-Rot müsste auf weiteren, entscheidenden Surrogaten zu finden sein, die mit den Leistungsmerkmalen des Regionalverkehrs oder seinen Eigenschaften untrennbar verbunden sind und die Markenbotschaft unterstützen. Steht der rote Regionalverkehr für den zwischenmenschlichen Aspekt des Reisens mit der DB, so muss es sich gezielt in besonderen Kommunikationsbereichen (Gruppenabteil, Bistro, in Info-Zonen auf dem Bahnsteig usf.) wieder finden.

Leistungsvermögen signalisieren

Ob der Anbieter tatsächlich zu einer guten Leistung befähigt ist, ist für den Kunden nur schwer einschätzbar. Er nutzt daher alles, was er vor, während und nach der Dienstleistung hören, riechen, fühlen, sehen und schmecken kann, um eine Dienstleistung für sich zu konkretisieren. Dabei bevorzugt er für ihn glaubwürdige Informationsquellen. Erfahrungs- und Vertrauensinformationen Dritter, die er in die eigene Suchinformation überführen kann (MEYER/BLÜMELHUBER 1998, S. 220). Diese Mund-zu-Mund-Propaganda ist für Dienstleistungen, die einen höheren Anteil an Erfahrungs- und Vertrauenseigenschaften aufweisen als Sachgüter[76], deshalb besonders wirkungsvoll und glaubwürdig.

Darüber hinaus informieren sich Kunden über Eigenschaften, die bereits vor dem Kauf zugänglich sind. So werden Image, Preis oder Qualität der Produktionsfaktoren (z. B. der Fahrzeuge) zu Suchfaktoren, auf die gezielt geachtet wird. Diese geben zwar keinen unmittelbaren Aufschluss über die tatsächliche Qualität der Dienstleistung, dienen dem Nachfrager aber als Indikatoren für die zu erwartende Ergebnisqualität[77]. Der Dienstleistungsanbieter sollte deshalb alle materiellen Einsatzfaktoren (Potenzial-Einsatzfaktoren), die als qualitative Suchfaktoren dienen können, entsprechend der Markenaussage so gestalten, dass sie für den Kunden leistungsbezeugende Hinweise für ein qualifiziertes Leistungsvermögen darstellen (KOTLER/BLIEMEL 2001, S. 776):

*   Umgebungsbedingungen (Temperatur, Luftqualität, Geräusche, Musik, Gerüche) sowie
*   Erscheinungsbild des Bahnhofs, der Schalterhalle, der technischen Ausstattung der Verkaufsschalter und
*   Räume und Funktionen (Raum- und Flächengestaltung, Geräte, Möbel, Ausstattungsstil) als einfachste Form der Signalisierung von Leistungsvermögen.
*   Zugstationen sind elementarer Bestandteil eines umfassenden Bahnangebots. Hier wird der aussteigende Reisende empfangen. Der Einsteiger benötigt eine freundliche und sichere Warte- und Informations-Infrastruktur. Die Station muss eine Vernetzung der Verkehrsangebote auf Schiene und Straße gewährleisten können. Der Nutzer muss sich zu jeder Zeit wohl und sicher fühlen. Dies ist erreichbar durch die Komponenten (POPPINGA 2002)
*   kongruente Dienst- und Serviceleistungen an jeder Station,
*   standardisiertes Informationssystem in fester Platzierung auf Stationen und in Zügen,

---

[76] Zur Erläuterung von Such-, Erfahrungs- und Vertrauenseigenschaften bei Dienstleistungen vgl. z.B. KUHLMANN (1998, S. 218-224.

[77] CORSTEN (1990) beschreibt die *derivative Qualitätsbeurteilung*. Die Beurteilung der Qualität erfolgt auf Grund von Ersatzindikatoren, die zielgruppenadäquat ausgerichtet sind.

- „gelebtes" Marketing durch kompetentes, motiviertes und hilfsbereites Personal,
- Auftritt des Personals an allen Kontaktpunkten zum Kunden, auch perfekt sitzende Dienstkleidung mit leicht autoritärer Ausstrahlung. Die Dienstkleidung erhält damit über die Visualisierung hinaus noch eine Bedeutung für die Leistungsfähigkeit,
- Darstellung sachlicher Potenzial- und materieller interner Faktoren wie das demonstrative Zeigen von Sauberkeit, dem Komfort z.b. der Sitze in einem Zug oder dem Herausstellen der Sicherheit durch Abbilden und Erklären der Sicherheitsmaßnahmen. Kommunikation der technischen Qualität durch Abbildung von Maschinen, Geräten und Fahrzeugen. In diesem Rahmen kommt der Sauberkeit von Zügen eine weitaus größere Bedeutung zu als im Qualitätsmanagement nach DIN (Kap. 5.2.3.3) berücksichtigt,
- Eine Leistungsbezeugung kann nur dort erfolgen, wo etwas „passiert". An den Kontakt-Schnittstellen zum Kunden findet jedoch nur kurz und situativ, zB. beim Fahrkartenkauf, eine Interaktion zwischen Personal und Kunden statt. Leistung kann jedoch nur durch Präsenz signalisiert werden. Deshalb könnten die Fahrkartenschalter und Automaten durch Personal ersetzt werden, die offensiv an der Station präsent sind, die Fahrkarten an mobilen Geräten verkaufen und alle auftretenden Fragen beantworten,
- Ein geschulter Auftritt mit Benimmtraining (keine Kollegengespräche über die Arbeitsbedingungen vor Kunden sowie Rauchverbot während der Dienstzeit usf.) und Betreuungsstandards sorgen in vielen unterschiedlichen Situationen stets für eine beeindruckende Leistungsfähigkeit,
- Förderung der Mund-zu-Mund-Propaganda als überzeugendstes Kommunikationsinstrument. Eine persönliche Ansprache von Kunden ist zwar aufwändig und umständlich, trägt sich aber weiter, weil dem Kunden signalisiert wird, dass seine Fragen und Probleme kompetent gelöst werden,
- Eine Signalisierung von Leistungsvorteilen kann durch Auszeichnungen oder Wettbewerbsvergleiche erfolgen. Der Ruf als „freundlichstes Serviceunternehmen Deutschlands" oder „Dienstleister mit der größten Persönlichkeit" ist besonders wirkungsvoll und Aufmerksamkeit erregend,
- Garantien können als Leistungsversprechen eingesetzt werden und sind für den Kunden verbindlich. Sie werden als intensive Bemühungen der Anbieter verstanden, das vom Kunden empfundene Kaufrisiko zu reduzieren. Auftretende schlechte Leistungsmerkmale können wirksam reklamiert werden. Garantien erhöhen deshalb die Kaufwahrscheinlichkeit (hierzu detaillierter LAUMANN et al. 2002; PROBST/BOCKHOLT 2003).

Das Problem der Zersplitterung von Verantwortlichkeiten im SPNV greift auch hier. So hat beispielsweise das Eisenbahn-Verkehrsunternehmen kaum die Möglichkeit, die Ausstattung der Streckeninfrastruktur oder der Station zu beeinflussen, da diese einem Eisenbahn-Infrastruktur- bzw. Stationsunternehmen gehören.

Eine Leistungsbezeugung kann mit preislichen Anreizen gekoppelt werden, damit potenzielle Kunden das Angebot austesten können. Dies wird in der Tarifpolitik im ÖPNV heute fast vollständig ausgeklammert. Da er ein defizitäres Geschäft ist, dürfen verbindlich festgelegte Tarife nicht unterlaufen werden. Damit bleiben vielfältige Möglichkeiten ungenutzt, durch befristete Aktionen Aufsehen zu erregen, die Bahn ins Gespräch zu bringen und neue Kunden zu akquirieren. *Beispiel:* Die DB Station & Service AG, der größte Stationsbetreiber Deutschlands, hat in den vergangenen 10 Jahren eine große Anzahl ihrer Bahnstationen sukzessive modernisiert. Landbahnhöfe erhielten bestimmte Module wie eine überdachte Wartemöglichkeit, Rahmen für Fahrpläne in einer Größe zwischen DIN A 3 und DIN A 0, Abfalleimer, Fahrradständer, Stationsschild, Laternen sowie teilweise Fahrkartenautomaten, Uhren und Lautsprecher für Durchsagen. Von den oft leer stehenden Empfangsgebäuden hat das Unternehmen sich getrennt. Die Ausstattung besteht aus schlicht und in den Farben der DB Station & Service gehaltenen, standardisierten Elemente. Hierdurch wurden Anschaffungskosten niedrig gehalten, die Stationen erhielten ein einheitliches Aussehen.

Ein Leistungsvermögen wird dadurch nicht signalisiert. Die Station kann sauber sein und modern anmuten, der Reisende besucht in den meisten Fällen den Bahnsteig jedoch nicht mit dem Ziel, auf ihm zu verweilen, sondern um ihn als Zugangsmöglichkeit zur Bahn zu nutzen. Ein Vorgeschmack auf die Qualität der Bahnfahrt kann durch die minimale und unpersönliche Ausstattung der Station jedoch nicht vermittelt werden. Oft fehlen sogar einfache Informationen wie Angaben zum Tarif. Bahnfahren wird dadurch zu sehr als Risiko verstanden, weil die Kosten der Leistung erst bei ihrer Inanspruchnahme, nämlich nach Betreten des Zuges, erfahren werden. Für Unerfahrene mit meist höherer Nutzungs-Hemmschwelle muss eine offenere Zugänglichkeit zur Bahn durch die Stations-Infrastruktur möglich sein.

5.5.3 Generierung von Leistungselementen zur Präferenzenbildung

Die Struktur der Verkehrsdienstleistung und die Anforderungen, diese wirkungsvoll darzustellen, geben Implikationen für neue Leistungsbestandteile. Über diese soll eine Vorzugsstellung (Präferenz) gegenüber anderen Verkehrsmitteln (Auto, Flugzeug) durch den Kunden erzielt werden. Die Idee, Innovationen als strategische Entscheidung in den Regionalverkehr zu tragen (Kap. 5.2.3.5), wird hier deshalb fortgeführt.

Innovative Leistungen können durch Schaffung oder Modifikation eines Produkts zu einer einzigartigen Positionierung des Unternehmens führen. Da gerade neue Zusatznutzen leicht und schnell imitiert werden, müssen sie jedoch in spezifische Systeme, Verhaltensweisen und Fähigkeiten „eingekapselt" werden (MEI-POCHTLER 1998, S. 71-72). Innovationserfolge sind durch ihre Einbettung in ein Markenbild oft nicht direkt zu ergründen, da bestimmte Leistungsbestandteile hinter der „line of visibility" stattfinden.

Die Verkehrsdienstleistung muss nicht völlig neu strukturiert werden. Vielmehr lassen sich neuartige Leistungen bereits durch eine veränderte Konfiguration bestehender Dienstleistungsbestandteile erzielen. Die oft als problematisch gesehenen Spezifika der Dienstleistung (Intangibilität, persönliche Integration von Personal und Kunde) sind hier sogar Vorteile, da sie eine vielfältige Variation der Dienstleistung ermöglichen. Innovationen können durch

- systematische, morphologische Kombination und Variation von Leistungskomponenten, beispielsweise von Personal und Sachmittel-Bestandteilen, durch kombinatorische Kreativitätstechniken,
- Kundeninformationen, Beschwerden, Dokumentation häufig gestellter Fragen, Beobachtung und Befragung,
- Konkurrenzbeobachtung oder Beobachtung von Anbietern anderer Branchen mit der Überprüfung der Übertragbarkeit der Lösungen,
- Benchmark / best-practice-Analyse erfolgreicher Problemlösungen anderer Anbieter zur Anregung für eigene neue Zusatzleistungen

generiert werden. Der unterschiedlich akzentuierte Einsatz von Potenzialfaktoren der Dienstleistung bietet hierin besondere Möglichkeiten, innovative Zusatzleistungen zu entwickeln.

5.5.3.1 Konstellation von Muss-, Soll-, Kann- Zusatzleistungen

Die Dienstleistung setzt sich aus der Kernleistung und flankierenden Zusatzleistungen zusammen. Zu unterscheiden sind hierin Zusatzleistungen, die erforderlich sind, um Kernleistungen überhaupt erbringen zu können, die ihr untrennbar zugeordnet sind oder die vom Kunden unbedingt erwartet werden. Diesen stehen solche gegenüber, die die Kernleistung lediglich flankieren, um sie für den Reisenden Nutzen bringend zu erweitern. Die Systematisierung von Zusatzleistungen in Muss-, Soll- und Kann-Leistungen veranschaulicht die Erwartungshaltung der Kunden und die Affinität der Zusatzleistung zur Kernleistung (MEFFERT/BRUHN 2001, S. 369).

- *Muss-Leistungen* sind zwingend erforderlich. Diese Basisanforderungen oder *essentials* werden von den Kunden als selbstverständlich vorausgesetzt. Diese umfassen beispielsweise
  - einen einfachen, merkbaren Fahrplan mit direkten Bus-Bahn-Anschlüssen,
  - Fahrradständer und Parkplätze an der Station,
  - Fahrplanauskunft über Internet oder persönlich, telefonisch,
  - Tarifauskunft über Internet,
  - Wegeleitsystem.
- *Soll-Leistungen*, auch Leistungsanforderungen oder *variancers* genannt, sind zur Erbringung der Kernleistung nicht unbedingt erforderlich. Oft sind sie dem Kunden von anderen EVU oder aus anderen Branchen, beispielsweise dem Luftverkehr, bekannt, so dass sie mittelfristig nachgezogen und ausgiebig kommuniziert werden sollten. Leistungsanforderungen werden durch Imitation durch andere EVU schnell selbstverständlich und damit für den Reisenden zu Basisanforderungen (so genannter Lebenszyklus von Serviceleistungen, z.B. MEFFERT et al. (2000, S. 30). Soll-Leistungen können sein
  - cateringservice im Zug,
  - Fahrradboxen an der Station,
  - Großkundenabonnement,
  - Audioanlage an Sitzen im Zug,
  - Übertragbarkeit der Zeitkarte,
  - Kombiticket.

- **Kann-Leistungen** oder *satisfiers* stellen Leistungsmerkmale dar, die den meisten Kunden bislang unbekannt und damit für diese und den Wettbewerb neu sind. Kann-Leistungen sind Innovationen. Sie sollten kontinuierlich und systematisch generiert werden, da neue Leistungen umgehend imitiert werden und damit für den Kunden schnell selbstverständlich sind. Obwohl sie wichtig sind, um die Bahn „im Gespräch" zu halten, sollten Kann-Leistungen die Bahnreise nicht unnötig erweitern und verteuern, dürfen den Kunden nicht verwirren und müssen sich in das Markenbild vollständig einpassen. Kann-Leistungen umfassen zum Beispiel
  - Internet an der Station,
  - persönliche Tourismusinformation im Zug,
  - Silence-Bereich in Regionalverkehrszügen,
  - auf individuelle Reisegewohnheiten zugeschnittene Tarife,
  - Cross-selling: Lesungen, Gesundheitsberatung, Massage im Zug,
  - Stamm-Sitzplatzreservierung durch den Kunden mit freier Platzwahl via Internet.

Bereits die Veränderung oder Einführung einer einzigen zusätzlichen Einzelleistung kann zu einem höheren, einzigartigen Nutzwert für den Konsumenten führen. Ein sachlicher Leistungsvorteil muss hierbei nicht unbedingt real gegeben sein[78]. Entscheidend ist, dass der Kunde durch die Zusatzleistung eine Verbesserung der Gesamtleistung wahrnimmt. Werden Kann-Leistungen (überraschend) zum Gegenstand eines neuen Angebots, sind hohe Zufriedenheitssteigerungen die Folge.

Imitationen, die im freien Wettbewerb Märkte in Bewegung halten, haben auf dem gesteuerten SPNV-Markt den Effekt, dass Verkehrsleistungen auf breiter Ebene verbessert werden und sind deshalb durchaus wünschenswert. Damit das Interesse des Nutzers am Regionalverkehr erhalten bleibt, sind jedoch neue Soll- und Kann-Leistungen erforderlich.

5.5.3.2 Faktorvariation, -kombination, -substitution, -erweiterung

Die Zusammensetzung der Potenzial-Einsatzfaktoren (Fahrzeuge, Stationen, Information und Tarif, Infrastruktur und die technische Ausrüstung) zeigt die grundsätzliche Möglichkeit, innerhalb der Leistungsbandbreiten *Varianten, Kombination, Substitution* oder *Erweiterung* der Potenzialfaktoren zu erbringen, um den Nutzen der Dienstleistung für den Kunden zu erweitern. Bereits ein einziger veränderter Faktor kann eine neue Zusatzleistung erbringen (vgl. die Systematik von SCHEUCH 2002, S. 131-142)[79]. Beispiele für neue Zusatzleistungen aus der *Potenzialerweiterung* sind:

---

[78] Den Kunden ist es u.U. „viel wichtiger ..., die Warte- oder Umsteigezeiten zu minimieren oder angenehmer zu machen, als unbedingt Fahrzeitverkürzungen mit großem baulichen Aufwand" zu erreichen. Und: „Oftmals sind nicht die Höhe des Preises, sondern die Umstände für den Fahrkartenerwerb abschreckend. Das Schlangestehen am Fahrkartenschalter, die Undurchsichtigkeit der Tarifsysteme oder der Stress, wenn die Fahrkarte verloren gegangen ist, belasten subjektiv" (SIEGMANN 2001, S. 88). Hörspiele, die am Sitzplatz über Kopfhörer empfangen werden, vermindern beispielsweise die Langeweile während der Fahrt. Der Nutzer empfindet die Einführung der Audioanlage als Leistungsverbesserung, die funktionale Qualität der Beförderung wird dadurch jedoch nicht gesteigert.

[79] Die Veränderung von Potenzial-Einsatzfaktoren im Regionalverkehr ist aus betrieblicher Sicht kein neuer Ansatz. So wurden in den letzten Jahren verstärkt Zugbegleiter und Verkaufsstellenpersonal auf den Stationen

Ausweitung des Aufgaben- und Kompetenzbereiches des Personals:
- bessere Auslastung und Herausforderungen des Personals durch Übertragung von Aufgaben des Kundenbindungs-Managements in die Züge (Kundenpflege, Befragungen),
- persönliche Ansprache und Versiertheit des Personals lenken von Angebotsschwächen der Leistung (z.b. Wartezeiten bei Zugkreuzungen, ungünstige Anschlussverbindungen) ab,
- Personal fördert die subjektive Sicherheit,
- die Station wird mit persönlichem Einsatz durch eine umfassende Informations- und Begegnungsmöglichkeit für die Region ausgeweitet,
- persönliche Pflege und Verantwortung der Station durch das Personal möglich,
- bürgernahe Zusatzfunktionen der Gemeinde werden vom Stationspersonal kostenpflichtig mit übernommen,
- persönliche Zuwendung statt Automaten als Qualitätsmerkmal,
- direkte Ansprache bei Beschwerden statt über e-mail oder Hotline stellt Kunden leichter und schneller zufrieden,
- Personal stärkt durch individuelle, technikgestützte Fahrinformation die Qualität des Verkehrsmittels,
- Geschicklichkeit und Sympathie verhindert Ungeduld des Kunden bei Störungen.

- *Ausweitung von Nutzwerten des Fahrzeugs:*
  - zusätzliche Dienstleistungen für den Reisenden im Zug füllen die Fahrzeit Nutzen bringend,
  - Spielecken, Malbücher, kleine Reisespiele für Kinder beeinflussen Zeiterleben (Langeweile),
  - Fahrzeuge werden Bestandteil der regionalen Vermarktung: z.B. „Infopool"-Wand mit Prospekten und Karten, mobile Tourismusinformation im Zug,
  - über technische Einrichtungen sind weitere Informationen generierbar (z.B. regionales Intranet im Zug für Veranstaltungshinweise und Buchungen).
- *Multifunktionalisierung der Stationen mit ihren Empfangsgebäuden:*
  - Die Station[80] als „städtischer Ort" hat soziale Ergänzungsfunktionen. Sie ist ein städtisches Erfahrungsfeld für Menschen (BECKMANN 2002a, S. 371). Ihre Funktion geht über die verkehrliche deshalb weit hinaus,

---

durch Fahrkartenautomaten in den Zügen und auf den Bahnsteigen ersetzt (Substitution). Im Rahmen dieser Arbeit soll eine Potenzial-Analyse jedoch neue oder erweiterte Nutzen einer Bahnreise im Rahmen einer Marke bewirken. Eine Automatisierung von Verrichtungsprozessen, wie die Aufstellung von Automaten, wäre dann beispielsweise erfolgt, um die Bahn durch eine no frills – Strategie (ohne überflüssige, weil Kosten verursachende, Services) zu positionieren. Dem Kunden wird damit eine besondere Kostenbewusstheit vermittelt. Weitere technische Maßnahmen wie eine ferngesteuerte Streckensignalisierung oder die Videoüberwachung von Bahnsteigen würde sich in dieses Bild einpassen, worauf die Markenkommunikation und eine potenzielle Technik-Erlebniswelt aufbaubar wäre. Eine technik- und kostenorientierte Marke hätte der erfolgten Entpersonalisierung der Leistung kommunikativ entgegenwirken und ein besseres Verständnis für die Maßnahmen erreichen können.

[80] Zur Nutzung von Bahnhöfen z.B. SCHNEIDER (2001), HENCKEL/GERTSEN (2001), BECKMANN (2002).

- Empfangsgebäude sind oft Baudenkmäler mit Identität stiftender Architektur. Sie erfüllen städtebauliche Ziele (z.b. Abbau städtebaulicher Barrieren). Darüber hinaus dienen insbesondere Landstationen Fremden als Orientierungshilfe ('landmarks', Kap. 5.6.4) und sollten entsprechend gekennzeichnet werden,
- Kleine, eigenständige Dienstleistungen erweitern die Funktion von Stationen. Ein concièrge-Service am Bahnhof nimmt Bestellungen für Dienstleistungen aller Art entgegen, ist Paket-Annahmestelle, Bestellcenter für Versandhäuser usf..

Alle Maßnahmen müssen die Leistung gemäß ihrer Markenbotschaft erweitern. Dabei ist die Konstellation der Einsatzfaktoren davon abhängig, welche Botschaft an den Kunden herangetragen werden soll. Soll die Bahn eher kommunikative oder Sicherheitsbedürfnisse im Rahmen der psychosozialen Regulation (Kap. 4) befriedigen, stellt das Personal einen wesentlichen Einsatzfaktor mit weitreichenden Handlungsfeldern und -kompetenzen dar. Die Botschaft der Bahnmarke könnte dann postulieren, um den Reisenden und sein Wohl würde besonders Sorge getragen. Die Kommunikation beliefe sich dann beispielsweise auf die Kernaussage „Geborgenheit", „aufgehoben sein" oder „wertgeschätzt werden" mit einer persönlichen, emotionalen Ansprache. Eine eher technikorientierte Marke würde andererseits die Modernität und das Design des Einsatzfaktors Zug in den Vordergrund stellen; der persönliche Aspekt wäre weniger wichtig.

Eine *Substituierung von Potenzialen* ist genauso wirksam, Einsatzfaktoren gezielt herauszustellen. Hier wird die Leistung jedoch nicht erweitert, sondern verbleibt in ihrem Leistungsumfang, indem ein Faktor durch einen anderen ersetzt wird. Die Potenzial-Einsatzfaktoren stehen demnach in Substitutionsbeziehungen zueinander:

Darstellung 11:   Substitutionsbeziehungen zwischen Potenzial-Einsatzfaktoren

	Leistungs- konzept	Personal	Fahrzeuge	Stationen	Infrastruktur	technische Ausrüstung	Zeit
Leistungskonzept	-	(2)					
Personal		-				(1)	
Fahrzeuge			-				
Stationen				-			
Infrastruktur					-		
technische Aus- rüstung		(3)				-	(4)
Zeit							-

(Quelle: eigene Erstellung in Anlehnung an Scheuch 2002, S. 132)

Neue Leistungen aus Potenzialsubstitution sind beispielsweise (die Tabelle kann beliebig erweitert werden)

- *Personal, das statt technischer Ausrüstung eingesetzt wird (1):*
  - Beispielsweise erfolgt Information, Verkauf und Beratung nicht mehr über Automaten oder an verschiedenen Stellen, sondern nur noch über das Personal im Zug. Die herkömmliche Argumentation, Personalkosten durch Verzicht auf Zugbegleiter einzusparen, kann durch diese der Aufgabenerweiterung im Sinne einer höheren, dienstleistungsübergreifenden Problemlösungskompetenz für den Reisenden ersetzt werden,
- *ein Leistungskonzept, das Personal ersetzt (2):*
  - Einfachheit und Allgemeingültigkeit von Tarifen und Fahrplan ersparen personalintensive Beratung und Information,
- *Priorisierung der technische Ausrüstung und Informationsmedien zu Lasten des Personaleinsatzes (3):*
  - standardisierte, übersichtliche Informationsvitrinen sowie ein langfristig gültiges Fahrten- und Tarifangebot ersparen Fragen und entlasten damit Personal oder Info-Telefon,
  - Gestaltung eines Wegeleitsystems, durch das alle Fragen zur Orientierung durch den Kunden selbst einfach beantwortet werden können,

- **Technische Ausrüstung statt Zeiteinsatz des Kunden (4):**
  - Internet-Funktionen ersparen Wege zur Information, Aboverlängerung oder zum Fahrkartenkauf,
  - Fahrkartenautomat im Zug erfordert weniger Zeit und Stress auf dem Bahnsteig.

Durch diese Systematik lassen sich weitere Substitutionsbeziehungen finden, die, neben den vornehmlich kostenorientierten Gesichtspunkten, neue Leistungszusammenhänge für den Regionalverkehr erbringen. Auch hier ist darauf zu achten, dass bei Veränderungen im Potenzial-Einsatzfaktor-Einsatz die Markenaussage deutlich bleibt.

5.5.3.3   Adjunktive Potenziale in der Leistungserstellung

Adjunktive (nicht ersetzbare) Potenziale prägen eine Dienstleistung maßgeblich durch ihre Einzigartig- und Unverwechselbarkeit. Dies können beispielsweise ein bekanntes Kulturdenkmal für den Tourismuserfolg einer Region, der Meisterkoch für ein Restaurant oder ein spezialisierter Chirurg für eine Klinik sein. Viele Unternehmen, die auf adjunktive Potenziale zurückgreifen können, bauen ihre Markenführung hierauf auf.

Adjunktive Potenziale gewährleisten eine besondere Art der Dienstleistungserbringung, differenzieren die Leistung erfolgreich vom Wettbewerb und tragen nicht zuletzt erheblich zum wirtschaftlichen Erfolg des Dienstleisters bei. Sie nehmen für die Generierung von Innovationen einen hohen Stellenwert ein, da sie meist nur situativ anwendbar und nicht ohne weiteres nachahmbar sind.

Echte adjunktive Potenziale liegen nur in wenigen Fällen vor oder sind nur langfristig entwickelbar. Hier können im Rahmen des angestrebten Images künstliche adjunktive Potenziale herausgestellt werden, beispielsweise die besonderen Fähigkeiten der Zugführer (selbst wenn sich ihre Arbeit nicht von denen anderer Verkehrsunternehmen unterscheidet). Die Zugführer eines Bahnunternehmens können quasi als Entertainer kommuniziert werden. Sie führen die Zugansagen selbst durch und sprechen sie in ihrer privaten Mundart. Informationen und Faltblätter werden so getextet, dass der Reisende das Gefühl hat, vom Zugführer direkt angesprochen zu werden. **Beispiel:** Die Zugführer der Prignitzer Eisenbahn gelten als umfassend versiert und praktisch, weil bekannt ist, dass dort jeder in der Lage ist, Triebwagen zu reparieren. Diese Fertigkeit wurde, wenn auch ungeplant, an den betagten Uerdinger Schienenbussen, die bis Mitte 2004 noch zum Einsatz kamen, durchaus auch während des Fahrbetriebs wirksam vor staunenden Reisenden statuiert, wenn kleine Pannen auftraten. Die Prignitzer Eisenbahn könnte relativ einfach ein bodenständiges Image der praktischen, einheimischen Eisenbahner, auch im Rahmen einer Markenwelt, erfolgreich positionieren, indem sie die Eigenart des „praktischen Prignitzers" erlebbar macht. Durch die Marken-Kommunikation werden patente Fahrzeugführer als adjunktive Potenzial-Einsatzfaktoren besonders herausgestellt.

5.5.4 Von der Prozessketten-Analyse zur Wertschöpfungskette

Der Kunde kommt bei der Inanspruchnahme der Dienstleistung an einer Vielzahl von *Kontaktpunkten* mit Elementen des Angebots in Berührung, die er visuell wahrnimmt. Auch entlang dieser Kontaktpunkte zwischen Anbieter und Nutzer kann die Leistung visualisiert werden. Eine Bahnfahrt umfasst dabei eine Vielzahl von Interaktionspunkten, die das Wegeleitsystem genauso umfassen wie das Fahrkartensortiment und den Kontakt mit dem Personal. Kontaktpunkte werden visuell wahrgenommen und als Schlüsselinformation für die Qualitätsbeurteilung genutzt.

Eine „Informationskette" begleitet den Kunden entlang der Kontaktpunkte. Sämtliche Informationen müssen jederzeit strukturiert, deutlich und aktuell bereitgestellt sein. Die Informationen müssen sich „aufdrängen" (z.B. durch Anordnung, Farbe, Größe, Wiederholung der optischen Anlagen bzw. der akustischen Information), damit sie der Reisende schnell, sicher und bequem aufnehmen kann. Dynamische Systeme sind dabei zu bevorzugen, damit der Reisende zeitechte Informationen wie Verspätungen oder Gleisänderungen schnell erfahren kann (BLENNEMANN/GROSSMANN 1995).

Die Phasen der Servicekette werden mit ihren kundenrelevanten Teilprozessen abgebildet. Die Aufteilung der Leistung in einzelne Phasen stellt sicher, dass eine integrierte, möglichst lückenlose, Leistung erbracht werden kann[81].

---

[81] Die Abbildung der Leistungskette ist ein „Augenblick der Wahrheit" für den Anbieter. Im Erbringungsprozess stellt sich erst heraus, ob das Leistungsversprechen an den Kunden gehalten werden kann. Die Prozessketten-Analyse ist deshalb wichtig für die Glaubwürdigkeit des Anbieters der Dienstleistung.

Darstellung 12:   Phasen der Servicekette einer Verkehrsdienstleistung

	Kontaktpunkt	kundenrelevanter Teilprozess (Auswahl)
Vor-Reisephase	Information	telefonische Beratung / Internet
		Verkaufsstelle (in der Station, im Reisebüro)
	Anreise	Erreichbarkeit der Station, Beschaffenheit der Wege
	Schalter	Information
		Wartezeit-Gestaltung
		Freundlichkeit Personal
	Station	Sicherheit
		Toiletten
		Versorgungsmöglichkeiten
	Bahnsteig	Orientierung über Wege-Leitsystem, Fahrplan
		geschützte Wartemöglichkeiten, Beleuchtung
		Tarifinformation, Lautsprecherdurchsagen
		Fahrkarten-Automaten
Reisephase	Abfahrt	Einsteigen
		Gepäck verstauen
	Sitzplatz-Umfeld	Sitzkomfort und Beinfreiheit am Sitzplatz
		Ausstattung Sitzplatz
		Möglichkeit, ungestört sein zu können
		Sauberkeit, Luft-/Temperatur-Verhältnisse
		Lautsprecherdurchsagen
	Zugpersonal	Freundlichkeit, Kompetenz, Einfühlungsvermögen
		Information über Anschlüsse, Verspätungen etc.
		Sicherheit im Zug
	Zerstreuungsmöglichkeiten	Möglichkeiten der Kurzweil: Zeitungen, Informationen über Freizeitaktivitäten, Erlebnisse inszenieren
	Verpflegung	Angebot an Getränken, Speisen etc.
	Toiletten	Sauberkeit
	Information	Aushänge im Zug
	Umsteigen	Orientierungshilfen, Information über Anschlüsse
		einfache Erreichbarkeit des Anschlusszuges
	Ankunft	Pünktlichkeit
Nach-Reise-phase	Station	s.o.
	Übergang	Angebot an öffentlichen Verkehrsmitteln und Taxis
		Erreichbarkeit Zielort von der Station, Dauer der Fahrt

(Quelle: eigene Erstellung in Anlehnung an SIEFKE 2000, S. 175 ff.)

Die kundenrelevanten Teilprozesse decken mögliche Schwächen der Dienstleistung auf. Diese sind, beispielsweise je nach angestrebtem Regulationsbedürfnis, unterschiedlich stark ausgeprägt. Unterbrechungen in der Reisekette und damit verbundene Umsteige- und Wartezwänge sind hierbei die bekanntesten Verursacher von Unzufriedenheit im SPNV[82]. Diese lassen sich am wenigsten wirksam durch kommunikative Mittel begrenzen, hier ist ein gutes, funktionales Bedienungskonzept gefordert.

Andere Schwächen in der Reisekette geben jedoch beispielhaft Implikationen für interessante, neue Zusatzleistungen:

Darstellung 13:   Systematische Generierung neuer Leistungsmerkmale aus der Prozessketten-Analyse

Problem	Lösung als Grundlage für Zusatzleistung
Telefonische Beratung nicht erreichbar	Callcenter mit 24-Stunden – Erreichbarkeit für sämtliche Kundenkontakte;
Internet: Reisender hat keinen Zugang, keine Kenntnis	private Profi-Bucher mit Umsatzbeteiligung, ähnlich wie bei ebay (setzt neutralen Einnahmezuscheider voraus);
Sicherheit auf Station und im Zug: Belästigung durch Dritte	Vorhalten von Haltestellenpersonal als beste Maßnahme zur Stärkung des Sicherheitsempfindens, technische Maßnahmen als Ergänzung; Nähe zu anderen Menschen schaffen, Belebung schaffen; überwachte, besonders beleuchtete Wartezonen;
schnelle Zugdurchfahrten: Schmutz, Stress	Ausfädelung der Bahnsteiggleise aus der Hauptstrecke; geschützte Wartemöglichkeiten in Abstand zum Bahnsteig, z.B. überdachte, auch beheizte Zonen am Zugang zum Bahnsteig;
Tarifinformation unverständlich	bundesweit einheitliche Tarifstruktur: einmal verstehen, immer anwenden; Möglichkeit des fernmündlichen Dialogs durch kostenlose Informations-Nummern;
einsteigen: drängeln	weite Einstiegsbereiche; getrennte Ein- und Ausstiege;
Gepäcktransport für Ältere	Zugbegleiter hilft aktiv (Selbstbild und Befähigung, Kap. 5.4.2);
Stress bei Platzsuche	Reservierungsmöglichkeit auch im Regionalverkehr; Hintergrundmusik im Einstiegsbereich zur Stressminderung;
unfreiwilliges Berühren fremder Menschen	getrennte Ein- und Ausstiegsbereiche; 1.Klasse – Nutzwert besser kommunizieren;
Problem	Lösung als Grundlage für Zusatzleistung

---

[82] Das Verkehrsmittelwahlverhalten belegt beispielsweise VRTIC (2000) in Nachfrageelastizitäten.

Gepäck verstauen im Zug: kein Platz, Gepäck zu schwer	Sitzplätze an den Türen mit Stellflächen für Gepäck; Schließfächer im Zug besser kommunizieren;
Möglichkeit, ungestört sein zu können: neben unangenehmen Leuten sitzen müssen	1.Klasse-Nutzwert besser kommunizieren; Reservierungsmöglichkeit mit freier Platzwahl;
Lärm im Zug, z.B. durch Schüler	getrennte Sitzplatzbereiche für Schüler nur in Zugführernähe;
Sicherheit	Nähe zu Menschen schaffen; Sitzplatzbereiche in Zugführer- oder Zugbegleiternähe; Fahrgemeinschaften zusammenbringen;
Angebot an Getränken, Speisen durch Automat, Bewirtung etc. zu teuer	Kooperation mit örtlichen, auch privaten, Lieferanten fördert Integration der Bahn und schafft Beschäftigungsmöglichkeiten;
Anschluss an andere Züge: lange Wartezeit	Anschlüsse nachfragegerecht gestalten; Verpflegungsmöglichkeiten in Stationsnähe; Grünfläche in Stationsnähe als Aufenthaltsmöglichkeit während des Wartens; Wegweiser zu Verweilmöglichkeiten im Ort mit Angabe der Wegelänge oder Gehzeit;
Taxi zu teuer	bessere Ermittlung von Reisezielen durch zentrale Auswertung von Fahrplanabfragen; AST, Bürgerbus, Sondertarife.

(Quelle: eigene Darstellung)

Ein klares Markenprofil umfasst sämtliche Kundenkontaktpunkte und Informationskomponenten. Deswegen müssen diese regelmäßig daraufhin überprüft werden, ob sie ihren Beitrag zum Markenbild für die gesamte Bahnleistung noch erfüllen. Die Marke dient bei der Prozessketten-Analyse als Grundlage für das Verständnis der Dienstleistung. Unter Markenaspekten kommen Lücken in der Reisekette verstärkt zum Tragen. Soll ein besonderer Komfort postuliert werden, so stellen Wartezeiten, fehlende Aufenthaltsmöglichkeiten oder eine unästhetische Ausstattung der Wartevorrichtung Lücken dar, die gezielt behoben werden müssen. *Beispiel:* Wenn die Bahn Sehbehinderte besonders ansprechen will, sind Lücken zwischen den Kontaktpunkten (z.B. Umsteigebeziehungen können nur über schlecht beleuchtete Unterführungen erreicht werden) und innerhalb der Informationskette (Fahrplanaushänge sind zu klein gedruckt) besonders augenfällig.

Steht die Marke für das harmonische Familienreisen, so sind Spielzonen für Kinder sowie die Verweilmöglichkeiten während der Zugfahrt wichtig, Umsteigevorgänge sind so weit wie möglich zu vermeiden. Das aus-dem-Fenster-Sehen kann durch Informations- und Spielmittel im Zug aktiv gefördert werden, um das Zeiterleben der Kinder positiv zu beeinflussen.

Wird mit Hilfe der Marke die Zielgruppe „Frauen" angesprochen, so ist die Reisekette gezielter auf ihre Sicherheitslücken insbesondere in Tagesrandstunden und für entlegene, einsame Zugangsstellen zu überprüfen. Neue Zusatzleistungen müssen dann auf die Wahrnehmung von Frauen ausgerichtet werden.

Wertschöpfungsprozess

Neue Zusatzleistungen in der Reisekette können zu einem Wertschöpfungsprozess führen, der den Reisenden einerseits durch Zufriedenheit an die Kernleistung bindet und damit einnahmestabilisierend wirkt. Zum anderen erbringt eine Verlängerung und Erweiterung der Reisekette direkte Einnahmesteigerungen durch kostenpflichtige, für den Reisenden jedoch attraktive Zusatzleistungen und stärkt damit die Marktposition des Verkehrsunternehmens auch Absatzmarkt übergreifend. Im Fernverkehr stellen

- Haus-zu-Haus-Beförderung durch Taxiservice zum und vom Bahnhof,
- sichere Haus-zu-Haus-Gepäckbeförderung,
- Schnellbucher-Schalter ohne Wartezeit (derzeit bahn.comfort-Service der Deutschen Bahn AG),
- garantierter Sitzplatz in reservierten Zugzonen (derzeit bahn.comfort-Service der Deutschen Bahn AG) und
- individueller Service am Platz (1. Klasse-Service)

Beiträge dar, die Reisekette um Nutzen bringende, teils auch kostenpflichtige, Zusatzleistungen zu erweitern.

Ein Wertschöpfungsprozess wird im Regionalverkehr bislang durch die Verbundtarife und abgestimmte Fahrpläne aktiviert. Der Fahrschein ist Verkehrsmittel übergreifend gültig, und ein Schnittstellen-Management schafft Nutzungseffekte zwischen Bahn und Bus („Bahn und Bus aus einem Guss"). Es ist ein an den Wegeketten der Kunden orientiertes Angebot zu schaffen, das idealerweise eine lückenlose Haus-zu-Haus – Bedienung mit öffentlichen Verkehrsmitteln darstellt.

Durch die Prozessketten-Analyse sind darüber hinaus weitere Wertschöpfungs-Aktivitäten im Regionalverkehr denkbar:

- Durch die enge Kombination des Regionalverkehrs mit dem Fahrrad verlängert sich die Wegekette, und alternative Möglichkeiten der verkehrlichen Erreichbarkeiten werden gefördert. Das Einzugsgebiet der Station wird erweitert und damit das Nachfragepotenzial erhöht. Durch die Vermietung von Fahrradboxen an Stationen werden neue Einnahmen erzielt. Hierfür muss gewährleistet werden, dass die Anliegergemeinden den Radverkehr auch fördern, beispielsweise durch den Bau direkter, beleuchteter und befestigter Wege zur Station. Hier sind die Akteure im Regionalverkehr als Vermittler gefordert,
- Durch die Strategie der Immunisierung (Kap. 5.2.3.4) ist das *Beherrschen der Leistungskette* eine weitere Option. Ein EVU könnte sein Dienstleistungsspektrum durch die Übernahme des städtischen Busverkehrs erweitern. Ihm obliegt damit die zentrale Betriebsleitstelle und das Schnittstellen-Management mit dem synergetischen Vorteil, Fahrzeuge effektiver einsetzen zu können. Durch die Immunisierung wird

zudem ein besser wahrnehmbarer, einheitlicher Auftritt des öffentlichen Verkehrs im Teilraum erreicht und Leistungsvermögen signalisiert. Diese Strategie schafft Eintrittsbarrieren für andere Verkehrsunternehmen. Dieser Vorteil ist allerdings differenziert zu betrachten,

• Der Reisende wird als „Reisebegleiter" oder Mobilitätsdienstleister von der Reiseplanung bis zum Zielort begleitet. Hierbei nimmt er weitere, auch kostenpflichtige, Leistungen in Anspruch. Die Wertschöpfungskette wird durch vor- und nachgelagerter Wirtschaftsstufen verlängert, systemtypische Leistungslücken werden ausgeglichen (z.B. EVU hat Kioske und convenience-stores, verkauft und leitet Tagestouren, ...).

5.5.5 Kundenbindung statt Beschwerdemanagement

Das Beschwerdemanagement (BM) ist ein wichtiger Bestandteil der Ergebnisebene einer Dienstleistung. „Das BM ist ein Maßnahmensystem, um die Artikulation von Unzufriedenheit der Kunden anzuregen, zu bearbeiten und Aktivitäten zur Behebung der Unzufriedenheitsursachen einzuleiten. In der Folge soll die Zufriedenheit der Kunden erhöht und Kundenbindung erreicht werden" (MEFFERT/BRUHN 2001, S. 414). Seine Ziele sind

• Zufriedenheit wieder erreichen durch unbürokratische Bearbeitung, auch wenn Ursachen nicht immer objektiv nachweisbar sind,
• Vermeidung von Abwanderung und negativer „Mund-zu-Mund"-Propaganda,
• Verbesserung des Images,
• Informationsgewinnung zur Leistungsverbesserung.

Im Rahmen der Kundenzufriedenheitsanalyse nimmt das BM eine besondere Stellung ein. Es ist subjektiv, problemorientiert, ad hoc, ungestützt und unsystematisch. Dennoch ist es ein wichtiges Instrument, die Dienstleistungsqualität zu erfassen. Dabei drücken sich nur wenige Kundenreaktionen in Form von Lob, Anregungen oder Beschwerden aus. Unzufriedenheiten werden häufig über die Mund-zu-Mund-Propaganda auf privater Ebene weitergegeben und sorgen somit für eine unsteuerbare Imagebildung.

Verkehrsunternehmen beschränken sich im Rahmen ihres BM meistens auf die Beschwerdeannahme, -auswertung und -weiterleitung an die verursachenden Unternehmenseinheiten. Wichtige Kundendaten werden nicht ausreichend zur Generierung von zielgruppenspezifischen Zusatzleistungen genutzt. In vielen Bahnunternehmen sind sie nicht einmal vorhanden. Der Kunde, seine Wünsche und Verhaltensweisen sind demnach kaum bekannt.

Informationen der Ergebnisebene können jedoch konstruktiv genutzt werden, indem die organisationsorientierte Struktur des BM in einen Wertschöpfungsprozess des Kundenbindungs-Managements (KM) umgewandelt wird. „Kundenbindung umfasst sämtliche Maßnahmen eines Unternehmens, die darauf abzielen, sowohl die bisherigen als auch die zukünftigen Verhaltensabsichten eines Kunden gegenüber einem Anbieter oder dessen Leistungen positiv zu gestalten, um die Beziehung zu diesem Kunden für die Zukunft zu stabilisieren bzw. auszuweiten" (BRUHN 2003, S. 104)[83]. Das KM bedarf einer systematischen Planung und Vernetzung von Maßnahmen im Rahmen einer Kundenbindungs-Strategie.

Dies stellt eine so genannte „win-win"-Situation dar, da ein höherer Nutzen sowohl für den Kunden als auch für den Anbieter erzielt werden kann. Dies erfordert die Bereitschaft zu einer aktiven Zusammenarbeit mit dem Kunden. Auf diesem Wege werden Kritik und Anregungen vielfältig erhebbar. Da der Kunde sich einbezogen fühlt, kann eine echte Zufriedenheit erzielt werden. Das KM ist ganzheitlich, funktionsübergreifend als Vertriebstool zu führen und sollte einheitlicher Ansprechpartner nach außen sein[84].

Das Ziel ist, durch den persönlichen Kontakt am Telefon die Kundenzufriedenheit wiederherzustellen. Darüber hinaus sollten Kundenreaktionen offensiv stimuliert und für die Angebotsplanung genutzt werden, um einer negativen Mund-zu-Mund-Propaganda entgegenzuwirken. Dabei können Implikationen für neue Leistungen generiert werden, indem der Kunde nach Verbesserungsvorschlägen und weiteren Bedürfnissen gefragt wird, statt lediglich eine Beschwerde zu erfassen. Der Kontaktanlass, die Beschwerde, kann zudem genutzt werden, um dem Kunden möglicherweise fehlende Informationen zukommen zu lassen (Mobilitätsberatung als Direktmarketing).

Kundenbeschwerden werden in eine Datenbank eingepflegt. Durch diese lassen sich, ausreichend Daten vorausgesetzt, Kunden in Profilgruppen einteilen. Für diese können spezifische Angebote entwickelt werden. So können Vielfahrer Auskünfte und Informationen gezielter nutzen, indem sie ihre Daten für ein Kundenprofil zurücklassen (Einstiegsort, Routen, Sitzplatzpräferenzen, ..). Dadurch können Anreizaktionen zielgerichtet eingesetzt werden, eine Akquisition wird ohne Streuverluste betrieben.

Über das Kundenprofil können Großkunden wie Arbeitgeber, Schulen oder Sportvereine besser betreut werden. Diese geben ihre Daten an (die Schule z.B. Standort, Anzahl Schüler pro Klasse, Lehrinhalte, Projektwochen- oder Klassenreisetermine). Die Bahn kann daraufhin ein günstiges Angebot machen. Der direkte Kontakt durch das BM lässt sich damit zu einem key-account-Management für Großkunden ausbauen.

Das KM ist ein entscheidender Teil der Marke[85]. Die gezielte Kundenbindung und eine gezielte Ansprache sind im Regionalverkehr wirksamere Marketinginstrumente als Massenmedien. In dem direkten Kontakt eines zum KM ausgebauten BM zum Kunden ist der künftige Fokus der Marketingaktivitäten im SPNV zu sehen.

---

[83] Vertiefende Literatur zur Kundenbindung z.B. BRUHN (2003, S. 102-186).

[84] Mit dieser Maßnahme ist jedoch nicht der Kunden- oder Streckenbeirat gemeint, der sich aus einem Querschnitt an Interessierten konstituiert. Das KM muss in der Lage sein, jeden Reisenden mit seinem Anliegen und seinen Beschwerden jederzeit aktiv in die Bindungsstrategie zu involvieren.

[85] KM sollte jedoch nicht wichtiger sein als die Marke, wie beispielsweise NETTELBECK (2003, S. 47) vertritt.

5.6 Erlebniswelten

5.6.1 Sinn von Erlebniswelten

Wenn die Bedeutung der sachlichen und funktionalen Produktqualität nachlässt, so sollte das Produkt an den emotionalen Bedürfnissen des Konsumenten ausgerichtet werden. Die Zielsetzung von Erlebniswelten besteht darin, die Produkte zu Medien für emotionale Konsumerlebnisse zu schaffen[86].

Wie die Differenzierung von Leistungen zeigt, ist eine Abgrenzung der Marke über rein sachliche Produkteigenschaften unter den heutigen Marktbedingungen kaum noch möglich. „Gerade bei standardisierten Dienstleistungen sowie einem hohen Grad der Kundenintegration (die beide bei der Bahn vorhanden sind, d. Verf.) kann die Marke einen über den rationalen Nutzen der Leistung hinausgehenden emotionalen Zusatznutzen vermitteln. Dieser beruht nicht zuletzt auf der erfolgreichen Gestaltung von Markenwelten, die über eine ganzheitliche Ansprache des Nachfragers in der Psyche der relevanten Zielgruppen entstehen" (TOMCZAK/LUDWIG 1998, S. 60).

Das bedeutet, Marken sollen subjektiv wahrgenommene, sinnliche Erlebnisse in der Gefühls- und Erfahrungswelt der Konsumenten verankern und einen realen Beitrag zur Lebensqualität leisten. Der Gesamteindruck der vermittelten Erlebnisse ergibt die Erlebniswelt; die emotionale Bindung der Konsumenten an das Angebot wird durch die Marke verstärkt (WEINBERG/DIEHL 2001, S. 189). Die Marke ist jedoch Grundvoraussetzung für eine Erlebniswelt, da sie die Leistung schnell wiedererkennbar und unverwechselbar macht, sozusagen auch den „Datenträger" für die Erlebniswelt darstellt.

Erlebniswelten binden einzelne Bestandteile der Markenführung in ein ganzheitliches Lebensstil-Konzept ein. Marken verankern sinnliche Erlebnisse in der Gefühls- und Erfahrungswelt des Konsumenten. Der Gesamteindruck der vermittelten Erlebnisse ergibt die Erlebniswelt (ebd.).

Eine große Herausforderung an die Markenführung besteht demnach darin, für solche Marken, die sich nicht über eine Kosten- und Preisführerschaft bei den Konsumenten profilieren wollen oder können, geeignete und konsumrelevante Erlebnisse zu finden, mit denen die Marke wirksam in den Köpfen der Kunden positioniert werden kann. Bei diesen Erlebnissen geht es in der Regel um komplexe Erlebnisse als Bündel so genannter elementarer Emotionen wie Freude oder Glück (Johnnie Walker: Emotionen: „gemütlich", „erholsam", „heimisch", ...). Für Marken wird es zunehmend wichtig, solche Erlebnisse wirksam zu belegen. Denn gerade starke Marken zeichnen sich nicht zuletzt auch durch eine hohe emotionale Bindung aus (ESCH/WICKE 2001, S. 22). Erlebniswelten sollten hierfür bestimmten Anforderungen entsprechen (WEINBERG/DIEHL 2001, S. 191-192):

---

[86] Über die Konstruktion von Erlebniswelten vgl. Kurzdarstellung in WEINBERG/DIEHL (2001, S. 196-202). Diese beinhalten den Prozess von der Generierung von Erlebniskonzepten mittels Suchfelder und die geeignete Kommunikation von Erlebnissen.

- Die Erlebniswelt muss ein für den Kunden wichtiges Leistungsmerkmal betreffen. Sie muss für den Konsumenten persönlich relevant sein,
- Die Erlebniswelt muss vom Konsumenten tatsächlich und sinnlich wahrgenommen werden. Sie muss ganzheitlich wirken und den Konsumenten ganzheitlich ansprechen,
- Es muss eine spezifische Differenz zum Erlebnisprofil der Konkurrenzangebote bestehen,
- Die Erlebniswelt muss mit dem Wesen der Marke übereinstimmen. Da Erlebniswelten unbewusst aufgenommene Eigenschaften erbringen, ist dies regelmäßig (durch Assoziationstests) zu überprüfen und
- Eine langfristige Ausrichtung der Erlebniswelt ist erforderlich.

Um eine erfolgreiche Erlebniswelt konstruieren zu können, muss eine Vorstellung darüber bestehen, welche Erlebnisse der Konsument über den Grundnutzen hinaus suchen könnte. So steht ein BMW als Symbol für Prestige, nicht als Vehikel für Ortswechsel. Marlboro rauchen heißt Abenteuer erleben, was durch die Segmenterweiterung auf die Abenteuerreise unterfüttert wurde. Die Biersorte *Beck's* steht für Tradition, Abenteuer, Männlichkeit, eingebettet in die typischen weiß-grün gehaltenen maritimen Motive mit dem Segelschiff.

Für den Regionalverkehr Beispiele zu finden, gestaltet sich schwieriger. Synthetische Erlebniswelten, wie beispielsweise Marlboro und das damit assoziierte Abenteuer, wären in der Bahn leicht auf ihren Wahrheitsgehalt hin überprüfbar.

Ziel soll dennoch sein, mit Hilfe konsumrelevanter Erlebnisse den Nutzer von der Kernfunktion, der reinen Beförderung, abzulenken und diese in persönliche Nutzwerte einzubetten. Dadurch können Empfindungen wie Langeweile oder Desinteresse, aber auch typische Vorbehalte an der Leistungsfähigkeit des Bahnverkehrs allgemein, eingedämmt werden.

5.6.2 Spezifische Erlebnis-Potenziale des Regionalverkehrs

Erlebnis-Potenziale durch das Personal: People-Konzept

Wie bereits dargestellt wurde, kann das Personal Angelpunkt der Bahnreise für den Reisenden werden. Im Rahmen einer Erlebniswelt bedarf es hierbei jedoch des gesamtheitlichen Umgangs mit dem Kunden, um ein akzentuiertes, sinnliches Erlebnis vermitteln zu können.

SANDROCK stellt das people-Konzept der British Airways dar, in dem der Mensch in den Mittelpunkt betrieblicher Prozesse gerückt werden soll: „Kompetenzbeweise werden sehr subtil in Bilder gefasst ... . Dabei geht es nicht darum, Selbstverständlichkeiten ins Bild zu rücken, sondern die kleinen Dinge, die aus einem Flug ein großes Erlebnis, eine erholsame Geschäftsreise werden lassen. Ein Lächeln, eine besondere Aufmerksamkeit beim Service – solche Gesten werden weltweit verstanden, weil die Emotionen der Menschen überall gleich sind" (1998, S. 215). Dieser Umgang mit Emotionen als Erinnerungsverstärker bettet sich in ein ganzheitliches Marketingkonzept ein.

Erlebnis-Potenziale durch Fahrzeuge und Stationen: Ästhetik-Konzept

Die Ästhetik des Fahrzeugparks liefert einen wichtigen Bestandteil zur Erlebniswelt. Prestige, Exklusivität und eine weltmännische Geläufigkeit können große Zielgruppen-Segmente ansprechen (Bedürfnisregulation). Hierfür würde es jedoch nicht ausreichen, allein neue Fahrzeuge mit komfortablen Sitzen einzusetzen und für eine ausreichende Sauberkeit zu sorgen.

Über die Auswahl der Farbwelt und des Designs kann Exklusivität vermittelt werden. Die Modulation der Fahrgeräusche könnte, wie in der Automobilindustrie bereits erforscht und umgesetzt, ein verändertes Gefühl der Zugfahrt vermitteln. Der Einsatz von Duftstoffen in Zugbereichen könnte ebenso das Fahrerlebnis beeinflussen. Diese und zahlreiche weitere Faktoren der Fahrzeuggestaltung liefern einen bestimmten Beitrag zur gewünschten Erlebniswelt.

Durch eine kontaktorientierte Ausgestaltung der Geschäftsräume und Züge kann eine Erlebniskraft im Vorwege suggeriert werden. Darüber hinaus könnten gepflegte Bahnsteige und Gebäude oder eine Bepflanzung der Zugänge Fürsorge oder Bodenständigkeit suggerieren, die wiederum Teile dieser Erlebniswelt sind.

Die heute geläufigen Triebfahrzeug-Serien im Regionalverkehr vermögen durch ihre Formgebung einen exklusiven Charakter nicht zu vermitteln. Das Erlebnis, mit der Bahn unterwegs zu sein, wird auch durch die Landstationen gebremst, die in ihrer Ausstattung heute eher Bushaltestellen ähneln und damit das Gefühl, zu reisen und komfortabel unterwegs zu sein, nicht suggerieren können.

Erlebnis-Potenziale durch ein Entspannungs-Konzept

Ein wichtiges Nutzungsargument stellte in den vergangenen Jahren das entspannte, stressfreie und familienfreundliche Reisen mit der Bahn dar. Eine Erlebniswelt könnte sich um den emotionalen Schlüssel „Entspannung pur" einfinden. In diesem Fall wäre eine Leistungsplanung entlang der gesamten Reisekette erforderlich. Dieser Aspekt wird von der Deutschen Bahn AG im Fernverkehr verfolgt (so genannte Tür-zu-Tür-Bedienung zur Erweiterung des Wertschöpfungsprozesses in Kap. 5.5.4). Das angestrebte Schlüsselerlebnis kann jedoch nur erfasst werden, wenn wirklich alle Stressmomente einer Bahnreise entfallen. Dies wird derzeit nicht ausreichend berücksichtigt.

- Beim Ein- und Ausstieg treten oft Stress-Situationen auf, die durch zu enge Einstiegsbereiche noch verstärkt werden,
- Das Umsteigen ist auf Grund undurchdachter Gleisbelegung unkomfortabel (ein viel frequentierter Anschlusszug kann nur durch eine Unterführung oder Treppe erreicht werden, statt dass er am gegenüberliegenden Gleis bereitgestellt wird),
- Die Züge tragen auf Grund ihrer transparenten Gestaltung nicht zur Entspannung bei, es gibt keine Rückzugsmöglichkeiten,
- Das Warten auf einen Zug wirkt auf Grund von Verschmutzungen, schlechter Beleuchtung, eines ungepflegten Umfelds mit unpassenden Nutzungen (Pornokino, schlecht geführte Gastronomie, Spielhallen usf.) Ängste erregend, insbesondere für Frauen,

- Die Erlebniswelt „1. Klasse" (komfortabel, entspannen oder arbeiten, persönlicher Service usf.) kann bei stressgerichteten Reisesituationen außerhalb dieses Bereichs (Gedränge auf dem Bahnsteig, verdreckte Toiletten, kein Gepäckservice, ...) nicht greifen.

Der Komfort-Ansatz für eine Erlebniswelt ist im Gegensatz zum oberen Beispiel prozessorientiert und dem entsprechend nicht durch punktuelle und solitäre Maßnahmen zu erreichen. Da der Reisende in einem zeitlich andauernden Kontakt mit dem Dienstleistungsanbieter steht, ergeben sich auch hier zahlreiche Augenblicke der Wahrheit. Wird die suggerierte Erlebniswelt plötzlichen Vorkommnissen nicht gerecht, ist das gesamte Konzept unglaubwürdig. Die Kontaktpunktanalyse (Verweis auf Reiseketten-Analyse, Kap. 5.5.4) überprüft die Stimmhaftigkeit aller Erlebnisbestandteile entlang der Wertschöpfungskette.

Erlebnis-Potenziale durch die Beeinflussung des Zeiterlebens

In diesem Zusammenhang kann auch dem Faktor Zeit eine neue Bedeutung für den Bahnverkehr beigemessen werden. Derzeit liegt der Fokus in der Kommunikation einer dem Flugzeug vergleichbaren Bahn-Reisezeit, was sich allein auf das Segment des Hochgeschwindigkeitsverkehrs beschränkt. Ansonsten gilt die Bahn insbesondere auf den Nebenstrecken als viel zu langsam – hier ein besonderes Zeiterleben erfahren zu können, scheint absurd.

Der Reisende ist deshalb darauf angewiesen, die Zeit des passiven befördert Werdens oder des Wartens auf den Anschlusszug selbständig zu gestalten. Wie sich beobachten lässt, sind Warte- und Reisezeiten jedoch kaum mit Sinn stiftenden Handlungen ausgefüllt – die Reisenden langweilen sich größtenteils und erwarten das baldige Ende der Reise.

Das Zeitmanagement sollte sich daher insbesondere auf die Beeinflussung des Faktors Zeit konzentrieren, indem das Reiseerleben intensiviert wird („Die Zeit verging wie im Fluge"). So, wie Warte- und Reisezeiten tatsächlich verkürzt werden können, kann das subjektive Zeiterleben des Kunden auch beeinflusst werden.

Zeiterleben ist heterogen und gestaltet sich beispielsweise für Geschäftsreisende anders als für Rentner. Auch ist mit steigender Dauer von Wartezeiten eine Abnahme der Kundenzufriedenheit zu erwarten. Bausteine zur Beeinflussung des Zeiterlebens sind, neben der technischen Verbesserung des Angebots durch die Vereinfachung von Umsteigebeziehungen, Vermeidung von Wartezeiten durch Zugkreuzungen auf eingleisigen Strecken sowie die schnelle Beseitigung von Langsamfahrstellen, beispielsweise

- Fernseh-Monitore in Schalterhallen und in Zügen, um die Verweildauer im Zug vielfältiger zu gestalten,
- Bildschirme mit Informationen und Nachrichten im Sichtfeld von Wartezonen, die die Wartezeit besser einschätzbar machen und von der Verweildauer ablenken sollen,
- Maßnahmen zur Beeinflussung des Zeiterlebens beim Schlangestehen am Automaten, beim Warten auf den Zug am Bahnsteig, in Umsteigesituationen. So genannte convenience-stores, kleine Supermärkte in Stationen, ermöglichen den Reisenden, Wartezeiten mit Versorgungskäufen oder dem Blättern in Zeitschriften zu überbrücken,

- Plakatwände mit Veranstaltungshinweisen an Bahnsteigen,
- Hörspiele an Bahnsteigen als Angst reduzierende Maßnahmen vor allem in Tagesrandstunden,
- Reduzierung von Suchkosten, da Zeit und Aufmerksamkeit sich nicht vermehren lassen. Um Wartezeiten zu verkürzen, kann sich ein Reisender zu Hause via Internet oder unterwegs über sein Mobiltelefon Fahrplan- und Tarifinformationen einholen und Fahrausweise erwerben,
- die Verlagerung von Freizeitaktivitäten in den Zug.

Eine Kombination dieser möglichen Bausteine gestaltet Leistungsprozesse derart, dass die Zeit für den Reisenden nicht mehr von primärer Wichtigkeit ist. Viele dieser genannten Bausteine sind nicht neu, werden aber nicht mit dem Zeiterleben im Rahmen der Erlebniswelt einer Reise in Zusammenhang gebracht. Im Rahmen einer *Marken-Erlebniswelt* erhält das Zeiterleben einen konzeptionellen Rahmen; zahlreiche Maßnahmen werden auf das Zeitmanagement fokussiert.

Eine Markenbotschaft, die auf solch ein Erleben abzielt, ist günstig, um von der Beschaffenheit von Nebenstrecken, einer monotonen Landschaft oder der üblichen Einstellung zum Regionalverkehr abzulenken.

5.6.3 Landschaftsästhetik als Erlebniswelt des Regionalverkehrs

Der Regionalverkehr verfügt über den Vorteil und die Herausforderung, die durchfahrende Umgebung direkt in eine Erlebniswelt einbeziehen zu können. Landschaft wird damit ein Einsatzfaktor der für die Bahn konstruierten Erlebniswelt.

Durch das Herausschauen aus dem Fenster vermittelt sich dem Reisenden ein umfangreiches Spektrum an Landschaftsbildern, die unterschiedliche Gefühle auslösen. Es kann angenommen werden, dass sich das Landschaftsbild in ländlichen Räumen größtenteils als zwar „schön" (im Sinne von: viel „Natur", vereinzelt Tiere, Wälder oder perspektivische Weite, wenige Straßen, geschlossene Ortschaften), jedoch auf Dauer dem Betrachter etwas langweilig darstellt.

Dennoch ist eine Verlagerung einer Erlebniswelt der Bahn in die Landschaft denkbar. In abwechslungsreichen Landschaften gestaltet sich dies relativ einfach; so lässt sich der Erlebniswert der *Rhätischen Bahn* zu einem großen Maß darauf reduzieren, dass die Strecke abschnittsweise auf Bogenviadukten über tiefe Täler geführt wird. Dass die Regionalzüge einfache, etwas unbequeme und betagte Wagen führen, tritt hinter dem Landschaftserlebnis zurück, ohne die Qualität der Erlebniswelt zu beeinträchtigen.

In ländlichen Regionen ohne besondere Landschaftsformationen gestaltet sich dieser Erlebniswert schwierig. Die Ausweitung des Bahnreise-Erlebnisses auf ihr sichtbares Umfeld kann zudem nicht von dem Verkehrsdienstleister allein vollzogen werden. Der Eindruck und das –beeinflussbare- Erlebnis des aus-dem-Fenster-Sehens hat vielmehr direkte Auswirkungen auf die Gestaltung einer regionalen Identität. Landschaft muss deshalb im Rahmen eines Rekultivierungsprozesses oder eines künstlerischen Eingriffs inszeniert werden, um die Aufmerksamkeit des Betrachters zu gewinnen. So wäre beispielsweise denkbar

- im Rahmen der Rekultivierung von Landschaften zu einer Art Ursprünglichkeit zu-rückzufinden. Dies stellt eine übliche Maßnahme in Regional- und Landschaftsplä-nen dar. Hierüber verändert sich auch das Seh-Erlebnis von der Bahn aus (Kleinglie-derung der Landschaft statt großer Agrarflächen) und damit eine vielfältige Lesbar-keit einer weniger austauschbaren Landschaft. Bei der Gestaltung der Landschaft sollte der Bahnstreckenkorridor daher besser einbezogen werden,
- mit vergleichsweise geringem Aufwand Sichtachsen beispielsweise zu Kirchtürmen, Schlössern oder solitären alten Bäumen zu schaffen, die die Betrachtung des Rei-senden führen und Spannungselemente einbringen. Dies fördert das Interesse am Herausschauen und Erleben und bringt dem Betrachter Besonderheiten der Region nahe. Die Distanzüberwindung pro Zeitabschnitt wird desto höher eingeschätzt, je mehr auffällige Objekte der Reisende wahrnimmt. Ein neues Distanzerleben löst vermeintliche Monotonie ab durch ein „Entlanghangeln" von einem exponierten Ob-jekt zum nächsten bis zum Reiseziel,
- Landschaften zu inszenieren, mit Raumdimensionen zu spielen oder optische Täuschungen zu schaffen, die den Betrachter „in den Raum ziehen" und sein Interesse am Herausschauen wecken. Je größer die Neuigkeit, der Überraschungsgehalt, die Komplexität und Kohärenz, desto positiver wird die Umwelt eingeschätzt (AXHAUSEN et al. 1998, S. 58). Damit wird die passive Art des Bahnreisens für regionale Tourismusattraktionen nutzbar gemacht[87],
- Stationen als Orientierungspunkte, so genannte 'landmarks', zu gestalten. Seit vielen Jahren werden die Bahnhöfe mangels Lagegunst, Ausschilderung und Interesse aus dem Orts- oder Stadtbild verdrängt. Sie geraten in Vergessenheit. Als landmarks können sie Reisenden, aber auch Autofahrern, als Orientierungspunkte in der Land-schaft dienen. Dies kann mit relativ geringen Mitteln durch eine bessere Ausschilde-rung und Wegeführung, die bauliche Herausstellung und Beleuchtung der Gebäude und des Umfelds bewerkstelligt werden. Zahlreiche Empfangsgebäude wurden einst zu Repräsentationszwecken aufwändig gebaut. Die Besonderheit der Architektur, die dadurch vorliegt, sollte offensiv herausgestellt werden.

Sogar der Einsatz von Flaggen am Bahnsteig ist denkbar. Diese können insbesondere auf Unterwegshalten von weither gesehen werden und stellen ebenso wie ein Gebäu-de Orientierungspunkte dar.

Ziel dieses etwas unkonventionellen Ansatzes ist es, über ein gewecktes Interesse an der Landschaft, neben einem neuen Fahrerlebnis und Zeiterleben in der Bahn, eine persönliche Relevanz der Umgebung für den Einzelnen zu erreichen. Erlebnisse werden über die Wahrnehmung der Landschaft vermittelt; die Bahn bettet sich in ein Lebensge-fühl ein, kann die Identität stärken und endogene Kräfte der Region anschieben (vgl. Potenziale des ländlichen Raumes, Kap. 2.1.3). Für den Besucher erstreckt sich die Erholungs- und Erlebniszeit auch auf An- und Abreise mit dem Zug. Die Bahn schafft

---

[87] Damit wird eine Spielart der land art – Bewegung aufgegriffen. Hier wird die Landschaft zum Gestaltungsmate-rial, z.B. durch großräumige Veränderung nicht besiedelter Gebiete mit interessanten Beleuchtungsverhältnissen (nach *Brockhaus*).

damit einen höheres touristisches Differenzierungspotenzial für eine Region. Regelmäßige Nutzer können einen neuen, emotionaleren Bezug zu ihrer, weniger austauschbaren, Umwelt erhalten. Der Reiseprozess wird nicht als Zeit raubend und monoton empfunden.

Ein anthroposophischer Ansatz des Reisens mit der Bahn könnte lauten, die Bahnfahrt als Einladung zu verstehen, Routinen zu verlassen und sich mit dem, was in der Landschaft gesehen wird, auseinander zusetzen (z.b. KRÜGER 1995, S. 55-57).

Mit Hilfe der Kommunikationskraft der Marke kann die Bahn in dieses landschaftliche Potenzial besser eingebunden werden. Die Aufmerksamkeit des Reisenden wird auf Gestaltungselemente der Landschaft weniger aufmerksam gerichtet sein, wenn die Bahn hierfür nicht den notwendigen Hintergrund gibt. Sie kann sich aber im Rahmen ihrer Markenpolitik beispielsweise als Safari- oder „Avantgarde"-Bahn positionieren, wenn die Strecke durch einen Nationalpark oder altindustrielle Landschaften führt[88]. Mit der Markenführung unterstützt sie das Seherleben. Durch Informationen im Zug (Faltblätter oder Audiovorträge über das, was draußen zu sehen ist) wird der gespannte Reisende vor vornherein auf das Seherleben sensibilisiert.

5.6.4 „Natur mit Gleisanschluss"

Gerade Nebenstrecken mit geringer Erschließungsdichte bieten Potenziale für Erlebniswelten. Nach dem Prinzip „Der Weg ist das Ziel" werden eine besondere Naturnähe oder landschaftliche Werte von der Schiene aus erlebbar gemacht. Die Bahn verliert den Charakter der einfachen Beförderung; die Strecke stellt an sich ein Ausflugsziel dar. Regionen mit besonderem Schutzbedarf können durch die Erlebnisorientierung der Bahn Tagestouristen gewinnen. Die Bahn als Mittel zu Anreise und regionalem sightseeing sollte dann durch verkehrliche Maßnahmen und hard policies flankiert werden (Sperrung von Straßen, Geschwindigkeits-Begrenzungen usf.).

Hier kann ein Umkehrschluss touristischer Potenziale versucht werden: Das Reiseerlebnis in der Bahn fördert die Lust auf das Entdecken von Sehenswürdigkeiten am Zielort. Die Bahn wird fester Bestandteil des Tourismusangebots. Zielloses Herumfahren mit dem Pkw wird vermieden. Diese Potenziale insbesondere für die Region werden in den heutigen Bedarfsanalysen allerdings noch nicht ausreichend berücksichtigt. Exemplarisch werden zwei Strecken vorgestellt, die ein hohes Maß an Erlebniswert aufweisen, weil sie durch landschaftlich besonders schöne Räume führen. Unter dem Aspekt der wirtschaftlichen Rentabilität steht die erste auf dem Prüfstand, den Personenverkehr einzustellen, die zweite ist bereits ohne Verkehr.

Strecke Eberswalde - Templin

Diese Strecke verläuft durch die brandenburgischen Landkreise Barnim und Uckermark. Sie beginnt in Eberswalde im Thorn-Eberswalder Urstromtal. Bei Joachimsthal durchstößt sie den waldreichen Endmoränengürtel der Frankfurter Randlage und durchquert

---

[88] Beispiele hierfür finden sich in Anhang VI.

das Biosphärenreservat Schorfheide-Chorin. Das Gebiet ist hier durch querlaufende, präquartär bzw. subglazial angelegte Rinnen geprägt, die das Schmelzwasser der weichselglazialen Rückzugsstaffeln in Richtung Süden abführten. Später erfolgte teilweise eine Richtungsumkehr der Fließe. Zudem entstanden zahlreiche glazial geprägte Seen (z.B. Werbellinsee) und Zungenbeckenseen (z.B. Grimnitzsee; beide flankieren Joachimsthal). Die Schorfheide ist eines der größten zusammenhängenden Waldgebiete Mitteleuropas. Sie stellt sich als eine überraschend vielfältige, formenreiche Landschaft dar, die an einigen Stellen unberührt ist, an anderen ihre Charakteristik durch eine lange Siedlungsgeschichte erfahren hat.

In Richtung Templin durchläuft die Strecke uckermärkisches Grundmoränengebiet. Durch mittelalterliche Rodungen zeigt sich die heutige Wald-Feld – Verteilung einer typischen Ackerbaulandschaft, die sich in Richtung Nordosten intensiviert.

Die natürliche Schönheit der Region und ihrer Dörfer kann als Angebotsfaktor zu Nutze gemacht werden. Die Anreise nach Templin, einer Kleinstadt mit vielfältigem touristischen Potenzial (die „Perle der Uckermark" mit historischem Marktplatz, der fast vollständig erhaltenen mittelalterlichen Stadtmauer sowie der Templin-Therme als Freizeiteinrichtung), wird damit wirkungsvoller Bestandteil des Ausflugs. Die Landschaft wird vom Zug aus erlebt, indem ihre „Unberührtheit" von der Schiene aus vielfältig erkennbar ist. Ein bequemes Landschaftserleben wird gefördert. Eine mysteriöse Landschaft, wie sie das Reservat darstellt, Informationssysteme an den Stationen und vom Zug aus lesbare Wegweiser schaffen eine Entdeckungslust, die durch das Fahrerleben mit dem Pkw meist nicht geweckt werden kann[89]. Gesehenes kann besser verarbeitet werden, wenn im Zug Informationen und Karten zur Orientierung zur Verfügung stehen[90].

Die Bahn wird damit zu einem Verkehrsmittel, das sich in seiner Botschaft und Ausstattung durchgängig am adjunktiven Potenzial-Einsatzfaktor „Biosphärenreservat" orientiert und damit die Landschaft erlebbar macht. Eine Ausrichtung des touristischen Programms und die Ausrichtung der Wanderwege auf die Bahnstationen verhelfen der Bahn, sich als selbstverständliches Transportmittel für die Region zu verstehen. Im Rahmen der Landschaftsplanung bietet es sich an, einzelne Gestaltungselemente, Futterstellen, Gärten oder (Museums-) Dörfer vom Zug besser sichtbar zu machen. Im Gegenzug wäre eine restriktivere Handhabe des motorisierten Individualverkehrs im Reservat erforderlich, um die Qualität der Transportleistung der Bahn aufzuwerten.

Strecke Oebisfelde - Salzwedel

Die Bahnstrecke von Oebisfelde nach Salzwedel verläuft durch die Altmark im Bundesland Sachsen-Anhalt. Die Altmark ist einer der am dünnsten besiedelten Landstriche der Bundesrepublik. Sie hat mit drei überregional bedeutsamen Großschutzgebieten ein wichtiges Landschafts- und Naturraumpotenzial, das für den Tourismus genutzt werden kann.

---

[89] Eine sonst nur in Reisebussen übliche, moderierte sight-seeing-Tour wurde im Sommer 2004 auf der Strecke Bützow – Pasewalk in Mecklenburg erprobt und ist für die hier vorgestellte Strecke ebenfalls möglich.

[90] Ein geographischer Wanderführer (z.B. BECKER 1995, S. 161-164) hilft beispielsweise, Gesehenes zu verstehen und kognitiv besser zu speichern.

Die Strecke überquert nördlich von Oebisfelde den Mittellandkanal und durchläuft den Drömling, ein 300 qkm großes, abflussloses Niederungsgebiet aus der Saaleeiszeit. Seit ca. 200 Jahren wird dieses Moor zur Gewinnung landwirtschaftlicher Nutzflächen kultiviert. 200 qkm des Drömling sind heute Landschafts-Schutzgebiet sowie sieben weitere Flächen Naturschutzgebiet.

Nach Norden verläuft die Strecke wechselweise durch weite landwirtschaftliche Flächen, Kiefernforste und Mischwälder. Sie berührt die Acker- und Landstädte Kunrau, Kusey, Klötze und Beetzendorf. Die Geschichte der Region ist durch die Schlosspark-Anlagen in Beetzendorf und Kunrau, durch Herrenhäuser und Kirchen, Torfstiche und Windmühlen sichtbar. Die Strecke endet im ehemaligen Bahnknotenpunkt Salzwedel. Salzwedel ist Handelsstadt, bereits 1233 als Stadt urkundlich erwähnt, und weist einen sehenswerten historischen, aufwändig restaurierten Stadtkern auf. Auf Grund einer zu geringen Verkehrsnachfrage, gekoppelt mit einem mangelhaften Zustand des Oberbaus und der Brücke über den Kanal wurde der Zugverkehr 2001 abbestellt.

Der Naturpark bietet vielfältige Möglichkeiten des Landschaftserlebens vom Zug aus. Ein saisonaler Verkehr, beispielsweise an Wochenenden, kann über Oebisfelde hinaus nach Wolfsburg durchgebunden werden, um eine höhere touristische Nachfrage zu erzielen. Die Städte sind baulich zur Schiene mittels Sichtachsen zu öffnen. Gemäß der land art – Idee können entlang der Strecke beispielsweise exponierte Skulpturen oder Rauminstallationen aufgestellt werden, die sich dem Vorbeifahrenden plötzlich eröffnen. Die Beförderung durch die Bahn wird damit nachrangig und stellt lediglich ein Vehikel dar, in einem Zeit-Raum-Ablauf Kunst und Kulturraum zu präsentieren.

Durch den prognostizierten Bevölkerungsrückgang werden sich ländliche Räume weiter entsiedeln (Typ III in Kap. 2.1.1). Die Altmark könnte hier als Modellprojekt dienen, diesen Rückzug kontrolliert durchzuführen und damit sicher zu stellen, dass die gewünschten Entlastungseffekte eintreten. Die Versorgungs-Infrastruktur (und damit auch Straßen) wird zurückgebaut.

Mit der Bahn als alleiniges Beförderungsmittel kann dieser „Luxus der Leere" (WOLF-GANG KIL) erlebt werden. Von den Unterwegshalten führen ausgeschilderte Wege zu Stätten und Ausflugszielen wie Aussichtstürmen, Schlössern, Parkanlagen oder historischer Ackerstädte. Durch eine restriktive Besucherlenkung werden die zu renaturierenden Gebiete besser geschützt.

Es zeigt sich, dass Nebenstrecken ohne ausreichende Nachfrage am wachsenden Markt der Freizeitaktivitäten partizipieren können. Hier stellen jedoch weniger die Umsetzung von Ideen als die Rahmenbedingungen der Eisenbahn-Bau- und Betriebsordnung (EBO)[91] sowie die Finanzierung der Infrastruktur Probleme dar. Vereinfachte Betriebsformen, günstigere Instandsetzung der Infrastruktur, als oft im Vorwege kalkuliert, sowie die Übernahme der Kostenverantwortung der Schiene durch Bund und Länder (Regelung wie für Bundesautobahnen und Bundesstraßen) sind hier zu diskutierende Ansätze.

---

[91] Die EBO stellt eine Rechtsverordnung über den Bau, den Betrieb und den Verkehr von Eisenbahnen dar.

Chancen von Erlebniswelten im Regionalverkehr für die Region

Durch Erlebniswelten wird vom eigentlichen Kernnutzen, der für viele eine Zeit raubende Fahrt darstellt, abgelenkt und emotionale Zusatznutzen geschaffen. Dabei sind kognitive Prozesse entscheidend, die sich ganzheitlich auf ein konstruiertes Erlebnisthema konzentrieren. Die Reisegeschwindigkeit tritt hinter wahrgenommene Erlebnisse zurück. Ziel soll sein, über Erlebniswelten der Bahnfahrt, gekoppelt mit den landschaftlichen Potenzialen eines Raumes, eine Aufwertung dieses Raumes zu erreichen. Wie die Gestaltung der Erlebniswelten zeigte, gehört die Landschaft und das Umfeld des Bahnverkehrs ebenso zu den infrastrukturellen Potenzial-Einsatzfaktoren wie die Schienenwege und die Zuwegung zur Station. Es bietet sich daher in vielen Fällen an, Erlebniswelten kooperativ zu vermarkten, weil Bahn und Raum einander bedingen. So kann die Bahn durch museale Züge, restaurierte Bahnhöfe, Information über die Bedeutung der Bahn für die Region wieder besser in den Lauf der Geschichte einbezogen werden. Sie kann zudem als Vor-Produktionsfaktor des touristischen Prozesses vor Ort durch die Informations- und Reservierungsmöglichkeit bereits im Zug, den genannten sight-seeing-Aspekt sowie Zugbegleiter, die Aufgaben der örtlichen Tourismusinformationen übernehmen und die Reisenden individuell informieren können, dienen.

Die Bahn-Aktivitäten erbringen daher Wettbewerbsfaktoren für die Region, die durch die Auswahl und Schulung des Personals, eine gute Medienpräsenz und ein langfristig stimmiges Eventmanagement gekennzeichnet sind. Durch die Markenführung wird die Botschaft der Region und der Bahn auf ein entscheidendes Erlebnisthema kanalisiert.

5.7 Diskurs: Neue Funktionalität des Regionalverkehrs durch Einsatz der Markenführung

Konsumenten suchen in der heutigen Warenwelt vermehrt nach emotionalen Bindungen und Identifikationsmerkmalen. Die Marke ist in der Lage, ein bestimmtes Image, eine Lebenswelt, eine Kultur oder einen Personenkreis, dem sich der Einzelne zugehörig fühlen kann, für ein Produkt zu verkörpern. Sie verhilft zur Erfüllung individueller psychischer Bedürfnisse und liefert einen emotionalen Zusatznutzen. Sie charakterisiert sich damit als ein vom Konsumenten sinnlich erlebbares, mit „Bedeutung" aufgeladenes Produkt mit einem klaren, attraktiven, prägnanten Markenbild und einzigartigen Eigenschaften. Die Marke steht für ein integriertes Zusammenwirken von Grundnutzen (elementares Kaufobjekt „Beförderung"), Personal, Serviceaspekten, Preispolitik und einer Kommunikation, die emotional anzusprechen vermag. Durch sie verschmelzen unterschiedliche Leistungsbestandteile zu einer zusammengehörigen Einheit.

Vor dem Hintergrund, dass Mobilität stark emotional behaftet ist, muss Bahnfahren mehr sein als eine schlichte Transportleistung. Für den Regionalverkehr ist ein ganzheitliches, widerspruchsloses Bild in den Köpfen der Kunden zu verankern, das dem Kunden mehr bedeutet, als nur befördert zu werden. Zusätzliche Leistungen und emotionale Nutzwerte müssen in einen stimmigen Kontext eingebettet werden, der in seiner Gesamtheit eine persönliche Relevanz für den Kunden besitzt.

Die Ausgangsvoraussetzungen dafür sind auf dem heutigen SPNV-Markt schlecht. Im Zuge des Wettbewerbs sind zahlreiche neue Verkehrsunternehmen am Markt erschienen, die versuchen, die eigene Leistungsfähigkeit herauszustellen. Die Regionalisierung erbrachte beispielsweise die Verlagerung der Zuständigkeit für den öffentlichen Personenverkehr auf die Landesebene. Derzeit werden ausgeschriebene Verkehrsleistungen nahezu ausschließlich unter Kostenaspekten vergeben.

Der Aufbau einer Marke muss jedoch auf einer eindeutigen Philosophie und Botschaft stehen. Auch bedarf die Markenführung eines intensiven, auch monetären, input, dem erst zeitverzögert Erfolge, wie beispielsweise eine stabile Nachfrage auf höherem Niveau und die Funktion als Wirtschaftsfaktor für den Raum, entgegenstehen. Weder die Bahnunternehmen noch die Aufgabenträger der Länder verfolgen heute eine einheitliche Strategie, um den Regionalverkehr gegenüber anderen Verkehrsmitteln zu stärken.

Die Ziele der Markenführung und die Rahmenbedingungen des Marktes stehen im Widerspruch zueinander. Entscheidend ist insbesondere, dass die alles umfassende Markenidentität, die dem Nutzer eine eindeutige Botschaft geben muss, der Zersplitterung der Zuständigkeiten im SPNV entgegensteht. Die wirkliche Konkurrenz des Regionalverkehrs stellt mithin der motorisierte Individualverkehr dar. Verkehrsdienstleistungen der Bahn könnten durch ein schlagkräftiges Leistungsversprechen, einen einheitlichen Produktauftritt und eine kongruente Servicekultur von den am Regionalverkehr beteiligten Unternehmen gemeinsam gewonnen werden. Über Synergieeffekte kann damit ein Image-Transfer erreicht werden, der auf den Regionalverkehr in vielen unterschiedlichen Räumen abstrahlt. Hierfür ist eine Markenorganisation mit einer übergeordneten, zentralen Steuerungsstelle erforderlich. Innerhalb dieser Organisation übernehmen die beteiligten Instanzen eigene Aufgaben.

Ein wichtiges Merkmal der Marke stellt die Identität dar. Sie schafft einen ganzheitlichen, widerspruchsfreien Markencharakter, der eher auf Lebensstil- und Verhaltensebene abzielt als auf situative Problemstellungen. Der Regionalverkehr muss daraufhin entwickelt werden, dass er eindeutige „Charaktermerkmale" erhält. Das Personal nimmt hier eine zentrale Rolle ein. Durch ein Befähigungstraining kann der zwischenmenschliche Aspekt der Personal-Kunden-Beziehung so weit wie möglich optimiert werden. Der Kunde wird besser in die Leistung einbezogen. Dies erhöht die Zufriedenheit mit der Bahn und stärkt die emotionale Bindung.

Durch ihre Identität verliert die Bahn ihre Unpersönlichkeit auch für den Raum. Eine Bahn, die von der Bevölkerung als ein Teil derer Identität betrachtet wird, wird besser wahrgenommen, gewertschätzt und letztendlich, eingebettet in ein nachfrageorientiertes Bedienungsmodell, besser genutzt. Die Bahn ist dann untrennbar mit der Region verbunden und wird ein wichtiger Bestandteil der Lebensqualität. Die Bahn nimmt im Rahmen der regionalen Identität als Akteur eine wichtige Position ein.

Neben dem integrativen und gesamtheitlichen Auftritt der Bahn, der durch die Marke effektiv und synergetisch herausgestellt werden kann, spielen ihre einzelnen Leistungsbestandteile eine ebenso wichtige Rolle. Die Verkehrsdienstleistung „Bahnreise" ist intangibel und beruht vor ihrer Erbringung lediglich auf einem Leistungsversprechen.

Auch beeinflusst der Kunde die Leistungsqualität in besonderem Maße dadurch, dass er zwangsläufig in den Leistungsprozess eingebunden ist. Die Potenzial-Einsatzfaktoren der Bahn (Fahrzeuge, Stationen, Fahrweg, technische Ausrüstung, Personal) können die Leistung visualisieren und sollten deshalb so ausgerichtet werden, dass der potenzielle Kunde bereits vor Fahrtantritt einen positiven Eindruck vom Leistungsvermögen der Bahn bekommt. Die Reise selbst stellt einen Leistungsprozess dar. Er ist kontinuierlich darauf zu prüfen, ob er dem Markenbild, das vermittelt werden soll, noch entspricht.

Die Strategie der Innovation ist den Strategien des Wettbewerbs, des Preises oder der Qualität im Regionalverkehr vorzuziehen. Durch sie kann ein Imagewandel und eine bessere Kundenorientierung erreicht werden, was wirtschaftliche und letzthin räumliche und ökologische Auswirkungen haben wird. Leistungen im Bahnverkehr lassen sich neu generieren oder durch neue Leistungen ersetzen. Hier muss berücksichtigt werden, dass gewisse Zusatzleistungen vom Kunden gefordert (Muss-Leistungen) oder gewünscht (Soll-Leistungen) werden, also zwingend vorhanden sein müssen. Darüber hinaus können jedoch innovative Kann-Leistungen entwickelt werden, die dem Kunden Zusatznutzen während der Bahnreise schenken und den Markenauftritt der Bahn unterstützen.

Es bietet sich an, systematisch und kontinuierlich Leistungsbestandteile neu zu entwickeln oder alte durch neue zu ersetzen, um das Interesse der potenziellen Kunden wach zu halten. Die Entwicklung von Prozessketten ist ebenfalls ein hilfreiches Instrument, die Ist-Leistungsbestandteile der Bahn auf ihre Funktion und ihre stimmige Vernetzung untereinander zu überprüfen. Lücken im Leistungsprozess führen hier wiederum zu Ideen für neue Leistungsbestandteile. Das Interesse der potenziellen Nutzer an der Bahn führt zu einer Verbesserung des Images.

Durch Erlebniswelten werden Produkte zu Medien für emotionale Konsumerlebnisse. Marken verankern darin subjektiv wahrgenommene, sinnliche Erlebnisse in der Gefühls- und Erfahrungswelt der Konsumenten und leisten dadurch einen realen Beitrag zur Lebensqualität. Der Gesamteindruck der vermittelten Erlebnisse ergibt diese Erlebniswelt. Ein people-Konzept rückt beispielsweise die Personal-Kunden –Bindung ins Zentrum der Bahnaktivitäten, ein denkbares „Technik, die begeistert" – Konzept stellt die Züge, jedoch z.B. auch die Leittechnik bei Streckenmodernisierungen, in den Vordergrund.

Der Regionalverkehr verfügt über den Vorteil und die Herausforderung, die durchfahrende Umgebung direkt in eine Erlebniswelt einbeziehen zu müssen. Landschaft wird damit ein Einsatzfaktor der für die Bahn konstruierten Erlebniswelt. Der Eindruck und das -beeinflussbare- Erlebnis des aus-dem-Fenster-Sehens hat wiederum direkte Auswirkungen auf die Gestaltung einer regionalen Identität. Um die Aufmerksamkeit des Betrachters zu gewinnen und ein Interesse an der Landschaft zu wecken, sind Gestaltungsmaßnahmen oder sogar Landschaftsinszenierungen denkbar. Neben einem neuen Fahrerlebnis und Zeiterleben in der Bahn führt dies zu einer persönlichen Relevanz des Einzelnen für den ihn umgebenden Raum. Die Markenführung im Regionalverkehr kann sich stimmig mit Maßnahmen zur Identitätsförderung verbinden und damit Instrument zur Stärkung des ländlichen Raumes sein. Es zeigt sich hier, dass, unterhalb der Dachmarke mit ihren Standards, eine regionale Bahnmarke entwickelt werden muss, die sich in die räumlichen Potenziale integriert.

Sowohl die integrierte Steuerung der Verkehrsdienstleistung, ihrer Personal-Kunden-Beziehung und ihrer Erlebniswelten als auch die Entwicklung und Abstimmung der einzelnen Leistungsbestandteile lassen sich stringent und widerspruchslos nur durch die Markenführung umsetzen. Diese gibt der Bahn einen logischen Aktionsrahmen und macht ihre Leistung sicht- und begreifbar. Heute erlebnislose und zusammenhanglos verstandene Leistungsbestandteile werden durch sie verbunden und einheitlich ausgerichtet.

Dabei kommt die „Langsam-Strategie" zum Tragen: Der Aufbau der Marke im Sinne einer Produktpersönlichkeit dauert in der Regel mehrere Jahre. Ebenso wird eine Kundenbindung durch ein klares Markenimage nur langfristig erreicht, indem ein entscheidendes Alleinstellungs-Merkmal oder eine spezifische Kompetenz kontinuierlich und integriert kommuniziert wird. Der SPNV-Markt muss diese Voraussetzungen berücksichtigen, wenn der Schienen gebundene Regionalverkehr besser am Verkehrsmarkt partizipieren soll.

6 Regionalverkehrsmarke und ländlicher Raum – zwei Anwendungsbeispiele

Das Bedienungsmodell des Semipermeablen Netzes und die Idee der Markenführung im Regionalverkehr stellten bislang zwei parallele Bausteine dieser Arbeit dar. Hier werden sie nun zusammengefügt. Dabei entsteht ein gesamtheitliches Konzept des Regionalverkehrs, das die endogenen Potenziale eines ländlichen Raumes durch eine innengerichtete Infrastruktur unterstützt. Darüber hinaus bietet es dem einzelnen Reisenden Identifikations- und Erlebnispotenziale und zusätzliche Nutzwerte, die auf sein Bedürfnis nach psychosozialer Regulation eingehen können.

Dieses Modell wird beispielhaft in zwei ländliche Räume implementiert, die in ihren Eigenarten sehr unterschiedlich sind. Die Region Ostprignitz-Ruppin ist insbesondere durch die Landwirtschaft geprägt. Die Teilräume Saale-Unstrut, Sömmerda und Altenburger Land sind landschaftlich und wirtschaftlich vielfältig und mit entsprechend wichtigen, teil adjunktiven Potenzialen ausgestattet.

Es findet keine analytische Konzeptionierung[92] statt, denn diese kann nur aus einer konkreten Markt- und Unternehmenssituation heraus durchgeführt werden. Deshalb werden hier eher deskriptiv Ausgestaltungsoptionen der Marke und mögliche Auswirkungen auf den betrachteten Raum und seine Menschen dargestellt. Damit soll die Ausgangsfrage beantwortet werden, inwiefern der Bahnverkehr wirtschaftliche, strukturelle und soziale Impulse für den ländlichen Raum erbringen kann.

Die Beispiele werden veranschaulichen, dass der Regionalverkehr einer Vielzahl unterschiedlicher teilräumlicher Prämissen begegnet und in seiner Bedienungsform auf diese angepasst werden muss. Die Beispiele zeigen jedoch auch, dass dies, trotz des nötigen einheitlichen Erscheinungsbildes und eines generellen Bedienungsprinzips, möglich ist.

6.1 „Einer von uns" – Regionalverkehr im Neuruppiner Netz

6.1.1 Ausgangslage und Konzeptidee

Ausgangslage
Der gewählte Untersuchungsraum ist die Planungsregion Prignitz-Oberhavel, die im Bundesland Brandenburg nördlich und nordwestlich von Berlin liegt. Sie umfasst die Landkreise Prignitz, Ostprignitz-Ruppin und Oberhavel.

---

[92] Diese ist beispielsweise in HAEDRICH/TOMCZAK (1996, S. 67-74) zu finden.

Darstellung 14:　Untersuchungsgebiet Prignitz-Oberhavel

Maßstab ca. 1:600.000; die untersuchten Bahnstrecken sind schwarz markiert.

➜rechts Anschlusskarte ➜

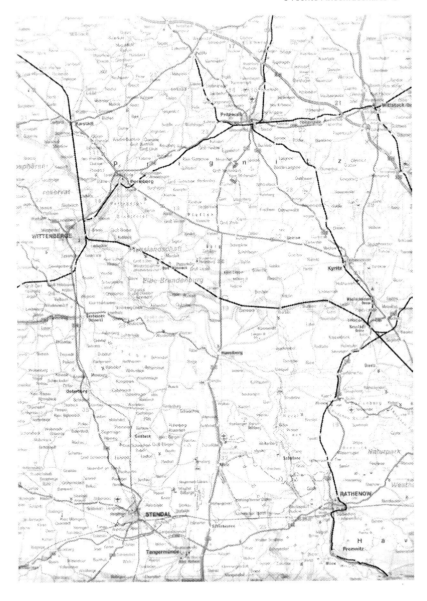

(Quelle: Mairs Geographischer Verlag, Ostfildern; eigene Bearbeitung)

←links Anschlusskarte←

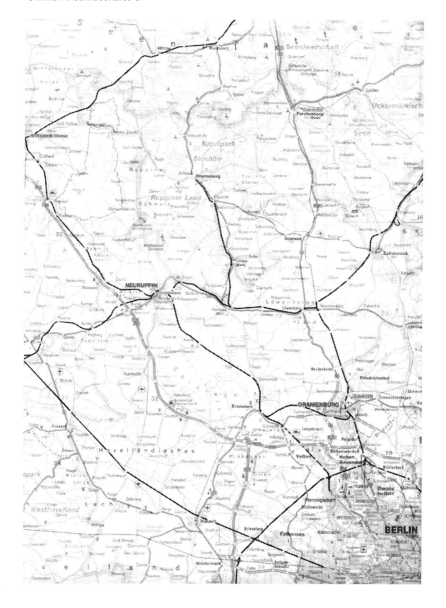

Im Südosten grenzt die Region direkt an Berlin und erstreckt sich nach Nordosten bis zur Elbe bei Wittenberge. Sie wird im Norden begrenzt durch die Landesgrenze Brandenburg-Mecklenburg und im Süden durch den brandenburgischen Landkreis Havelland sowie Berlin. Während der größte Teil des Gebiets ländlichen Raum darstellt, verdichtet sich die Besiedlung zu den Stadtgrenzen Berlins hin. Die Region ist in ihrer Ost-West-Ausrichtung von der Stadtgrenze Berlins bis zur Elbauenlandschaft bei Wittenberge heterogen. Sie weist unterschiedliche Kulturräume auf, die in ihrer Eigenständigkeit und Identität zu stärken sind. Deren spezifische Potenziale und Konflikte sind Basis für eine Entwicklungsplanung.

Die *Prignitz* zeichnet sich landschaftlich durch den Wechsel von Flachland und Hügelgebieten aus. Sie stellt ein Altmoränengebiet dar; das Inlandeis der Weichseleiszeit war nördlich und östlich der Prignitz kraftlos liegengeblieben. Charakteristisch sind die hindurchlaufenden weichselzeitlichen Sander vom östlich gelegenen Jungmoränengebiet zum Elbe-Urstromtal. Die Prignitz ist durch zahlreiche Fließgewässer und Rinnensysteme geprägt, die sie in Richtung Elbe-Urstromtal und Havel entwässern. Mit ihren zum großen Teil erhaltenen, naturnahen Bachbetten bilden die Flüsse das besterhaltene Fließgewässersystem Brandenburgs. Der sandig-lehmige Boden macht die Prignitz zu einem traditionellen Ackerstandort; landwirtschaftliche Nutzflächen werden von zusammenhängenden Waldflächen unterbrochen. Ausgedehnte Kiefernforste kennzeichnen heute Sandergebiete wie die Perleberger Heide, die Bachgebiete sind Grünlandbeherrscht (LIEDKE/MARCINEK 1994, S. 293-296). Im Regionalmarketing wird der Landstrich als „Prignitz – Welt der stillen Sensationen" bezeichnet.

Auch das *Ruppiner Land* ist typisch eiszeitlicher Prägung, weist aber, gegenüber der Prignitz, eine eindrucksvolle Endmoränenkette der Weichseleiszeit auf. Entlang der breiten Rinne der Dosse, und von dort aus nach Osten, erstreckt sich das südliche Vorland des Landrückens im Jungmoränenland. Das Rheinsberger Seenland, die Ruppiner Schweiz, die Kyritzer Seenkette, die Kiefernforste der Ruppin-Wittstocker Heide sowie das Rhin- und das Havelländische Luch bezeugen eine Vielfalt postglazialer Formen und Vorkommen (ebd., S. 295). Im Landkreis finden sich 93 Seen, die größer als fünf Hektar sind, dazu kommen viele Kilometer Fließgewässer, Wasserstraßen, Flüsse, Kanäle, Gräben und Kleingewässer. Die Wirtschaft im Kreis wird geprägt durch Produktion und Verarbeitung landwirtschaftlicher Erzeugnisse, klein- und mittelständische Industrie, Handwerk und Gewerbe in den verschiedensten Bereichen sowie einen breiten Dienstleistungssektor.

Oberhavel ist der wirtschaftsstärkste Landkreis im Umland Berlins. Als "grüne Lunge" ist er mit seinen ausgedehnten Wasserläufen zudem geeignet für Erholung Suchende. Dieser Ostteil der Planungsregion hat einen touristischen Stellenwert durch seine Wald- und Seenlandschaft sowie seine über die Regionsgrenzen hinaus bekannte Geschichte inne. Allein Schloss Rheinsberg und der Mythos um Theodor Fontane und seine Reiseerlebnisse ziehen viele Besucher nach Oberhavel.

Die Planungsregion weist zahlreiche weitere, wenn auch unbekanntere, Sehenswürdigkeiten auf. Die Dörfer und ihre Kirchen haben ihre Wurzeln oft im Mittelalter, in den kleinen Ackerstädten finden sich aufwändig restaurierte Gebäude und manchmal noch nahezu vollständige Stadtmauern. Durch die eiszeitliche Prägung ist die Landschaft von einer großen Artenvielfalt gekennzeichnet. Die Seen und Wälder bieten viele Möglichkeiten der Freizeitgestaltung.

Spezifische regionale Potenziale finden sich in der Fontanestadt Neuruppin durch ihre Funktion als Verwaltungs- und Kulturzentrum, jedoch auch durch ihr teils historisches, teils durch Schinkel geprägtes Stadtbild. Bad Wilsnack ist als Kur- und Gesundheitszentrum bekannt. Neustadt (Dosse) hat als Reittouristikzentrum einen hohen Stellenwert. Fürstenberg (Havel), auch als Wasserstadt im Ruppiner Land bezeichnet, weist erhebliche Entwicklungspotenziale durch die umgebenden Konversionsflächen auf.

Wie in vielen anderen Räumen festzustellen ist (Kap. 2.1.3.2), werden die vorhandenen touristischen Potenziale nicht ausreichend miteinander verbunden. Auf der übergeordneten Ebene des Landes werden alle Sehenswürdigkeiten Brandenburgs zwar zusammengestellt (z.B. www.reiseland-brandenburg.de). Sie stehen jedoch eher gleichrangig nebeneinander, statt sie räumlich sinnvoll, beispielsweise zu Tagesausflügen, zu vernetzten. Auf regionaler Ebene findet eine eigenständige, landkreisbezogene Tourismusarbeit statt; synergetische Effekte durch den Zusammenschluss zum Planungsverband werden hier jedoch nicht genutzt.

Konzeptidee

Die Bahnstrecken der Region verlaufen fast ausschließlich durch ländliche Räume und erschließen lediglich im Agglomerationsraum um Berlin dichte Siedlungsstrukturen. Insgesamt ist die Nachfrage nach Bahnleistungen strukturell bedingt niedrig. Bis auf die grundlegend modernisierte Strecke von Hennigsdorf nach Wittstock („Prignitz-Express") weisen die Nebenstrecken einen erheblichen Unterhaltungs-Rückstau auf, während die Straßen heute in gutem Zustand sind. Die Strecken-Höchstgeschwindigkeit liegt bei 50 bis 60 km/h. Die strukturell bedingte geringe Nachfrage wird durch die starken Nutzungsvorteile des Autos gegenüber dem Regionalverkehr dadurch noch verschärft.

Eine Bahnmarke kann bestimmte Wesensmerkmale aufgreifen und widerspiegeln, die die Bewohner vor Ort ausmachen. Sie steht für die Mentalität ihrer Zielgruppe, der Einwohner vor Ort. Die Bahn symbolisiert dann beispielsweise die Eigenschaften, bodenständig und natürlich, praktisch, unprätentiös und geradeheraus zu sein. Sie kann für verstärkt menschlich-individuelle Werte stehen. Sind für strukturschwache Teilräume Maßnahmen der Stabilisierung und Neuorientierung oder des infrastrukturellen Rückzugs angezeigt (*Typ II* oder *III*, Kap. 2.1.1), kann eine Bahn, die regionale Werte symbolisiert, für ihre Bewohner eine Orientierungsfunktion in Zeiten von Wechsel und Veränderung sein. Mit der Ansprache der Bewohner wird der Identitätsprozess gefördert.

Die Marke und ihre emotionalen und funktionalen Zusatzleistungen sind hierauf anzupassen. Bewusst wird in diesem Beispiel die Bahn als Verkehrsmittel für die Einwohner, nicht für Ausflügler aus Agglomerationsräumen oder für Schüler akzentuiert. Die Ansprache der Reisenden ist weitgehend persönlich und individualisiert zu gestalten und zielt auf die regionale Identität ab. Durch intensives Direkt- und Eventmarketing kann das persönliche Interesse des Einzelnen für die Bahn gefördert werden.

„Einer von uns" lautet die Markenbotschaft, die für den Regionalverkehr in der Region Ostprignitz-Ruppin für diese Arbeit entwickelt wurde. Sie soll dieses nachbarschaftliche Miteinander und die Selbsthilfe der örtlichen Bevölkerung durch die Regulation emotionaler und kultureller Werte, das Dazugehören, akzeptiert und gemocht werden, das einander Helfen ausdrücken und die Identitätsstärkung durch ein bewusstes Abgrenzen nach außen unterstützen. Alle flankierenden Maßnahmen, um diese Botschaft zu implementieren und langfristig zu führen, sind hierauf abzustimmen. Es finden sich zahlreiche Gestaltungsmöglichkeiten, das nachbarschaftliche, natürliche Bild, das die Bahn vermitteln soll, aufzugreifen, synchron weiterzutragen und zu bestärken[93].

6.1.2 Umsetzung der Botschaft: Gestaltungsmöglichkeiten

Zentrales Leistungsmerkmal: Direkte Interaktion

Die Botschaft „Einer von uns" kann nur glaubhaft vermittelt werden, wenn das Dienstleistungsprogramm durch ein hohes Maß an persönlicher Interaktion und Praktikabilität der Zusatzleistungen geprägt ist. Auch erfordert das Markenimage eine höchstmöglich individuelle und unkomplizierte Leistungserbringung. Bei einer vergleichsweise geringen Auslastung der Züge und wahrscheinlich hohem Stammkundenanteil ist ein persönliches Auftreten mit weitreichenden eigenen Kompetenzen des Personals erforderlich. Diese müssen auf die Botschaft der Marke ausgerichtet sein. Zudem soll das Personal verstehen, dass ein direkter, offensiver und persönlicher Kontakt wichtig für den Kunden ist. Es muss möglich sein, auch besondere Wünsche der Reisenden zu erfüllen, ohne auf die Beförderungsbedingungen zu verweisen. So ist die Mitnahme großer Transportstücke, beispielsweise Kisten, eigentlich nicht erlaubt, müsste aber im Ausnahmefall gestattet werden[94]. Persönliche, private Gespräche zwischen Personal und Reisenden sind ausdrücklich erwünscht. Die Bahn wird damit lebendig, und für viele Menschen mag sie wieder ein Ort des Austausches von Neuigkeiten werden.

Die Schnittstelle zwischen Bahn und Bus wird, wie bereits vielerorts umgesetzt, durch räumliche Nähe der Haltestelle zur Station, integrierte, abgestimmte Fahrpläne und die durchgängige Tarifierung erreicht (eine Fahrkarte für alle Verkehrsmittel als Verbundgedanke). Darüber hinaus ist eine persönliche Kommunikation erforderlich, die individuelle Reiseinformationen liefern kann. Hierfür müssen alle Beschäftigten, die Kontakt mit Kunden haben, befähigt werden. Im einfachsten Fall gibt das Personal Auskunft über allgemeine Ortsinformationen (Wegbeschreibung, Öffnungszeiten von Einrichtungen,

---

[93] Ein derart ausgerichtetes Marketing wird vermutlich lange Zeit unbemerkt oder gar unglaubwürdig sein, wie es für low involvement – Dienstleistungen typisch ist. Es zeigt sich hier, dass Markenführung ein langwieriger und mühevoller Prozess ist. Ziel ist dabei jedoch, die Menschen mittels einer einfachen und lebendigen Botschaft immer wieder an die Bahn zu erinnern (vgl. Kap. 5.3 zur integrierten Kommunikation) und damit Verhaltensänderungen zu induzieren.

[94] Dies könnte sogar zu einem wichtigen Alleinstellungsmerkmal (USP) für die Bahn entwickelt werden.

Sehenswürdigkeiten usf.). Über diese Schiene kann ein persönliches „Sich kümmern" gut vermittelt werden.

Das Personal wird befähigt, einen wichtigen Teil des *Beschwerdemanagements* unmittelbar im Beisein des Kunden zu bewerkstelligen. Eine sofortige Problemlösung hat die höchste Zufriedenheit zur Folge, da der Kunde merkt, dass seine Beanstandung direkte Folgen hat. Darüber hinaus muss es eine zentrale Anlaufstelle per Telefon geben, an die sich der Kunde mit allen Belangen wenden kann. Diese sollte mit einer Person besetzt sein, die allgemein bekannt ist und als erfahren gilt. Dieser mittelbare Kundenkontakt ist dadurch persönlich aufgeladen und ersetzt die anonyme Beschwerdeabwicklung beispielsweise über ein callcenter. Durch Kommunikation und Pressearbeit kann diese Person auch zu einem adjunktiven Potenzial-Einsatzfaktor aufgebaut werden. Beispielsweise schreibt diese Person in einer regelmäßigen Kolumne der Lokalzeitung über Erlebnisse mit Kunden und gibt damit der an sich eher „hinter den Fassaden" stattfindenden Arbeit des Kundentelefons einen öffentlichen Unterhaltungswert.

Ein Bedarf an *neuen Serviceleistungen* sollte durch den engen Kontakt mit den Reisenden ermittelt werden. Kann-Leistungen (Kap. 5.5.3.1), die regelmäßig neu eingeführt werden, sorgen für gewöhnlich für eine hohe, überregionale Presseresonanz, da die Leistungsgestaltung im SPNV generell wenig einfallsreich ist. Diese Aufmerksamkeit strahlt auf die eigene Region zurück; Neugier der Einwohner auf die Bahn, gekoppelt mit einer sukzessive veränderten Wahrnehmung der Leistung, ist die Folge. Hier ist jedoch zu beachten, dass die Serviceleistungen allgemeingültig und Nutzen bringend für alle Kundengruppen sein muss. Die Gratwanderung zwischen einem festgelegten (unpersönlichen) Leistungskatalog und einer Vielzahl an Lösungen für einzelne Reisende ist zu bestehen.

Das *Internet* wird oft als Lösung verstanden, für die Flächenbedienung Informationen gezielt und jederzeit verfügbar zu machen. Dennoch verfügen durchschnittlich viele, insbesondere ältere Menschen auf dem Land, nicht über einen Anschluss[95]. Eine Internetpräsenz ist daher zwar obligatorisch, beispielsweise als Orientierung für Fremde, Aufgabenträger oder andere Interessierte, stellt aber nur einen Baustein für die Programmgestaltung und die integrierte Kommunikation dar und sollte nicht überbetont werden. Um die Bahn in der Planungsregion allgemeinhin persönlicher zu gestalten, sollten unpersönliche und technische Zusatzleistungen weitgehend durch das Personal als Potenzial-Einsatzfaktor substituiert werden.

Die persönliche Information des einzelnen Kunden ist aufwändig und zeitintensiv und kann für gewöhnlich von keinem Verkehrsunternehmen dauerhaft geleistet werden. Denkbar ist jedoch, im Rahmen von *Eventveranstaltungen* durch Ansprechpersonen (beispielsweise aus der Verwaltung des EVU und ggf. des Verbundes) oder während der Reise durch das Begleitpersonal eine umfassende und individuelle Tarif- und Fahrplaninformation zu gestalten. In diesen Situationen ist das persönliche involvement der (potenziellen) Kunden höher, sich mit Informationen über den Regionalverkehr zu befas-

---

[95] Vgl. z.B. *Universität Köln* (2004, Presseinformation 146/2004).

sen. Auch das *Quartiersmarketing*, das örtlich und zeitlich punktuell potenzielle Nutzer über die Bahn informiert, ist als soft policy – Instrument (Kap. 2.2.6.2) zur persönlichen Ansprache zwar aufwändig, aber wirksamer als allgemeine Kommunikationsmaßnahmen, die niemanden direkt ansprechen (z.B. Zeitungsanzeigen, Plakatwerbung, Auslegen von flyern in Zügen). Zudem zeichnet sich eine auf diese Art gewonnene Kundenbeziehung durch ihre Langlebigkeit und damit langfristig zuverlässige Mehreinnahmen aus.

Kommunikation: einfach und persönlich

Die Kommunikationsaktivitäten werden hauptsächlich durch das Personal im Zug und über Eventveranstaltungen erbracht. Lediglich die flächenweite Verteilung von Fahrplan-Faltblättern stellt ein Mittel der Massenkommunikation dar. Die Pressearbeit fokussiert darüber hinaus insbesondere Tages- und Wochenzeitungen der Region und informiert über Neuigkeiten und Persönliches der Bahn. Eine Kundenzeitung, die regelmäßig kostenlos verteilt wird, kann Zuspruch finden, wenn sie ausreichend lokalen Bezug hat und zur Kurzweil der Bahnfahrt beiträgt. Die Kommunikation ist einfach und kurz, ihre Medien sind in ihrer gestalterischen Darstellung klar und unaufwändig zu gestalten.

Events verhelfen Marken zu einem Auftritt, der über die reine Verkaufsveranstaltung weit hinausgeht und aus dem Besucher einen teilnehmenden Beobachter macht. Zahlreiche Aktivitäten der Bahn, beispielsweise der Einsatz neuer Triebfahrzeuge, sind Potenziale für events, verpuffen jedoch oft. Sie haben alle zum Ziel, die Bahn in der Wahrnehmbarkeit der Bevölkerung zu verankern und sie zu einem Gesprächsthema zu machen. Dies muss ausgiebig genutzt werden und muss nicht zwangsläufig kostenintensiv sein.

Events flankieren die Kommunikation im Rahmen von Freizeit- und Tourismusaktivitäten für die Bevölkerung. Sie werden kooperativ und integriert mit regionalen Akteuren durchgeführt. Ziel ist hier, einer Zersplitterung oder Konkurrenzierung von Freizeitaktivitäten entgegenzuwirken, um ein höchstmögliches Maß an Synergien aufzubauen. So können Bahnhofsfeste und Ausflugstouren insbesondere für die Bewohner der Region regelmäßig jährlich mit einem Partner ausgerichtet werden. Hier ist Beständigkeit gefordert, bis die Veranstaltungen „angenommen" werden und ein wichtiges Geschehnis für die Menschen darstellen. Werden sie mit anderen Nachbarschaftsprojekten verbunden, trägt die Bahn zur Identitätsbildung bei. In diesem Rahmen ist auch das *sponsoring* von lokalen Veranstaltungen zu nennen, wenn zur Aktivitätengestaltung keine personalen Ressourcen vorhanden sind.

In Kooperation mit einer Krankenkasse oder dem Allgemeinen Deutschen Fahrradclub (ADFC) könnte beispielsweise ein „Gesundheits-Netz" entwickelt werden, das jährlich vielfältige Sportwettbewerbe innerhalb der Region beinhaltet, die mit der Bahn vernetzt werden (z.B. Wander- und überregionale Bahn-Radstrecken, Feldstraßen als Skatebahnen, Bladestrecken, Bowlen auf der Dorfstraße, Bootstouren mit Bahn-Rückfahrt). Als jährliche Eventaktion kann damit ein weiterer Nutzwert der Bahn aufgebaut, Kontakt zu Nichtnutzern gefunden und ein Image als Gesundheitsträger oder „Spaßmacher" entwickelt werden. Ziel aller Eventmaßnahmen ist es, den potenziellen Nutzer spielerisch an das Leistungsangebot der Bahn heranzuführen, ohne ablehnende Haltung, schlechtes

Gewissen oder Unbeteiligtsein hervorzurufen. Das Leistungsangebot, wie auch die Kommunikationsinstrumente, müssen sich wiederum stets in die Markenbotschaft „Einer von uns" einpassen.

Wertschöpfungskette: Die Bahn erweist dir Freundschaftsdienste
Eine verbesserte Verknüpfung im park+ride und bike+ride baut die bislang hohen Nutzungswiderstände ab. Um ein direktes Verhältnis zum Reisenden aufzubauen, kann in Verbindung mit einer Zeitkarte an der Einstiegsstation ein persönlicher Park- oder Abstellplatz für Auto oder Fahrrad reserviert werden. Hierbei sind nicht Parkraumkapazitäten an der Station entscheidend. Vielmehr wird durch die Maßnahme ein ideeller, subjektiver Mehrwert geschaffen. Der Kunde erfährt Wertschätzung und kann Privilegien in Anspruch nehmen. Die Reservierung ist kostenpflichtig und führt zu zusätzlichen Einnahmen. Ausschlaggebend ist jedoch die Tatsache, dass ein bezahlter Stellplatz an der Station den Nutzer besser an die Bahn bindet und ihm einen begreifbaren Mehrwert bietet.

Als Baustein der Nach-Reisephase (vgl. das Kundenmanagement, Kap. 5.5.5) wird der Kunde zu seinem Weg zum Zielort befragt und um Mobilitätswünsche gebeten. Damit wird die Reisekette aufrecht erhalten, ohne dass eine Verkehrsleistung direkt erbracht wird. In Zusammenarbeit mit zuständigen Instanzen werden beispielsweise Abbringermöglichkeiten für bündelbare Wege (Anruf-Sammeltaxi, Busanschlüsse) oder die Gestaltung direkter und sicherer Wege in die Ortszentren geschaffen. Dem Reisenden wird durch diese Maßnahmen zur Verbesserung seiner Reisekette eine persönliche Fürsorge signalisiert.

Die *Kernfunktionen der Empfangsgebäude* ist allgemein in seiner verkehrlichen Funktion und als Orientierungspunkt im Landschaftsbild zu stärken[96]. Denkbar sind Sekundärfunktionen als Handels- und Dienstleistungs-Standorte sowie als Sitz öffentlicher Einrichtungen. Die Stationen werden dann verstärkt Kristallisationskerne für eine urbane Stadtentwicklung und unterstützen die Konkurrenzfähigkeit der Städte, insbesondere Wittstock (Dosse), Pritzwalk, Perleberg, Wittenberge, Neuruppin und Oranienburg, gegenüber Berlin. Zur Aufwertung der Stationen in zentralen Orten ist auch dort ein persönlicher Fahrkartenverkauf vorzusehen, der ferner Dienstleistungen verkauft, die das nachbarschaftliche Prinzip unterstützen (z.B. „Ebay"-Agentur, Bestellannahme, Paketannahme, Fahrrad-Reparatur, einfache Verwaltungstätigkeiten der Gemeinde). Exemplarisch ist hierfür der Bürgerbahnhof Neuruppin-Rheinsberger Tor zu sehen, der eine Tourismusinformation und Verkaufsagentur beherbergt. Hieraus erfolgen Zusatznutzen, die nur indirekt mit der Bahnleistung verbunden sind, diese jedoch ergänzen und erweitern.

---

[96] Empfangsgebäude müssen im Rahmen der Stadtgestaltung wieder besser wahrgenommen werden. Einhergehend ist eine grundsätzliche Modernisierung und Instandsetzung der Gebäude. „Brandenburg hat eine Vielzahl von kleinen Städten, in denen der Bahnhof eine zentrale Bedeutung hat, ohne die vielfältigen Aufgaben eines „Hauptbahnhofes" zu erfüllen. Zumeist ist auch die Verkehrsbedeutung der Bahnhöfe deutlich geringer (kein Halt qualifizierter Züge (sic)). Die Entwicklungspotenziale an diesen Bahnhöfen sind zumeist weniger spektakulär als in den größeren Städten, sie sind aber für die Entwicklung dieser Städte genauso bedeutungsvoll" (*MSWV* 2000, S. 17).

Identität: Das Personal als Herzstück

Der Identitätsprozess beginnt für ein Verkehrsunternehmen bereits mit der Wahl des Firmensitzes vor Ort und der Akquisition von Personal aus der Region. Dadurch ist es von Anfang an regional verankert, was ihm eine höhere Wertschätzung entgegenträgt als ein Unternehmen mit Sitz in einer entfernten Großstadt. Vielfältige vorhandene persönliche Kontakte des Personals sollten dazu genutzt werden, die Bahn positiv in das private Umfeld der einzelnen Beschäftigten zu tragen. Erfahrungen mit der Bahn als Arbeitgeber werden auf zwischenmenschlicher Ebene durch Mund-zu-Mund-Propaganda weitergetragen. Hierdurch wird auf einfache und effektive Weise ein glaubwürdiges Bild der Bahn vermittelt. Auch deshalb ist die enge Interaktion zwischen Geschäftsführung / Betriebsleiter und dem Personal vor Ort wichtig für den Erfolg des Verkehrsunternehmens beim Kunden.

Ein professionelles Auftreten ist unbedingt sicher zu stellen. In täglichen Routinen besteht die Gefahr der Jovialität gegenüber Kunden, was negative Auswirkungen auf die Professionalität und Kompetenz des gesamten Unternehmens hat.

Diese Art der persönlichen Ansprache zeigt, dass Maßnahmen intern gut kommuniziert werden müssen und eine Identifizierung und das Sinnverstehen durch das Personal unbedingt gegeben sein müssen. Ein Umschwenken der Markenstrategie oder das aktionistische Kopieren von best practices ist unbedingt zu vermeiden, weil die Gefahr besteht, dass sie vom Personal nicht sofort verstanden werden. Dies kann dazu führen, dass sich das Personal Verbündete im Kundenstamm sucht, mit denen es über Interna spricht. Dies hätte eine absolut destruktive Wirkung auf den Markenerfolg.

Erlebniswelten: Bei uns zu Hause

Der Erlebnisgedanke zielt auf die regionale Identität mit zwei Themenkomplexen ab. Einerseits wird die Bahn mit der Bedeutung als Nachbar aufgeladen. In den Zügen trifft man Bekannte. Die Empfangsgebäude nehmen als Kontaktpunkte den Stellenwert ein, den früher die Gaststätte, die Kirche oder der Kaufmann hatte, dürfen jedoch nicht zu „Spelunken" verkommen. Hier findet man, unabhängig davon, ob die Verkehrsleistung der Bahn in Anspruch genommen wird, Anschluss an die Nachbarschaft. Gruppenaktivitäten können durch das Verkehrsunternehmen sogar gefördert werden. So wird durch Fahrgemeinschaften die Bahnfahrt für den Einzelnen dank privater Kontakte weniger langweilig, Reisesituationen subjektiv sicherer, das Bahnfahren durch Gruppentarife günstiger.

Durch kontinuierliche Teilnahme des Verkehrsunternehmens in die regionale Entwicklungsplanung werden Leistungsbereitschaft und Präsenz der Bahn signalisiert. Die Ausweisung neuer Wohngebiete, Gewerbeflächen oder touristischer Einrichtungen wird zudem besser auf die Schienen-Infrastruktur abgestimmt. Diese Partizipation in Entwicklungsprozesse funktioniert jedoch nur, wenn die Bahn renommiert und glaubwürdig ist, echte Problemlösungskompetenz hat und auf die Belange der regionalen Akteure einzugehen vermag.

Im Gegenzug kann erreicht werden, dass die Bahn für die Anwohner die erforderliche Relevanz einnimmt, um auf Vandalismustätigkeiten oder andere Konfliktsituationen zu achten.

Andererseits kann, entsprechend dem Aktivitätsmuster der naturnahen Erholung, eine Erlebniswelt für Erholung suchende Fremde konzeptioniert werden. Ein touristisches Potenzial ist auch im strukturschwachen ländlichen Raum der Prignitz oder Ruppins vorhanden. Hierdurch erschließt sich der Bahn, neben den Bewohnern vor Ort, eine zweite Zielgruppe.

Die gesamte Region verfügt über Orte mit sehenswerten historischen, sanierten Kernen, zahlreichen Schlössern, Kirchen und Herrenhäusern. Die Landkreise finden sich heute zu gemeinsamen Internetpräsenzen zusammen und stellen Sehenswürdigkeiten dar, die jedoch nicht zu Ausflugstouren oder Themen ausreichend zusammengeführt werden. Tourenvorschläge erfolgen beispielsweise durch die Deutsche Bahn AG mit ihren „Streifzügen", durch www.reiseland-brandenburg.de, den Verkehrsverbund Berlin-Brandenburg (VBB) und den Verkehrsclub Deutschland (VCD). Ein integriertes Konzept, das erkennbar macht, dass sich der Besuch der Region *lohnt*, ist jedoch nicht zu erkennen.

Das Tourismusmarketing der einzelnen Landkreise sowie Neuruppins wird deshalb vom Verkehrsunternehmen aktiv mitgestaltet, damit eine ausreichende Einbindung der Bahn in das Angebot gewährleistet ist. Die Bahn kann als Plattform im Rahmen eines gemeinsamen Regionenmarketings auftreten.

Ein Ziel könnte hierin sein, landschaftliche und geschichtliche Elemente zusammenhängend durch die Bahn erlebbar zu machen. So wären die Spuren der Geschichte (z.B. historische Stadtkerne, Schlösser und Landschaftsbilder) mit der Bahn direkt erreichbar und untereinander verbunden. Sie können als Ausflugsroute unter einem einheitlichen Thema erlebt werden. Fontanes Schilderungen zur Mark Brandenburg könnten hier als Grundlage dienen. Lesungen oder Hörspiele während der Fahrt sowie Wanderwege „auf Fontanes Pfaden" bilden dann das Thema des Ausflugs.

Die Prignitz als „stille Sensation" wird beispielsweise durch eine Bahn-Wander-Safari erlebt, die auf Gleisen und einsamen Wegen zu entlegenen Orten, Kirchen und „Sagen umwobenen" Schlössern führt. Dies wird durch ortskundige Führer begleitet und durch gastronomische Leistungen ergänzt. Die Reiseziele und Themen variieren innerhalb dieser „Märchenland"-Erlebniswelt, zielen jedoch immer auf die örtlich vorhandenen Potenziale ab. Die Bahn ist auch hier vielfältiger Dienstleister für außergewöhnliches Raumerleben.

Touristische Potenziale können durch den Bau von Ferienzentren auch neu geschaffen werden. Diese so genannten *resorts* stellen eine punktuelle Verdichtung dar und zielen vorwiegend auf eine Kurzzeiterholung ab. Eine umweltverträgliche Standortwahl ist auch in landschaftlich weniger attraktiven Gebieten möglich, da die Zentren weitgehend autonom vom Umfeld funktionieren. Durch die Konzentration von Gästen und die Bündelung von Verkehrswegen durch die Bahn können hohe Umweltstandards gewährleistet werden. Damit sind Ferienzentren vereinbar mit einer Umwelt schonenden Entwicklung der Region und bieten eine Möglichkeit, die Wirtschaftskraft zu stärken.

Die Landschaft in der untersuchten Region ist in großen Teilen einfach lesbar, was dazu führt, dass das Fahrerleben nicht besonders ausgeprägt ist. Hier sollte die Landschaftsgestaltung ansetzen, aus den landwirtschaftlichen LPG-Flächen eine historische Kleinräumigkeit wiederherzustellen. So stellen die Prignitz und Ruppin unterschiedliche Landschaften mit einer unterschiedlichen Geschichte dar. Dies sollte wieder erkennbar herausgearbeitet werden.

Auch soll wiederum die Bahn einen Stellenwert im Landschaftsbild einnehmen, damit sie in den Köpfen präsent ist (Aspekt der Leistungsvisualisierung). Die Stationen sind Orientierungspunkte in der Landschaft, um die Präsenz der Bahn zu signalisieren. Dies wird bereits durch Flaggenmasten auf den Bahnsteigen erreicht. Freiliegende Trassenabschnitte sollten einsehbar sein oder punktuell auch von Bepflanzungen befreit werden, damit fahrende Züge weithin wahrnehmbar sind. Die Designmerkmale an den Zügen sind aufmerksamkeitsstark und stehen dadurch im Gegensatz zur Einfachheit der Landschaft. Sie sind jedoch nicht aufdringlich oder durch Gestaltungsexperimente abgehoben und unterstützen das angestrebte bodenständige Image. Die Orte müssen die Bahn wieder in ihr Bild integrieren, statt sich gegen die Bahninfrastruktur abzuschotten. Mit dem Image des „guten Nachbarn" kann dies gelingen.

Idealerweise verbinden die Bewohner langfristig die Bahn untrennbar mit den touristischen Potenzialen und Schönheiten ihrer Heimat und fühlen ihr Selbstverständnis nach außen repräsentiert. Andererseits lernen sie möglicherweise über die Fremden die Besonderheiten ihrer Umgebung selbst wieder schätzen und treten für deren Erhalt ein. Als Tourismusplattform transportiert die Bahn Ideen und fördert den Identitätsprozess im ländlichen Raum.

Effekte

Diese Konzeptidee ist als ein mögliches Beispiel zu verstehen, den regionalen Bahnverkehr in der Planungsregion Ostprignitz-Ruppin als emotionalisierende und Verkehr beeinflussende Dienstleistungsmarke zu implementieren. Die Ausgestaltungsmöglichkeiten dieser Idee sind wiederum lediglich Einzelbeispiele. Wie bereits genannt, sind die Bedürfnisse der Bewohner aufmerksam zu erfassen. Dies kann über das Personal am besten erfolgen. Dadurch ergeben sich neue Leistungsbestandteile, die ausreichend Akzeptanz finden und in das Markenbild widerspruchslos eingepasst sein müssen. Ein glaubwürdiges, stimmiges Konzept kann allein mittel- bis langfristig erfolgen und ist insbesondere nur mit einer umfassenden Kenntnis der Region, der Mentalität unter Berücksichtigung der Unternehmensstrategie sowie mit ausreichend personellen Ressourcen umsetzbar.

Die Bahn übernimmt mit der vorgestellten Markenidee eine Fürsorgepflicht, die der Staat nicht mehr leisten kann, weil sie die Menschen in der Region zusammenführt. Interessanterweise lässt sich dieser Fürsorgegedanke zu einem großen Teil allein kommunikativ herstellen. Die Bahn wird, ähnlich ihrer Ursprungszeit, jedoch durch die Marke mit aktuellen Lösungsinstrumenten, zu einem Identifikationsmerkmal für den ländlichen Raum.

6.1.3 Semipermeables Netz Neuruppin

6.1.3.1 Ausgangsvoraussetzungen für das Bedienungsmodell

Berlin und Brandenburg verfolgen ein gemeinsames Landesentwicklungsprogramm[97]. Entsprechend des „Leitbildes der dezentralen Konzentration" gliedert sich Brandenburg darin in die zwei Teile des engeren Verflechtungsraumes und äußeren Entwicklungsraumes. Es soll eine „ausgewogene Verteilung der Entwicklungschancen und -potenziale zwischen dem Verdichtungsraum Berlin und dem ländlich geprägten äußeren Entwicklungsraum" angestrebt werden (Regionalplan Prignitz-Oberhavel, Entwurf vom 26.07.2000, Festlegungsteil Abschn. 1.1.1.0.3).

Die Raumstruktur gliedert sich gemäß des Landesentwicklungsprogramms in die Strukturräume „Verdichtete städtische Räume", „Ländliche Räume", „Stadt-Umland-Verdichtungsräume" und „Ländliche Räume mit Ordnungsbedarf". Die verdichteten städtischen Räume stellen die Gemeinden im inneren Verflechtungsraum dar, die restliche Region wird dem ländlichen Raum zugeordnet. Stadt-Umland-Verflechtungsräume beinhalten die Regionalen Entwicklungszentren (REZ) und ihr jeweiliges Umland sowie den engeren Verflechtungsraum Berlin-Brandenburg. Der engere Verflechtungsraum hat Ergänzungs- und Entlastungsfunktionen für Berlin sowie Entwicklungsaufgaben für Brandenburg wahrzunehmen. Für den äußeren Entwicklungsraum soll die Raumplanung die Stabilisierung der Bevölkerungsentwicklung und der Wirtschaftskraft unterstützen. Während der engere Verflechtungsraum Berlin-Brandenburg einen überdurchschnittlichen Zuwachs an Einwohnern und Arbeitsplätzen verzeichnet (südliche Bereiche des Landkreises Oberhavel), öffnet sich im äußeren Entwicklungsraum der ländliche strukturschwache Teil der Region (insbesondere der Landkreis Prignitz). Wichtige Siedlungs- und Wirtschaftsschwerpunkte des Leitbildes sind Berlin, Oranienburg und die REZ Wittenberge und Neuruppin.

Die brandenburgischen Landkreise Prignitz, Ostprignitz und Oberhavel bilden als Planungsregion Prignitz-Oberhavel eine Planungsgemeinschaft für die regionale Entwicklung ihres Gebiets[98].

---

[97] Zu den regionalplanerischen Zusammenhängen, die aus der gemeinsamen Entwicklungsplanung der Länder resultieren, sowie den Zielsetzungen vgl. *MLUR Ministerium für Ländliche Entwicklung, Umwelt und Verbraucherschutz des Landes Brandenburg.*

[98] Die folgende Darstellung orientiert sich an dem Regionalplan Prignitz-Oberhavel. Zielsetzungen wie die Erreichung einer ausgewogenen Bevölkerungsentwicklung (Abschn. 2ff), Siedlungsverdichtung statt Dispersion (Abschn. 3.4ff), Schutz von Natur, Landschaft und Umwelt (Abschn. 4.1ff, Abschn. 4.7), ausgewogene wirtschaftliche Entwicklung (Abschn. 5.1 ff), Entwicklung eines umweltverträglichen Fremdenverkehrs (Abschn. 6.), nachhaltige Verkehrsentwicklung (Abschn. 7.) bleiben an dieser Stelle unberücksichtigt, da sie hinlänglich bekannt sind.

Siedlungsstruktur

Die Siedlungsstruktur ist nach dem Prinzip der zentralörtlichen Gliederung klassifiziert. Zentrale Orte bilden die Siedlungsschwerpunkte der Region und sollen in ihrer Versorgungsfunktion gestärkt werden (ebd., Abschn. 3.1.0.1). Eine Erhöhung des Leistungsaustausches zwischen zentralen Orten unterschiedlicher Stufe durch soziale, kulturelle und wirtschaftliche Beziehungen wird ausdrücklich gefordert (ebd., Abschn. 3.1.0.6 (5.)).

- Ein Oberzentrum (OZ[99]) ist in der Planungsregion nicht vorhanden. Die höchste zentralörtliche Stufe nimmt als Mittelzentrum mit Teilfunktionen eines Oberzentrums (MZ-O) *Neuruppin* ein und ist ein vorrangiger Entwicklungsschwerpunkt für die Region,
- Mittelzentren (MZ) sind *Oranienburg, Pritzwalk, Wittenberge* und *Wittstock (Dosse)*. Sie decken den gehobenen Bedarf für die Einwohner ihres Mittelbereiches. Wittenberge und Perleberg stellen ein gemeinsames MZ mit Funktionsteilung dar,
- *Gransee, Kyritz, Perleberg* und *Zehdenick* stellen Grundzentren mit Teilfunktionen eines Mittelzentrums (GZ-M) dar. Diese sind Entwicklungsschwerpunkte für den Nahbereich und ergänzen die Versorgungsfunktion der benachbarten Mittelzentren,
- Grundzentren (GZ) zur Deckung des qualifizierten Grundbedarfs sind *Bad Wilsnack, Fehrbellin, Fürstenberg (Havel), Karstädt, Kremmen, Liebenwalde, Löwenberg (Mark), Meyenburg, Neustadt (Dosse), Putlitz, Rheinsberg* und *Wusterhausen (Dosse)*. Die Kleinzentren als Versorgungsergänzung von GZ sind im Weiteren dieser Untersuchung nicht relevant.

---

[99] Die folgenden Abkürzungen für die zentralen Orte sind vom Verfasser zur leichteren Lesbarkeit des Textes definiert und finden darüber hinaus keine Anwendung.

Darstellung 15:   Zentralörtliches System Berlin-Brandenburg (Ausschnitt)
(Quelle: Landesentwicklungsplan Brandenburg, 1. Entwurf 1994, Anlage zum Erläuterungsbericht LEP I)

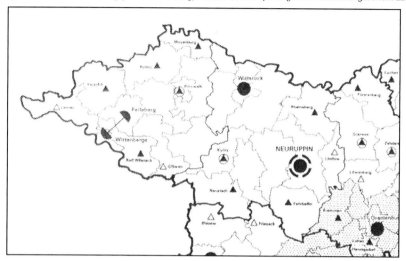

Legende:

◉ Mittelzentrum mit Teilfunktion eines Oberzentrums (MZ-O)

● Mittelzentrum (MZ)

◀ ▶ MZ mit Funktionsteilung

▲ Grundzentrum mit Teilfunktion eines Mittelzentrums (GZ-M)

▲ Grundzentrum (GZ)

△ Kleinzentrum

Zentrale Orte stellen Knotenpunkte des öffentlichen Verkehrs dar und erfordern eine
entsprechende Stärkung (ebd., Abschn. 3.1.0.7) durch die Einbindung an die großräumigen Verkehrsverbindungen. Die höherstufigen Zentren im äußeren Entwicklungsraum
(u.a. Wittenberge-Perleberg, Pritzwalk, Wittstock und Neuruppin) sollen an Berlin, an
höherwertige Zentren in Nachbarregionen und -länder und untereinander vorrangig
gestärkt und als Knotenpunkte entwickelt werden. Damit sind ein verbesserter Leis-
tungstransfer und Synergieeffekte zu erzielen (ebd., Abschn. 7.0.0.6).
    Der verdichtete städtische Raum Oberhavel (z. B. Oranienburg, Velten, Kremmen,
Vehlefanz) wird durch die regional höchste Siedlungs- und Beschäftigtendichte gekennzeichnet.

Die Stadt-Umland-Verflechtungsräume Neuruppin, Wittenberge und Oranienburg stellen die Kernzonen der räumlichen Entwicklung in der Region dar (gemäß LEPro). Ihre zentralörtlichen Funktionen sollten gegenüber Berlin gestärkt werden.

Die ländlichen Räume zeichnen sich durch die charakteristischen Merkmale, wie die geringe Einwohner- und Siedlungsdichte, eine geringe bis rückläufige Entwicklungsdynamik und Beschäftigtendichte, aus. Als eigenständige Lebens- und Wirtschaftsräume haben sie jedoch eine hohe Bedeutung für den Erhalt der Kulturlandschaft und sind daher mit ihren spezifischen Potenzialen zu sichern (ebd., zu 1.2.2.2 und § 13 LEPro).

Aus regionalplanerischer Sicht ist die Bedeutung der Städte mit Hilfe der bekannten Leitbilder zu vergrößern.

Bevölkerung

In den letzten 15 Jahren konnte beobachtet werden, dass sich die Bevölkerungsdichte aus dem äußeren Entwicklungsraum in Richtung Berlin und in den Nahraum der zentralen Orte verlagert. Während bei der großräumigen Verschiebung von Bevölkerungsstrukturen die Gefahr der Entleerung des ländlichen Raumes droht und es deshalb bei den vielen kleinen Gemeinden zur Verödung von Dörfern kommen wird, drohen andererseits Suburbanisierungsprozesse im inneren Verflechtungsraum und in den Nahbereichen der REK das zentralörtliche System zu konterkarieren (ebd., Abschn. zu 2.1.0.1).

Die Identität der Menschen, Unternehmen und Einrichtungen mit der Region, die Perspektive für eine zukünftige Lebensgestaltung sowie das Bewusstsein über die Werte und Stärken der Region ist Voraussetzung für ihre zukünftige Entwicklung der Region (ebd., Abschn. zu 1.1.0.0.1).

6.1.3.2   Netzgestaltung

Das untersuchte Streckennetz durchzieht die gesamte Planungsregion zwischen Wittenberge und Zehdenick. Hierbei handelt es sich um ein relativ dichtes Netz insbesondere aus Nebenstrecken, das sämtliche Teilräume der Region einschließt. Das Gebiet, das durch die Schiene erschlossen wird, liegt zum größten Teil im äußeren Entwicklungsraum. Die entscheidenden Strukturräume und zentralen Orte werden durch die Bahn erschlossen und zu einem großen Teil direkt verbunden. Unterwegshalte sind oft auf Grund geringer Besiedlungsdichten im Einzugsgebiet oder einer dezentralen Lage nur gering frequentiert.

Der derzeitige Regionalverkehr wird von den Verkehrsgesellschaften Deutsche Bahn AG und Prignitzer Eisenbahn GmbH erbracht. Nach einer Übergangszeit sind heute ausschließlich moderne Triebfahrzeuge der Baureihen Regioshuttle RS 1 und der Baureihen 641 („Walfisch") und 642 (Desiro) vorzufinden.

Die Verkehrsplanung in der Region Prignitz-Oberhavel orientiert sich an den Grundsätzen der Verkehrsvermeidung, der Verkehrsverlagerung auf Umwelt schonende Verkehrsmittel und der Bündelung von Verkehren (ebd., Abschn. 7.0.0.2). Die Verkehrsinfrastruktur trägt zu einem Ausgleich zwischen den unterschiedlichen Räumen in der Region bei (ebd., Abschn. zu 7.0.0.1). Dem Schienenverkehr ist gegenüber dem Straßen gebundenen Verkehr Vorrang einzuräumen (ebd., Abschn. 7.0.0.3). Grundlage für das funktionale Schienennetz ist die zentralörtliche Gliederung nach LEP I. Die dezentrale Konzentration soll konsequent ausgestaltet werden (ebd., Abschn. zu 7.1.1.1). Dies ist durch die Einbeziehung des Regionalverkehrs in die großräumigen, radialen Bahnstrecken im Zulauf auf Berlin möglich.

Der Regionalverkehr sollte sich insbesondere auf die Direktverbindungen zwischen den zentralen Orten sowie den touristischen Zentren Neuruppin und Rheinsberg konzentrieren. Das Betriebsmodell des Semipermeablen Netzes sieht eine Bedienung unter folgenden Aspekten vor:

- Die zentralörtlichen Funktionen der Städte im untersuchten Gebiet werden durch schnelle Direktverbindungen untereinander gestärkt. Betriebsmittelpunkt ist das MZ-O Neuruppin mit der Station Neuruppin-West. Auf ihn laufen die Linien radial zu, er ist entscheidender Knotenpunkt in der Region Prignitz-Oberhavel und für Verbindungen nach Berlin. Es handelt sich damit um ein in sich geschlossenes Netz, das Städte mit Schienenanschluss gleichrangig mit Linienverkehren verbindet, und offen in Richtung Berlin und in die Nachbarnetze ist,
- In allen Orten sind Umsteigeverbindungen zum regionalen und städtischen Busverkehr herzustellen,
- Neuruppin-West, Wittenberge, Neustrelitz, Neustadt (Dosse), Pritzwalk und Oranienburg sind Knoten mit Übergangsmöglichkeiten zu anderen Bahnlinien,
- Es werden direkte, verdichtete Verbindungen zwischen Zentren mit ergänzenden Funktionen geschaffen,
- Unterwegshalte, die keine zentralörtliche Funktion aufweisen und eine Ein- und Aussteigerfrequenz von 20 bis weniger als 100 Personen pro Tag haben, sind mit einer Bedarfshalte-Technik auszurüsten. Unterwegshalte mit niedrigerer Frequenz, die trotz Akquisitionsmaßnahmen vor Ort nicht steigerbar ist, sind zu schließen,
- Touristischer Verkehr wird durch Direktverbindungen aus Berlin heraus gewährleistet. Eine Langrelation aus Richtung Südwesten der Bundesrepublik verbindet die Region überregional und schafft eine Synthese mit den Potenzialen der Mecklenburger Seenplatte,
- Das Netz nimmt überregionalen Städteverkehr zwischen Berlin und Rostock/Wismar auf und schafft damit mit neuen Direktverbindungen eine Reisealternative zu den Hauptstrecken.

Das Liniennetz wird unter den genannten Voraussetzungen als „Semipermeables Netz Neuruppin" bezeichnet. Grundzüge des Betriebsmodells finden sich in der Regionalplanung wieder. Jedoch ist der Schwerpunkt auf die direkten Schienenverbindungen nach Berlin, wie gemäß LEPro gefordert, ein falscher Ansatz, um endogene Potenziale im ländlichen Raum Region zu belassen und dem Sogeffekt des Agglomerationsraums Berlin entgegenzuwirken. Zudem weisen die tangentialen Strecken einen Unterhaltungsrückstau auf. Fahrzeiten und technische Ausstattung erfüllen hier derzeit nicht den Standard für einen attraktiven und sicheren Bahnverkehr. Die Abbestellung einzelner Verkehrsrelationen wird regelmäßig vom Aufgabenträger des Landes Brandenburg untersucht. Eine langfristige und Vertrauen erweckende Basis für einen zukunftsfähigen Regionalverkehr im Untersuchungsraum ist dadurch allerdings nicht zu erreichen. Das Netz wurde bewusst ohne Berücksichtigung der derzeitigen infrastrukturellen Rahmenbedingungen entwickelt, damit neue Ansätze und Ideen entwickelbar sind. Infrastrukturelle Engpässe lassen sich durch bauliche Maßnahmen weitestgehend beheben und dürfen kein Argument gegen eine Leistungsverbesserung sein. Die Bedienung durch das vorgestellte Streckennetz wird lediglich skizziert. Beispielsweise müssen die Unterwegshalte auf ihre Bedienung durch verlässliche Frequenzzahlen untersucht werden. Diese Zahlen lagen nicht vor und wurden nicht ermittelt, waren jedoch im Rahmen dieser Arbeit nicht unbedingt erforderlich.

Beschreibung der einzelnen Linien

- **R 72: Prignitz-Express Wittstock (Dosse) – Neuruppin – Hennigsdorf (– Berlin) (braune Linie)**
  Gemäß des Bedienungsverständnisses des semipermeablen Netzes erfolgt eine dichte Bedienung zwischen Wittstock, Neuruppin und Hennigsdorf (z.B. im 60 min-Takt). Nach Berlin erfolgt ein ausgedünntes Angebot (Direktverbindung z.B. im 120 min-Takt oder Umsteigen in Hennigsdorf in die Berliner S-Bahn).
- **Expresszug R 75: Neuruppin – Potsdam (rosafarbene Linie)**
  Das Oberzentrum des Landes Brandenburg, Potsdam, wird durch eine schnelle, direkte Verbindung von Neuruppin aus über den Berliner Außenring erreicht.
- **R 53: Neuruppin – Neustadt (Dosse) – Wittenberge (rote Linie)**
  Eine schnelle Direktverbindung zwischen den REZ im äußeren Entwicklungsraum der Region fördert Synergien und Ressourcenteilung beider zentraler Orte. Überdies wird Neuruppin über den Fernverkehrsknoten Wittenberge aus dem Nordwesten verbessert erreicht.
- **R 54: Neuruppin – Herzberg (Mark) – Oranienburg (graue Linie)**
  Mit dieser Direktverbindung werden die REZ Neuruppin und Oranienburg direkt miteinander verbunden. Eine Siedlungsentwicklung soll verstärkt entlang dieser Verkehrsachse erfolgen.
- **R 71: (Wolfsburg-Salzwedel –) Wittenberge – Perleberg – Pritzwalk – Wittstock – Neustrelitz (hellgrüne Linie)**
  Durch diese Verbindung werden wichtige Mittelzentren miteinander, an zentrale Orte Mecklenburgs und an das Fernverkehrsnetz angebunden. Der gemeinsame Stadtraum Wittenberge – Perleberg kann durch eine verdichtete Bedienung besser erschlossen werden, wofür eine optimierte Integration der Stationen in die Städte erforderlich ist. Die Verbindung stellt eine verkehrliche Nähe im Gewerberaum Pritzwalk – Wittstock her.
  Die Relation stellt zudem einen Zubringer aus Mitteldeutschland zu Altmark (Sachsen-Anhalt), Prignitz, Ruppiner Land, Oberhavel (Brandenburg) sowie Mecklenburger Seenplatte und Feldberger Seenlandschaft (Mecklenburg-Vorpommern) dar. Darüber hinaus verbindet sie Stationen mit überregionaler Bedeutung (Neustrelitz, Wittenberge, Wolfsburg) tangential.
- **R 70: Neuruppin – Neustadt (Dosse) – Pritzwalk – Putlitz / - Güstrow (gelbe Linie)**
- **R 74: Neuruppin – Rathenow – Brandenburg a.d.H. (magentafarbene Linie)**
  Der Streckenabschnitt Neustadt (Dosse) – Rathenow Nord ist derzeit ohne Personenverkehr. Die dargestellten Linien stellen eine verkehrliche Entlastung zu den abschnittsweise parallel verlaufenden Bundesstraßen 5, 102, 103 und 167 dar.
  Zur Stärkung des Brandenburgischen Städtekranzes wird diese Relation wieder durchgehend angeboten, allerdings wird Neustadt (Dosse) nicht angefahren. Parallel hierzu müssen Synergien zwischen den Städten Neuruppin, Rathenow und Branden-

burg a.d.H. geschaffen werden. Die Städte Kyritz und Wusterhausen (Dosse) an der Strecke Neustadt (Dosse)-Pritzwalk nehmen Funktionen als GZ-M bzw. GZ wahr und haben verkehrliche Beziehungen zu Neuruppin. Die Direktverbindung kann diesem besser Rechnung tragen.

- **Städteverbindung R 76: Berlin – Neustadt (Dosse) – Pritzwalk – Karow – Güstrow - Rostock / – Sternberg – Wismar (dunkelgrüne Linie)**
  Mit dieser Langrelation nimmt das Neuruppiner Netz Städteverkehr zwischen Berlin und Rostock sowie Berlin und Wismar auf und schafft Direktverbindungen von Berlin in den untersuchten Raum sowie in den westlichen Bereich der Mecklenburger Seenplatte und den Naturpark Nossentiner-/ Schwinzer Heide. Diese Relation wird saisonal angeboten. Sie ersetzt dann einzelne Fahrten der R 70.

- **R 73: Neuruppin – Rheinsberg (orangefarbene Linie)**
  Mit dieser Verbindung werden die Orte im Mittelbereich der Kreisstadt Neuruppin erschlossen. Zudem besteht eine Direktverbindung zwischen den touristischen Schwerpunkten der Planungsregion. Im Rahmen des touristischen und Ausflugsverkehrs besteht eine Direktverbindung von Berlin nach Rheinsberg über Neuruppin (vgl. Linie R 6).

- **Direktverbindung R 6: Berlin – Neuruppin – Rheinsberg (dunkelblaue Linie)**
  Diese Relation stellt eine Direktverbindung im Freizeitverkehr dar und wird nur am Wochenende bedient. Ausflügler haben so die Möglichkeit, von Berlin schnell und direkt nach Neuruppin und Rheinsberg zu gelangen. Diese Linie übernimmt Zugleistungen der Linien 72 und 73.

- **R 55: Oranienburg – Kremmen – Hennigsdorf – Oranienburg (seegrüne Linie)**
  Der Zusammenschluss zweier kurzer Strecken als Ringlinie schafft eine Verbindung von Siedlungsschwerpunkten im engeren Verflechtungsraum Oberhavel. Eine weitere Siedlungsentwicklung ist an diesen Strecken zu orientieren.

6.2 „Prickelnd!" – Regionalverkehr im Naumburger Netz

6.2.1 Ausgangslage und Konzeptidee

Ausgangslage

Die untersuchten Strecken durchlaufen mehrere Teilräume, die in ihrer Eigenart und Geschichte recht unterschiedlich sind. Regionaler Schwerpunkt der Betrachtung ist das Thüringer Becken.

Zwischen Harz, Thüringer Wald und Schiefergebirge reicht ein Ausläufer der Trias-Zechstein – Gesteinsfolge vom Hessischen Bergland etwa 150 km nach Südosten. Dieses Gebiet wird „Thüringer Becken" oder „Senke" genannt. Es ist Bestandteil der deutschen Mittelgebirgsschwelle. Rings um das Becken ist eine Vielzahl kleinerer Mittelgebirge angeordnet, zwischen denen zahlreiche fruchtbare Täler liegen. In die Platten haben Saale und Unstrut ein teilweise bis zu 130 m tiefes Kerbsohltal geschnitten. Es ist eine geologische, im Profil schüsselförmige Mulde, in deren Schichtenfolge nacheinander Buntsandstein, Muschelkalk und Keuper gelagert sind (LIEDKE/MARCINEK 1994, S. 366-370). Der Kalk tritt heute insbesondere an den Flusstälern zu Tage. Der Boden hat wesentlichen Einfluss auf das Klima. Durch seine Wasserdurchlässigkeit gibt es nur wenige Quellen und Bäche. Zudem speichert er Wärme und strahlt diese an die Umgebung zurück, wodurch ein mildes örtliches Klima verursacht wird.

Auch der nördlich gelegene Harz ist ein wichtiger Klimafaktor für das Thüringer Becken, das in seinem Wind- und Regenschatten liegt. Die Zahl der Sonnenstunden ist dadurch beispielsweise höher als an der Mosel. Die sich kräftig erwärmenden Kalkhänge an den Flussufern und die günstigen klimatischen Bedingungen bilden die Voraussetzungen dafür, dass hier das nördlichste Weinbaugebiet Europas liegt.

Salzablagerungen, die im Erdmittelalter in Gestein eingeschlossen wurden, waren Grundlage für einen wirtschaftlichen Aufschwung der Region. Heute speist es Solbäder an der Saale und im Thüringer Vorland.

Das Becken ist nahezu waldlos. Insbesondere auf den Keuperböden sind gute Ackerböden zu finden. In kaum einer anderen Region Deutschlands ist die über Jahrhunderte gewachsene Kulturlandschaft in den letzten 50 Jahren so tiefgreifend umgestaltet worden wie im Thüringer Becken. Nutzungsintensivierungen führten auf den Lößböden im Rahmen der Zwangskollektivierung in den 1950er und 1960er Jahren zur Bildung großflächiger Ackerbaulandschaften. Hierbei wurden die belebenden und gliedernden Landschaftselemente der einst kleinteiligen Flur wie Obstbaumreihen, Feldraine, Hecken und Gräben weitgehend ausgeräumt. Inzwischen ist eine Vielzahl von Fließgewässern wieder naturnah umgestaltet worden.

Darstellung 18: Untersuchungsgebiet Burgenlandkreis-Thüringer Becken

Maßstab ca. 1:400.000; die untersuchten Bahnstrecken sind schwarz markiert.

Anschlusskarte

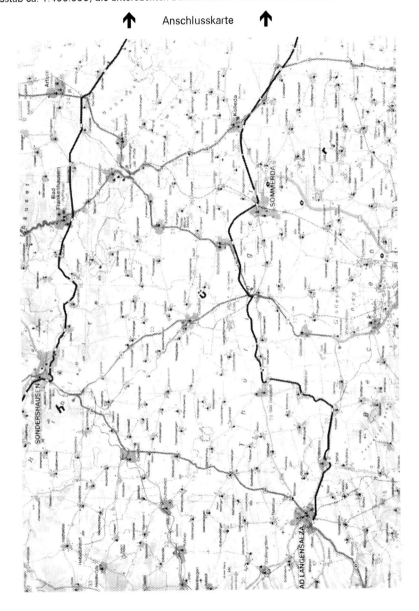

(Quelle: Freytag, Berndt u. Artaria, Wien; eigene Bearbeitung)

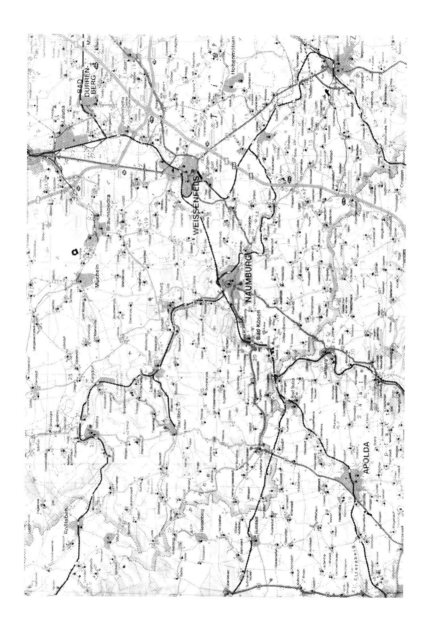

Kurbäder in Sachsen-Anhalt sind Bad Dürrenberg (Solebad) und Bad Bibra (Anwartschaft zum Kneippbad, Badeanstalt). In Thüringen finden sich in der Diamantenen Aue zwischen Kyffhäusergebirge und Hainleite das Solebad Bad Frankenhausen, das an Salza und Unstrut gelegene Schwefelbad Bad Langensalza (Reha-Klinik, Therme) und das Soleheilbad Bad Sulza im Tal der Ilm (Reha). Auch Bad Kösen und Bad Tennstedt, das zu Goethes Zeiten bereits ein beliebter Kurort gewesen ist, gehören dazu (beide Reha). Bad Sulza, Bad Kösen und Bad Bibra bilden im Rahmen des REK „Bäderdreieck" eine Kooperationseinheit. Bad Köstritz hat derzeit keine Funktion als Bad, strebt jedoch eine an.

Die Domstadt Naumburg als Mittelzentrum mit Teilfunktionen eines Oberzentrums bietet sich als wirtschaftlicher und kultureller Angelpunkt der untersuchten Region an. Weitere Städte mit historischen Zentren sind, neben Naumburg, Freyburg, Bad Kösen, Bad Sulza, Zeitz, Weißenfels, Bad Bibra, Camburg, Eckartsberga, Laucha und Nebra. Zusätzlich machen die zahlreichen Burgen, Schlösser, Kirchen und Parkanlagen sowie die besondere Beschaffenheit der Landschaft die Region zu einem einzigartigen Tourismusgebiet.

Konzeptidee: Bäderlandschaft

Mit der Vielfalt der Landschaft, dem aufmerksamkeitsstarken Wirtschaftszweig des Weinanbaus und den zahlreichen Bädern bieten sich weitreichende Ausgestaltungsmöglichkeiten für den Bahnverkehr. Obwohl durch diese Bäder ein besonderes Potenzial vorliegt, finden sie in den Regionalplänen nur marginale Beachtung. Sie lassen sich überdies stimmig vernetzen.

Die Bahn benötigt hier ein regionales Image, das den Freizeitwert der Landschaft für Besucher, die Weinkultur und die Heilbäder miteinander vereint. Zudem sind deutliche Abgrenzungen zu den Agglomerationsräumen Halle/Leipzig und Erfurt sowie der Kulturstadt Weimar zu schaffen.

Grundlage der Bahn sind in diesem Beispiel die Kurbäder mit ihren unterschiedlichen Funktionen. Im Zuge der derzeitigen Reformierung des Gesundheitssystems kann davon ausgegangen werden, dass künftig weniger Kuren als heute verschrieben werden. Für ein einzelnes Kurbad kann dies mittelfristig existenzielle Schwierigkeiten bedeuten. Deshalb ist es sinnvoll, die einzelnen Bäder durch die Schienen-Infrastruktur zu vernetzten. Ihre Einrichtungen können von Kurenden dann gemeinsam genutzt werden, während sich die einzelnen Bäder auf bestimmte Anwendungen spezialisieren und sich insgesamt in ihrem Angebot ergänzen.

Die Kurorte werden mit dem Schienen-Fernverkehr direkt verbunden, so dass eine entspannte und bequeme Anreise für den Besucher möglich ist. Durch die gute verkehrliche Erreichbarkeit und die langfristige Funktionsergänzung untereinander werden die Kurorte für einen kleiner werdenden Markt vorbereitet. Eine Marktsicherung wird durch synergetische Infrastrukturnutzung erzielt. Weitere, auch kulturelle, Potenziale des Untersuchungsraumes werden eingebunden. Die Bahn stellt als Bäderbahn funktional das Netzwerk zwischen den einzelnen Kur-Kompetenzen dar, macht sie überregional erreichbar und verbindet sie direkt mit kulturellen und landschaftlich reizvollen Zielen.

„Prickelnd"

Im Gegensatz zum „Einer von uns" der Region Ostprignitz-Ruppin richten sich die kommunikativen Aktivitäten hier an die Zielgruppen der Ausflügler und Kurenden. Die Einwohner nutzen die Bahnmarke zwar, und ihre Interessen werden nicht ausgegrenzt, sie stehen aber nicht im Mittelpunkt der Leistungsgestaltung.

Die Region Saale-Unstrut ist ein besonderer Ort in Deutschland, den es mit allen Sinnen zu genießen gilt. Durch die Kurorte und ihre Soletherme vermittelt sich das Gefühl, gesund, aktiv und bewusst zu leben, sich etwas Gutes zu tun und sich wohl zu fühlen. Gesundheit und Genuss verbinden sich zu einem erlebnisreichen Aufenthalt. Dieser Gedanke soll in der integrierten Kommunikation der Bahn aufgegriffen werden. Der gemeinsame Nenner zwischen Kur und Freizeitvergnügen wird durch den Slogan „Prickelnd" auf den Punkt gebracht, der auf die belebende Wirkung der Soletherme einerseits und des Sekts der Region zum anderen anspielt.

6.2.2 Umsetzung der Botschaft: Gestaltungsmöglichkeiten

Zentrales Leistungsmerkmal: Wertschöpfung als „Reiseveranstalter"

Die Bahn ist für Kurende, die nach einiger Zeit des Einlebens Lust auf und Zeit für Exkursionen in die Region, shopping in Städten oder (abendliche) Kulturveranstaltungen haben, ein umfassender Ausflugs- und Reiseveranstalter. Derzeit sind die Bäder nicht oder nicht direkt mit zentralen Orten der Region und touristischen Plätzen verbunden. Durch einfache Erreichbarkeiten und Programmpakete wird das Erleben für den Kurgast erleichtert. Dieser ist zudem sensibilisiert für das eigene Wohlergehen und hat Lust, sich durch Abwechslung etwas Gutes zu tun. Die Botschaft vertieft das Bild als Bäderbahn, die Direktverbindungen zu den Solethermen für die Kurenden von Einrichtungen ohne örtliche Therme schafft.

Mit organisierten Fahrten, Rund- oder Bahn-Wandertouren bietet die Bahn über die Transportleistung hinaus eine gesamte Reisekette. Dies lässt sich beliebig gestalten: Nach einer Bedarfsanalyse durch aktive Befragung können mit der Zeit weitere Kompaktangebote (shopping-Tour nach Naumburg; Schlössertour; Städtetour nach Leipzig, ...) erstellt und in regelmäßigem Turnus angeboten werden. Auch ist ein eigenes Wanderwegenetz (besonders gekennzeichnete Bahnwanderwege) denkbar. Der Reisende nimmt die Bahn dadurch anders wahr, da er den informativen Mehrwert der Bahnreise erleben kann. Hier wird ein Grundstein gelegt, routiniertes Mobilitätsverhalten neu zu überdenken. Dadurch, dass die Lust am Erleben der Urlaubsregion befriedigt wird, bringt sich der Reisende anders in die Dienstleistung ein. Er wertschätzt diese höher, Unzufriedenheiten werden reduziert, die Reise im Zug wird durch eine gelöste Atmosphäre und ein verbessertes Fahrerleben bestimmt. Für das Verkehrsunternehmen bedeutet die Funktion als Reiseveranstalter einen höheren Personal- und Koordinationsaufwand, jedoch auch eine neue Einnahmequelle, eine bessere Auslastung der Züge und eine höhere subjektive Sicherheit für den Reisenden. Die Implikationen, die sich aus dem Profil als Reiseveranstalter ergeben, führen zu weiteren Dienstleistungen und damit neuen Einnahmen.

Direktkommunikation über weitere Dienstleistungen und Handel

Im Erholungsurlaub ist der Wunsch, sich etwas Schönes zu kaufen und damit etwas Gutes zu tun, für gewöhnlich hoch. Die Bahn kann Händlern die Möglichkeit geben, in einem repräsentativen Bahnhof (z.B. Freyburg, Bad Frankenhausen, Bad Sulza oder Sömmerda, unt. Bf.) regionale Produkte auszustellen und zu verkaufen. Die Palette erstreckt sich von Wein über Kunsthandwerk und Kosmetik hin zu Urlaubssouvenirs und sollte möglichst groß sein, um Professionalität zu vermitteln. Möglicherweise bietet sich in Zusammenarbeit mit den Kurbetrieben der Verkauf von Gesundheitsprodukten an. Die Bahn bietet dann regelmäßig „Butterfahrten" zu diesem Bahnhof an, die mit einer Stadtbesichtigung und einem Mittagessen gekoppelt werden.

Auch sind cross-selling-Aktionen möglich. So werden Bahnhofsräume für Kosmetik- und Gesundheitsberatungen oder Lesungen genutzt. Dies erbringt weitere zusätzliche Einnahmen, ein positives Image und eine regelmäßig gute Presse. Das defizitäre Hauptgeschäft der Verkehrsdienstleistung im Regionalverkehr wird damit vielfältig durch Mehreinnahmen aus Zusatzleistungen gestützt. Die Burgenlandbahn hat 2004 erstmalig eine Weinverkostung in ihren Zügen durchgeführt. Diese Idee ist ein guter Baustein im Rahmen des Handelskonzepts und würde die „Prickelnd"-Botschaft unterstützen.

Im Rahmen dieser Verkaufsveranstaltungen ist ein ungezwungener Kontakt mit den Kunden möglich. Hier können weitere Ausflüge verkauft und Informationen über das Zugangebot gegeben werden. Auch sind kurze Befragungen möglich, durch die die Zufriedenheit gemessen, neue Ideen generiert und Beschwerden aufgenommen oder stimuliert werden können.

Faktorerweiterung: Stationen als Infopools

Das Merchandising-Konzept, jedoch auch die umgebende Architektur und das Image als zuverlässiger Reiseveranstalter, erfordern ein Nutzungskonzept für die Empfangsgebäude entlang der Strecken. Die Bahnhöfe sollten in klassischer Weise mit Fahrkarten- und Snackverkauf, Tourismusinformation, Radverleih, WC, Gepäckaufbewahrung und -transport, zur Wahrung von Sicherheit und Sauberkeit reaktiviert werden. Der Bahnhof stellt einen Teil der Gemeindeinfrastruktur dar und trägt einen entscheidenden Anteil am Image des Ortes. Hierfür sind Finanzierungs-Konzepte, beispielsweise im Rahmen von public-private-partnerships, zu erstellen.

Insbesondere in den Kurbädern stellt der Bahnhof das Eingangsportal von der Schiene zum Ort dar. Ein leer stehendes Empfangsgebäude in mangelhaftem Zustand, wie beispielsweise in Bad Sulza oder Bad Tennstedt, bewirken einen schlechten Eindruck auf das Ortsbild. Dabei können sich hier „gesunde" Gastronomie, andere Kur ergänzende Einrichtungen wie Trinkhallen (Heilwasser: „Prickelnd") stimmig einfügen. Die Gebäude sind hierfür günstig an die Gemeinden zu verkaufen. Von Vorteil wäre es, wenn die Bahn das Nutzungskonzept aktiv, beispielsweise als erfahrender Projektleiter, unterstützte.

Stationäres Personal ist in diesem Konzept sinnvoller als mobiles in den Zügen. Dort sollten sie lediglich zur Kontrolle mitfahren. In den Empfangsgebäuden ist es jedoch vielfältig auch im Rahmen der örtlichen Tourismusinformation einsetzbar. Die subjektive Sicherheit kann dadurch ebenso erhalten werden, weil auch das örtliche Personal in Problemsituationen schnell reagieren kann. Ortsfremde Reisende, die meist mit großem Interesse für die Region sind, können so jederzeit umfassend informiert werden. Das Personal hat Ortskenntnis und informiert über Öffnungszeiten von Einrichtungen, gibt beispielsweise Restaurant- und Veranstaltungstipps und weiß über geschichtliche Hintergründe Bescheid. Hierfür ist ein Befähigungstraining erforderlich, das das Personal als Bestandteil des Reiseveranstalters „Bahn" qualifiziert.

Kommunikation

Im Gegensatz zur Bahn in Ostprignitz-Ruppin, die dort stellvertretend für die Region einen bestimmten Auftritt nach außen übernimmt, ist in diesem Beispiel keine eigene Plattform nötig und zu empfehlen. Die Tourismusinformationen und Städte, jedoch auch die lokalen Akteure wie Weinbauern, Hotels, Kliniken oder der Naturpark Saale-Unstrut-Triasland, haben jeweils eigene Kommunikationsmittel implementiert. Die Parallelität von Informationen schwächt den gemeinsamen regionalen Auftritt und ist kostspielig und ineffektiv. Die Bahn muss deshalb eine integrierte Kommunikation über Fremdmedien erreichen, statt eigene neue zu produzieren.

In der Fülle der Bilder und Anzeigen der Kataloge muss der Auftritt der Bahn unübersehbar sein. Ein aufmerksamkeitsstarkes, bekanntes Design in Verbindung mit einer Erkennungsfigur kann das erreichen. Die Botschaft legt ein Farbspektrum und eine Gestaltung von Anzeigen (und auch von Zügen) nahe, die mit Wasser oder Sekt und der gesunden bzw. belebenden Wirkung assoziiert wird. Inhalt der Kommunikation sollte pro Saison nur ein einziges Thema sein, beispielsweise eine neue Ausflugsroute. Mehr Informationen wird der Leser nicht verarbeiten können (vgl. integrierte Kommunikation bei low involvement-Dienstleistungen, Kap. 5.3).

Die Stationen und Züge werden als Informationspool genutzt. Hier befinden sich Displays mit Katalogen, Broschüren und Landkarten sowie Veranstaltungstafeln und Wegweiser. Denkbar ist auch die Ausstattung von Stationen und Fahrzeugen mit Internet-Modulen. Über die Bildschirme sind (ausschließlich) Internet-Auftritte lokaler Akteure, wie Kurbetriebe, Hotels, Tourismusinformationen, Händler und Dienstleister abrufbar.

Mit Hilfe von Kooperation mit der Presse oder einem Radiosender, z.B. der Leipziger Volkszeitung oder dem Mitteldeutschen Rundfunk, werden Ausflugstouren und Veranstaltungen an Ausflügler in die Agglomerationsräume getragen. Dadurch wird der Bahnverkehr Nicht-Nutzern näher gebracht und seine Nutzung als „normal" suggeriert. Der Umgang mit dem ÖPNV wird in der Ausflugsgruppe gelernt, so dass von vornherein geringere Nutzungswiderstände bestehen. Kooperationen, jedoch auch integrative Marketingaktivitäten mit der Region verursachen Synergieeffekte und sind vergleichsweise kostengünstig, weil wichtige Aufgaben, wie die Streuung der Information, von der Zeitung oder dem Sender übernommen werden.

Erlebniswelten

Der Erlebniswert einer touristisch orientierten Bahn ist für gewöhnlich hoch. So wird in diesem Beispiel eine landschaftlich vielfältige Gegend durchfahren, um Kurbäder und Sehenswürdigkeiten miteinander zu verbinden. Dennoch kann der Erlebniswert der Bahnreise durch gezielte Maßnahmen in der Landschaftsgestaltung noch gesteigert werden.

Die Saale-Unstrut-Region wird auch als „Toskana des Ostens" bezeichnet, weil sich typische Relief- und Gestaltungsmerkmale der toskanischen Landschaft, gekoppelt mit dem Weinanbau, hier wiederfinden. Stehen dort Zypressen als Wegmarken, sind es hier Pappeln, die in langen Reihen am Horizont wachsen. Sind dort weithin sichtbar wehrhafte Ortschaften zu sehen, sind es hier Burgen, Schlösser oder ihre Ruinen. Der Toskana-Gedanke findet sich heute zu wenig im regionalen Auftritt wieder, obwohl er ein wirkliches adjunktives Potenzial für das Regionalmarketing darstellt. Der Erlebniswert der Landschaft kann während der Bahnreise einfach vermittelt werden. Durch gestalterische Eingriffe sind Blickachsen auf Hänge, Felder, Burgen und Baumreihen zu schaffen. Via Audioanlage, Fremdenführer oder Faltblätter im Zug wird moderiert, was draußen gesehen werden kann.

Das Altenburger Land hat weit weniger landschaftliche Reize zu bieten. Die Relation nach Zeitz sollte so schnell wie möglich durchfahren werden, um eine räumliche Nähe zwischen Naumburg und Zeitz zu suggerieren. Hier und im Landkreis Sömmerda, der fast ausschließlich durch Landwirtschaft, Obstanbau und kleine Gewerbestandorte geprägt ist, sind landschaftsgestalterische Rekultivierungen oder Rauminstallationen umsetzbar. Letztere könnten beispielsweise optische Täuschungen darstellen, die mit der Weite des Thüringer Beckens und seinen Entfernungen spielen. Viele künstlerische Lösungen sind vorstellbar, um die Raumwirkung und das Fahr- und Landschaftserleben zu beeinflussen.

Effekte

Der untersuchte Raum, insbesondere die Teilräume an Saale und Unstrut, ist mit einer Vielzahl touristischer und landschaftlicher Reize behaftet. Die Bahn ermöglicht einerseits die Ausweitung dieser Potenziale auf ihre eher erlebnisarmen Nachbarräume. Andererseits werden diese Vorkommen bislang nicht optimal miteinander vernetzt. Es sollte sich aber ein identitätsstarkes, eigenständiges und erlebnisreiches Bild eines Raumes ergeben, dessen Wirtschaftskraft heute von den flankierenden Agglomerationsräumen aufgesogen wird. Die Bahn vermag durch ein erweitertes Dienstleistungsangebot diese Potenziale zu bündeln und miteinander zu verbinden. Der Bestand aller Kurbetriebe kann langfristig durch die Austauschfunktion der Bahn stabilisiert werden. Die Bahn produziert Synergieeffekte zwischen den Kurbetrieben, Gastronomie- und Kultureinrichtungen, dem Kunsthandwerk und dem Weinanbau und stärkt damit übergreifend und langfristig effektiv die Wirtschaftskraft der Region.

6.2.3 Semipermeables Netz Naumburg

6.2.3.1 Ausgangsvoraussetzungen für das Bedienungsmodell

Der untersuchte Raum überschneidet die Landesgrenzen von Sachsen-Anhalt und Thüringen mit den Landkreisen Burgenlandkreis, Weißenfels, Sömmerda und Kyffhäuserkreis. Diese liegen den Zielen der Regionalen Raumordnungspläne (RROP) der Planungsregionen Nord- und Mittelthüringen sowie dem Regionalen Entwicklungsplan (REP) der Planungsregion Halle und Region zu Grunde. Alle dargestellten Landkreise sind ländliche Räume. Diese sind als Lebens- und Wirtschaftsräume mit eigenständiger Bedeutung zu entwickeln (REP Abschn. 1.12).

Die Saale-Unstrut-Region ist gekennzeichnet durch eine differenzierte Raumstruktur mit reizvollen Naturräumen, aber auch durch Bergbau beeinflusste Landschaften, kulturhistorische Traditionen, vielfältige Siedlungsbereiche, Industrie und Landwirtschaft.

Nord- und Mittelthüringen sind weitgehend ländlich geprägt und relativ dünn besiedelt. Die gewachsene kleinteilige Raumstruktur soll gesichert und genutzt werden. Der Kyffhäuserkreis sowie Teile des Landkreises Sömmerda werden im Landesentwicklungsplan Thüringen als strukturschwach („Raum mit besonderen Entwicklungsaufgaben") gekennzeichnet.

Die ländlichen Räume weisen unterschiedliche mit Entwicklungspotenziale (unterschiedliche Benennung in Sachsen-Anhalt und Thüringen) auf. Zielsetzungen sind für sie beispielsweise ihre wirtschaftliche Anpassung und Weiterentwicklung sowie die Förderung von Eigenständigkeit, ihr Ausbau als ökologische Ausgleichsfunktion sowie eine nachhaltige Verkehrsentwicklung.

Siedlungsstruktur

- Die Oberzentren (OZ) *Halle* und *Erfurt* und ihre Verdichtungsräume liegen nicht im Untersuchungsgebiet,
- Mittelzentren (MZ) des Untersuchungsraumes sind *Naumburg, Weißenfels* und *Zeitz* (Landesentwicklungsplan LEP Sachsen-Anhalt, Abschn. 3.2.11) in Sachsen-Anhalt. Naumburg übernimmt hierin die Funktion eines Mittelzentrums mit Teilfunktionen eines Oberzentrums (MZ-O). In Thüringen sind dies *Apolda* und *Sömmerda* (RROP Mittelthüringen, Abschn. 3.1.2.1) und *Artern, Sondershausen, Bad Langensalza* sowie *Nordhausen* (MZ-O) (RROP Nordthüringen, Abschn. 3.1),
- Grundzentren (GZ) sind *Bad Bibra, Bad Kösen, Eckartsberga, Freyburg* und *Teuchern* (LEP 33.2.12) in Sachsen-Anhalt. In Thüringen wird diese Stufe als Unterzentrum (UZ) bezeichnet und umfasst *Buttstädt* und *Kölleda* (RROP Mittelthüringen, Abschn. 3.1.3.1) sowie *Bad Frankenhausen* und *Bad Tennstedt* (RROP Nordthüringen, Abschn. 3.1).

6.2.3.2 Netzgestaltung

Die entscheidenden Strukturräume und zentralen Orte werden durch die Bahn erschlossen und zu einem großen Teil direkt verbunden. Das dargestellte Streckennetz umfasst Hauptstrecken mit Bedeutung im bundesweiten, teilweise europäischen Verkehrswegenetz (Saalbahn Leipzig-Nürnberg, Mitte-Deutschland-Verbindung Halle-Erfurt-Frankfurt) sowie Nebenstrecken mit regionaler Erschließungsfunktion.

Der derzeitige Regionalverkehr wird von den Verkehrsgesellschaften Deutsche Bahn AG und Burgenlandbahn GmbH erbracht. Die Deutsche Bahn AG hat in den letzten Jahren in großem Umfang ihren Fahrzeugpark verjüngt. Nebenstrecken werden hier zu einem großen Teil mit der neuen Baureihe 641 („Walfisch") befahren. Die Expressverkehre zwischen Halle und Erfurt sowie die Regionalverkehre zwischen Jena und Großheringen sowie Leipzig und Weißenfels werden noch mit Lok bespannten Reisezugwagen erbracht.

Die Regionalpläne für das untersuchte Gebiet nennen verkehrliche Sollziele. So wird der Grundsatz der Verkehrsvermeidung ebenso verfolgt wie die Ziele der Verkehrsverlagerung auf Umwelt schonende Verkehrsmittel und Bündelung von Verkehren (vgl. Regionale Entwicklungs- bzw. Raumordnungspläne der Regionen). Dem Schienenverkehr ist gegenüber dem Straßen gebundenen Verkehr Vorrang einzuräumen. Grundlage für das funktionale Schienennetz ist die zentralörtliche Gliederung.

Die Bedienungsqualität macht heute jedoch deutliche Abstufungen zwischen den Haupt- und Nebenstreckenverkehren. Während schnelle, leistungsfähige Züge mit guter Auslastung auf Hauptstrecken verkehren, sind die Nebenstreckenrelationen durch eine geringe Reisegeschwindigkeit, oft lediglich 2-Stunden-Takte und eine mäßige Nachfrage gekennzeichnet. Die Nebenstrecken weisen einen Unterhaltungsrückstau auf. Fahrzeiten und technische Ausstattung erfüllen hier derzeit nicht den Standard für einen attraktiven und sicheren Bahnverkehr. Mangels Instandsetzungsarbeiten verschlechtert sich die Beförderungsqualität beispielsweise auf der Kyffhäuserbahn zwischen Sondershausen und Artern kontinuierlich, so dass das Angebot 2004 auf Schienen-Ersatzverkehr mit Bussen übertragen wurde und die Strecke möglicherweise stillgelegt werden soll. Die Abbestellung weiterer Verkehrsrelationen, so beispielsweise auf der Pfefferminzbahn, wird regelmäßig untersucht. Eine langfristige und Vertrauen erweckende Basis für einen zukunftsfähigen Regionalverkehr im Untersuchungsraum ist dadurch nicht zu erreichen.

Der „neue" Regionalverkehr soll sich insbesondere auf die Direktverbindungen zwischen den zentralen Orten sowie den Kurorten konzentrieren. Das Betriebsmodell des Semipermeablen Netzes sieht eine Bedienung unter folgenden Aspekten vor:

- Die zentralörtlichen Funktionen der Städte, aber auch und insbesondere die Kurorte im untersuchten Gebiet, werden durch schnelle Direktverbindungen untereinander gestärkt. Betriebsmittelpunkt ist das MZ-O Naumburg. Auf ihn laufen die Linien radial zu, er ist entscheidender Knotenpunkt in der Region und für Verbindungen nach Leipzig, Halle, Erfurt und Gera. Es handelt sich damit um ein in sich geschlossenes

Netz, das Städte mit Schienenanschluss gleichrangig mit Linienverkehren verbindet, und offen zum Fernverkehr ist,

- Es werden direkte, verdichtete Verbindungen zwischen Zentren mit ergänzenden Funktionen geschaffen,
- Naumburg, Nordhausen, Sondershausen, Sömmerda und Bad Langensalza sind Knoten mit Übergangsmöglichkeiten zu anderen Bahnlinien,
- In allen Orten sind Umsteigeverbindungen zum regionalen und städtischen Busverkehr herzustellen,
- Unterwegshalte, die keine zentralörtliche Funktion aufweisen und eine Ein- und Aussteigefrequenz von weniger als 100 Personen pro Tag haben, sind mit einer Bedarfshalte-Technik auszurüsten oder zu schließen,
- Die Anreise von Kurenden via Fernbahn wird durch Direktverbindungen aus Leipzig, Halle, Erfurt und Nordhausen gewährleistet. Hier werden Langrelationen eingesetzt, die über die Landkreis- und Ländergrenzen hinaus eine überregionale Anbindung an das Fernverkehrsnetz schaffen.

Das Liniennetz wird unter den genannten Voraussetzungen als „Naumburger Netz" bezeichnet. Ziel ist, durch die Vielzahl der Direktverbindungen zwischen zentralen Orten und den Bäderbetrieben ein eigenes Wirtschaftsnetzwerk zu entwickeln, das eine Vielzahl von Dienstleistungen in sich vereint. Das Netzkonzept und der heutige Bedienungsstandard werden auf den folgenden Seiten gegenübergestellt.

Beschreibung der einzelnen Linien · '

- *Thüringer Bahn (Halle (OZ) -) Weißenfels – Naumburg – Bad Kösen – Bad Sulza (- Weimar – Erfurt (OZ) (orangefarbene Linie)*
  Diese Linie schafft eine überregionale Direktverbindung zwischen Halle und Erfurt und schließt Naumburg an diese Oberzentren an. Bad Kösen und Bad Sulza werden von Naumburg aus erreicht.

- *Saalbahn (Leipzig (OZ) –) Bad Dürrenberg – Weißenfels – Naumburg – Bad Kösen - Camburg – Jena (OZ) (magentafarbene Linie)*
  Die Saalbahn schafft eine überregionale Direktverbindung zwischen den Oberzentren Leipzig und Jena unter Einbindung von Naumburg. Bad Dürrenberg wird an das Naumburger Netz angeschlossen.

- *Pfefferminzbahn Naumburg – Bad Kösen – Bad Sulza – Sömmerda – Bad Tennstedt – Bad Langensalza (dunkelblaue Linie)*
  Durch die Pfefferminzbahn wird eine durchgehende Bäderlinie von Naumburg nach Bad Langensalza erreicht. Diese fördert damit den Kooperationsgedanken im Kurbetrieb. Reisende haben die Möglichkeit, Kureinrichtungen direkt oder mit nur einem Umsteigevorgang in Naumburg zu erreichen.

- *Naumburg – / Weißenfels – Zeitz – / Eisenberg – Bad Köstritz – Gera (OZ) (hellgrüne Linie)*
  Diese Verbindung ist eine Direktrelation zwischen Naumburg und dem Oberzentrum Gera. Eisenberg wird durch Zugtrennung in Crossen erreicht, Weißenfels durch Zugtrennung in Teuchern. Bad Köstritz, derzeit ohne Kurbetrieb, wird an das Naumburger Netz angeschlossen.

- *Unstrut-Kyffhäuser-Bahn Naumburg – Nebra – Bad Frankenhausen – Sondershausen – Nordhausen (seegrüne Linie)*
  Die überregionale Direktrelation von Naumburg nach Nordhausen stellt einen Zubringer für Kurende aus Richtung Westen (Kassel) dar und bindet Bad Frankenhausen in das Bädernetz ein. Über sie wird das Semipermeable Netz Nordhausen erreicht.

- *Naumburg – Laucha – Bad Bibra (braune Linie)*
  Eine Kurzrelation bindet Bad Bibra an das Bädernetz an.

6.3   Fazit aus den Beispielen

Die Bahn ist, durch die Markenführung stringent und langfristig gesteuert, auf völlig unterschiedliche örtliche Ausgangssituationen anpassbar. Die Variationen der Dachmarke weisen eine gesellschaftliche Vielfunktionalität und Flexibilität auf, die für die Entwicklung des jeweiligen ländlichen Raumes förderlich ist. Die Bahn ist das Infrastruktur-System, das die wirtschaftliche, einschließlich kulturelle und touristische, Entwicklung stützt und dabei den Erholungs- und Ausgleichswert der Landschaft aufrecht erhält. Durch das Bedienungsmodell des Semipermeablen Netzes ist die Bahn in der Lage, regionale Eigenkräfte und Potenziale, wie touristische Orte, kulturelle, landschaftliche und wirtschaftliche Ressourcen, synergetisch zu vernetzen und nach außen abzugrenzen. Die Bahn wird untrennbar mit bestimmten Werten und Mentalitäten einer Region verbunden und ist damit, über die Funktion als Transportmittel hinaus, Ausdrucksmöglichkeit und Darstellungsmittel für den Einzelnen.

Vor allem aber bietet die Bahn dem Menschen die Möglichkeit, zu erleben, aktiv zu sehen, ein Gefühl für „Aus-" Zeit zu bekommen und damit ein Stück weit zu sich selbst zu finden. Bahnfahren muss dabei nichts Besonderes sein. Dieser eher hedonistische Ansatz ist auch für den Berufsverkehr gültig und muss professionell und ganzheitlich vermittelt werden.

Die „Einer von uns" oder „Prickelnd" – Idee allein veranlasst Autofahrer noch nicht, auf die Bahn umzusteigen. Die Bahnmarke muss mit einer langfristig angelegten Raumplanung gekoppelt werden, die auf die punktuelle Entwicklung der Orte und Potenziale ausgerichtet ist und der Zersiedelung der Landschaft entgegensteuert. In der Praxis zeigt sich heute deutlich, wie weit der Weg zur einer solchen, gesellschaftsorientierten Bahn noch ist.

In Fortführung dieser Arbeit wäre es sinnvoll, in Zusammenarbeit mit den Verantwortlichen in den Regionen die Umsetzbarkeit der Markenidee zu erproben. Hierfür wäre eine Akteursposition zu schaffen, die das Projekt verantwortlich und mit eigenen Kompetenzen ausgestattet steuert und die Zusammenarbeit mit den Beteiligten moderiert. Hauptaufgabe wäre darin aber sicherlich, die Idee der Bahnmarke und des Netzkonzepts überzeugend zu kommunizieren. Es liegt auf der Hand, dass in der Tagesarbeit Kompromisse zwischen den Interessen und Zielen der einzelnen Akteure gefunden werden müssen.

Ein angegliedertes Projekt und seine Praxiserkenntnisse hätte im Rahmen dieser Arbeit jedoch zu weit geführt. Ziel ist es, durch eine neue Denkweise andere, innovative Lösungen für den Bahnverkehr im ländlichen Raum zu finden. Die Ideen nähren Idealpositionen. Diese sind erforderlich, um einen neuen Betrachtungswinkel und neue Ziele zu finden. Ein durch Kompromisse aufgeweichter Findungsprozess wäre diesem Weg nicht zuträglich gewesen und hätte die Aussagekraft dieser Arbeit beschnitten.

7 Abschlussdiskurs: Impulse für den ländlichen Raum durch Markenführung im regionalen Schienenverkehr

7.1 Zusammenfassung

In diese Arbeit wurde die Frage fokussiert, ob der SPNV im ländlichen Raum, hier umfassender als Regionalverkehr bezeichnet, für Nutzer und Akteure künftig eine höhere Relevanz einnehmen könnte. Der ländliche Raum in Deutschland weist wirtschaftliche, strukturelle und demographische Schwächen auf. Er verfügt aber auch über endogene Potenziale, die besser aktiviert werden könnten.

Der Nutzwert des ländlichen Raumes als ökologischer Ausgleich zu Ballungsräumen, als Standort einheimischer, spezieller Wirtschaftszweige und als Rekreationsraum für Erholung Suchende muss stärker hervorgehoben werden, um seine Eigenständigkeit zu fördern. Ferner erfordert die andauernde Bevölkerungsabnahme in strukturschwachen Räumen neue Verkehrskonzepte. Die Bahn kann hier strukturelle Impulse liefern, indem sie besser darauf ausgerichtet wird, Verkehr zu bündeln und punktuell auf zentrale Orte zu verteilen, während dünn besiedelte Räume schnell und ohne Halt durchfahren werden. Die gesamte räumliche Planung und ihre Leitbilder muss sich künftig gezielter auf die Schiene ausrichten. Dadurch kann der Zersiedelung der Landschaft, ein weiteres Anwachsen von (Zwangs-) Mobilität und dem Verlust der Landschaft als Lebens- und Erlebnisraum entgegengewirkt werden.

Die Regionalisierung des SPNV hat eine Zersplitterung von Zuständigkeiten ergeben, so dass sogar die Produkteigenschaften (z.B. Linienkonzeptionierung, Tarif und Vertrieb, Bedienungshäufigkeit, Servicemerkmale) des SPNV je Bundesland uneinheitlich sind. Mit seinen allgemeinen Bedienungsmerkmalen (geringe Reisegeschwindigkeit, Vielzahl an Halten) deckt er lediglich eine unattraktive Restkategorie ab. So kann einerseits von funktionalen Mängeln der Bedienungsweise gesprochen werden, andererseits ist der SPNV mit seiner heutigen Leistungsbeschaffenheit in besonderem Maße erlebnisarm für den Nutzer. Die Bahn als Rückgrat des ländlichen Raumes benötigt deshalb ein Bedienungskonzept, das den Raum stärkt, und eine emotionale Komponente, die das Bahnfahren vielschichtig erlebbar macht und auf psychosozialer Ebene Befriedigung verschafft.

Als Bedienungsmodell für den Regionalverkehr im ländlichen Raum stellt das hier entwickelte *Semipermeable Netz* eine Möglichkeit dar, die endogenen Potenziale des Raumes zu stärken und gegen Sogeffekte von Metropolregionen zu schützen. Es ist auf den Ort mit der höchsten zentralörtlichen Funktion orientiert, während sich die Bedienungshäufigkeit in Richtung der Agglomerationsräume verringert. Lang laufende Linien aus den Metropolen in den ländlichen Raum oder zu anderen Oberzentren finden sich hingegen im Freizeit- und Urlaubsverkehr. Der Tourismus erbringt hierdurch positive räumliche Effekte, Freizeitverkehre werden gebündelt. Ferner können Nebenstrecken, die kein eigenes Erschließungspotenzial aufweisen, als Verbindungstangenten für den Fernerkehr Netzsynergien schaffen. Dieses Modell ist unter heutigen Voraussetzungen hypothetisch. Es kann nur funktionieren, wenn das allgemeinhin geforderte Selbsthilfeprinzip für den ländlichen Raum mit allen zur Verfügung stehenden Instrumenten aktiviert und von allen beteiligten Instanzen mitgetragen wird.

Ein entscheidendes Problem stellt die langjährige Bevorrangung des motorisierten IV gegenüber der Bahn durch Politik und Gesellschaft dar. Der SPNV hat ein schlechtes Image, das sich in der Bevölkerung über Jahre fest verankert hat, das aber auch von seinen beteiligten Akteuren selbst verschuldet ist. Der Ausbau von Straßen wird forciert, während insbesondere im Nebenstrecken-Netz der Bahn wichtige Instandhaltungsmaßnahmen oft unterbleiben. Erhebliche Investitionen zur Modernisierung von Strecken sind noch nötig, um heutigen Mobilitätsansprüchen der potenziellen Nutzer entsprechen zu können.

Dennoch werden bauliche und technische Maßnahmen allein den Anteil der Schiene am regionalen Verkehrsaufkommen nicht signifikant erhöhen. Verkehrskonzepte berücksichtigen heute noch nicht ausreichend die psychologischen Aspekte, die hinter der Bevorrangung des Autos stehen. Auch die Bahn verfügt über systemeigene, psychosoziale Nutzungsvorteile, die als Vorteil gegenüber dem Auto vermarktet werden könnten. Um diese in ein glaubwürdiges und stimmiges, ganzheitliches und widerspruchsloses Konzept zu bringen, bedarf es der *Markenführung*.

Eine Bahnmarke ist der Lage, ein bestimmtes Image, eine Lebenswelt oder eine Kultur zu verkörpern. Sie wird dadurch ein vom Nutzer sinnlich erlebbares, mit „Bedeutung" aufgeladenes Produkt mit einem prägnanten Markenbild und einzigartigen Eigenschaften. Die Marke steht für ein integriertes Zusammenwirken von Grundnutzen (Beförderung), Personal, Serviceaspekten, Preispolitik und einer Kommunikation im Rahmen einer Verkehrsdienstleistung. Sie spricht den Nutzer emotional an. Durch sie verschmelzen unterschiedliche Leistungsbestandteile zu einer zusammengehörigen Einheit. Die Marke wird in dieser Arbeit als zentrales Vehikel verstanden, dem potenziellen Nutzer das Leistungsvermögen der Bahn offensichtlich und begreifbar zu machen.

Durch die integrierte Kommunikation der Marke erhält der Nutzer jederzeit eine einfach zu verarbeitende, widerspruchslose Botschaft der Bahn. Das Personal stellt den Angelpunkt zwischen dem dienstleistenden Unternehmen, dem EVU, und dem Reisenden dar und muss deshalb in besonderer Art befähigt sein. Dies umfasst selbstverständlich das Fachwissen und den professionellen Umgang mit dem Nutzer, geht im Rahmen der Marke jedoch darüber noch hinaus. Die Markenphilosophie muss verstanden und „gelebt" werden, zudem sollten die Aufgaben über die reine Fahrkartenkontrolle hinausgehen.

Die einzelnen Bestandteile der Verkehrsdienstleistung, die Potenzial-Einsatzfaktoren sowie die Elemente der Prozesskette werden gemäß der Markenphilosophie unterschiedlich akzentuiert. Der potenzielle Nutzer muss bereits vor Reiseantritt, aber auch während der Reise, die Leistungsfähigkeit der Bahn erleben und, gemäß der Markenbotschaft, eindeutig wahrnehmen und kognitiv verarbeiten können. Hier bewahrheitet sich das Leistungsversprechen der Marke. Innovationen sind in der Lage, die Bahn regelmäßig in Erinnerung zurückzurufen und Neugier zu wecken. Deshalb können einzelne Leistungsbestandteile, die das Markenbild ergänzen, neu entwickelt werden. Benchmarks und best practices sind heute relativ risikolose Quellen von Leistungsveränderungen für die EVU. Die Chance, wirklich neue Komponenten auf den Markt zu bringen und damit Aufmerksamkeit zu erregen, wird damit jedoch vertan.

Erlebniswelten schaffen den Rahmen für emotionale Konsumerlebnisse. Da künstliche Welten vom Reisenden sofort auf ihren Wahrheitsgehalt überprüft werden können, bedarf es realer Erlebnisse, die das Vertrauen in die Marke stärken. Thematische Konzepte, die mit Hilfe des Personals oder technischer Elemente umgesetzt werden, sind punktuelle Ansätze. Einen wichtigen Beitrag zur regionalen Identität leistet die Bahn dadurch, dass landschaftliche oder wirtschaftliche Potenziale des bedienten Raumes in die Erlebniswelt der Bahn einbezogen werden. Die Bahn kann dadurch ein untrennbarer Bestandteil der Region werden, verändert dadurch ihr Image auch bei den Bewohnern und erfährt eine höhere Akzeptanz. Hierfür muss unterhalb der Dachmarke mit ihren Standards und Bedienungsgrundsätzen eine regionale Bahnmarke entwickelt werden, die sich in die räumlichen Potenziale integriert.

Beide Entwicklungsstränge erfordern einen langen und intensiven Vorlauf. Die Aufwertung des ländlichen Raumes kann nur erreicht werden, wenn dessen Leitbilder konsequent und auf allen organisatorischen Ebenen umgesetzt wird. Der Einwohner muss seine persönliche Chance im Selbsthilfeprozess erkennen können und sich in die Entwicklung einbringen.

Die Markenführung ist durch die heutige Konstellation auf dem SPNV-Markt nur unter schwierigen Bedingungen umzusetzen. Der Sinn der Marke und die Chance, durch sie räumliche und verkehrliche Veränderungen erreichen zu können, muss von allen Instanzen und beteiligten Unternehmen erkannt werden. Die Markenstrategie muss akzeptiert, verstanden und in jedem beteiligten Unternehmen umgesetzt werden. Hierfür ist es erforderlich, die notwendige Organisation zu schaffen und die einzelnen Aufgaben der Markenführung verbindlich auf die beteiligten Unternehmen zu übertragen. Auch hier ist es ein Ziel, dass die Unternehmen ihren Nutzen von der Marken verstehen und ihr Engagement in die Markenführung verstärken.

Das Ziel dieser Arbeit wäre erreicht, wenn durch diesen Imagewandel der potenzielle Nutzer ein Bedürfnis verspürt, die Bahn zu nutzen, weil sie ihm die Regulation psychosozialer Bedürfnisse verspricht. Parallel hierzu wird der Verkehr, durch investive Maßnahmen im Streckennetz sowie die Anpassung der räumlichen Planung an die Schiene und die Stärkung endogener Potenziale, einfacher gebündelt und auf die Bahn verlagert. Auch schließt die Markenführung ein, dass der Regionalverkehr durch seine integrative Komponente künftig höhere Einnahmen verspricht – durch eine höhere Nachfrage und die Effekte, die dadurch für Kooperationen und kostenpflichtige Zusatzleistungen entstehen.

7.2 Diskussion und Ausblick

Im ländlichen Raum erfüllt die Bahn eine Rückgratfunktion. Neben ihrer verkehrlichen Bestimmung bündelt sie raum-endogene Potenziale und fördert Identitäten. Sie erzeugt vielfältige Synergien, die die Region in ihrer Eigenart unterstützen und stärken. Ihr Wert für den Raum geht damit über die reine Transportfunktion hinaus bis in gesellschaftliche Aufgaben hinein. Sie muss daher auch ein entscheidendes Instrument der Raumplanung sein. Raumstruktur und Verkehrsrelationen in Beruf, Versorgung und Freizeit sind auf sie auszurichten.

Die Bahn ist etwas alltäglich Besonderes. Sie verkörpert einen Lebensstil und unterstützt die Selbstdarstellung ihrer Reisenden. Bahnfahren ist ein Erlebnis. Wenn sie so inszeniert wird, findet sie ihren Weg zurück in die Köpfe der Menschen. Mit, verglichen mit vielen Infrastrukturprojekten, wenigen, effektiven Mitteln wird die Einstellung und das Wahlverhalten des Verbrauchers verändert.

Durch die Markenführung lässt sich die Leistungsfähigkeit der Bahn auf vielerlei Art herausstellen. Die Bahn erhält ein „Gesicht", also spezifische Charaktermerkmale, so dass ihre Leistung mit bestimmten Werten und Lebensstilen assoziiert werden kann. Ihre Systemvorteile befriedigen auch psychosoziale Bedürfnisse. Sie müssen deshalb eindeutig formulierbar sein. Eine Bahn, die sich durch eine einfache Botschaft verständlich macht und verlässliche, beständige Werte vermittelt, weckt Neugier und Interesse. Interesse am Ausprobieren ist Voraussetzung für die Bereitschaft, die eigene Verkehrsmittelwahl dauerhaft zu verändern.

Eine Bahn als Impuls für die wirtschaftliche und strukturelle Entwicklung des ländlichen Raumes ist unter den heutigen Voraussetzungen jedoch nicht zu erreichen. Die Ausgangsbedingungen für eine solche Bahn sind schlecht. Zuständigkeiten sind seit der Regionalisierung zersplittert, so dass die Bahn heute noch unpersönlicher und in ihrer Leistungsfähigkeit undeutlicher ist als noch vor zehn Jahren. Zudem schreiten die nötigen investiven Maßnahmen in die Infrastruktur, um die Schiene den heutigen Anforderungen anzupassen, zu langsam voran. Die Raumplanung weist Nebenbahnen lediglich eine verkehrliche Funktion über kurze und mittlere Distanzen zu. Ländliche Räume in Deutschland müssen sich künftig stärker auf Selbstkräfte und Eigeninitiative stützen. Die Bahn als wirtschaftliches Potenzial für den Raum wird jedoch unterhalb ihrer Leistungsfähigkeit eingesetzt.

Auch sind landschaftsgestalterische Maßnahmen zur Förderung des Seherlebnisses oder die Ausweisung von „Ruhezonen" statt der Neubau- und Gewerbegebiete heute für Kommunen nicht finanzierbar. Verkehrsunternehmen können die Kosten, die beispielsweise ein multifunktionales Personal oder eine Station, die gemeinschaftliche Aufgaben übernimmt, verursachen, nicht alleine tragen. Um die Entwicklungsfähigkeit des ländlichen Raumes zu unterstützen, müssen, durchaus im Rahmen des Selbsthilfeprinzips, neue Wege gefunden werden.

Das Bestellerprinzip für den SPNV widerläuft einer Entwicklungsmöglichkeit von Teilräumen. Die relativ kurze Laufzeit der Verkehrsverträge verhindert eine langfristig verlässliche Planung des Bahnverkehrs für die regionale Entwicklung. Dies geschieht insbesondere, wenn die Verkehrspolitik des Landes offen lässt, ob einzelne Nebenstrecken mittelfristig stillgelegt werden sollen. Die strikte Kostenorientiertheit im Vergabeverfahren führt zudem dazu, dass die EVU ihre Bahnleistungen nur nach den vereinbarten Standards erbringen. Der Bahnverkehr verbleibt dadurch zu dicht an der Kernleistung „Beförderung".

Der Aufbau von Marken muss hingegen strategisch forciert werden. Er benötigt einen Mitteleinsatz, der die erforderlichen Vorinvestitionen in den Markenaufbau und in Leistungsinnovationen ermöglicht und eine langfristige Konstanz der Maßnahmen gewährleisten kann. Die zu kurzfristige, zu politisch motivierte und zu kostenorientierte Planung des regionalen Schienenverkehrs verhindert eine erfolgreiche, langfristige Markenführung im Bahnverkehr.

Eine gute Verkehrsdienstleistung kann nur mit dem Willen zum Erfolg, mit Kreativität und dem Mut, unkonventionelle Wege zu gehen, konzipiert werden. Dass regionaler Bahnverkehr heute erfolgreich sein könnte, halten die beteiligten Organisationen jedoch nicht einmal selbst für möglich. Sie verharren in einer durch best practices und Verkehrsverträge rückversicherten Leistungserstellung, in der Kosten und die Tendenz zur Überregulierung dominieren.

Auch Verkehrsprojekte allein verändern Mobilitätsverhalten nicht signifikant. Investitionen in die Modernisierung der Strecken sind zwar zwingend für eine Veränderung des Straße-Schiene-Verhältnisses erforderlich, sie sind jedoch nicht alleiniges Heilmittel. Der potenzielle Nutzer fühlt sich allein durch technische und bauliche Maßnahmen nicht in seinen Regulations- und Mobilitätsbedürfnissen erkannt. Er benötigt die Marke als Wahrnehmungsanker, mit der er die Leistungsfähigkeit der Bahn und seine persönlichen Wünsche in Zusammenhang bringen kann.

Zur Veränderung ist der gesellschaftliche Wille entscheidend. Der Einzelne muss erkennen können, dass die Veränderung seines Verkehrsverhaltens durch die Nutzung des Regionalverkehrs ihm lediglich andere, neue Mobilitätsvorteile erbringt, die ihm persönlich Spaß machen und keine Opfer von ihm erwarten. Die Psyche steuert Verkehrsverhalten – nur über die emotionale Ebene wird die Bahn als Statussymbol verstanden und damit dem Auto vergleichbar.

Ausblick für die Forschung

Diese Arbeit ist ein Diskussionsbeitrag zur Entwicklung des ländlichen Raumes und seines Bahnverkehrs in Deutschland. Sie stellt einen denkbaren Blickwinkel für ein Problem dar, das, wie sich erneut zeigte, nur in interdisziplinärer Runde gelöst werden sollte. Dabei besteht die Chance, Einzelmaßnahmen so miteinander zu verbinden, dass sie über ihre eigentliche Bestimmung, seien es verkehrliche, bauliche oder strukturelle Lösungen, synergetisch greifen und in eine übergeordnete, gesellschaftliche Ebene hineinreichen können.

Die hier vorgestellten Lösungen sind auch in Teilen anwendbar, führen dann jedoch nicht oder nur verzögert zu einem spürbaren Effekt für den Raum. So kann die Markenausrichtung des Bahnverkehrs auch in einem Teilraum, statt bundesweit, erfolgen, oder das Semipermeable Netz wird in einem geographisch zusammenhängenden Raum als Solitär implementiert. Hierin ergäbe auch die Erhebung von Primärdaten (Abfrage veränderter Verkehrsmittelwahl-Verhalten, Messung von Nachfrage oder Zufriedenheit usf.) einen sinnvollen Kontext, um die vorgestellten Ideen und Ansätze zu erproben.

Letztendlich geht es jedoch darum, den Wert vorhandener Potenziale zu erkennen und dem potenziellen Nutzer zu „verkaufen", sei es eine Bahnlinie oder eine besondere Landschaftsgestaltung. Die Menschen nehmen sich nicht ausreichend Zeit, „zu sehen", daraus ihren Nutzen und ihre Bereitschaft zu ziehen, Verhalten ändern zu wollen. Eine Disziplin übergreifende Forschungsfront könnte diesem Mangel entgegenwirken.

Literaturverzeichnis

AHRENS, G.-A. (2002): Thematische Einführung und Zusammenfassung. In: DVWG (Hrsg.): Soft policies – Maßnahmen in der Verkehrspolitik, Instrumente, Anwendungsbereiche, Wirkungen. Schriftenreihe der Deutschen Verkehrswissenschaftlichen Gesellschaft. Bd. B 251. Bergisch Gladbach, S. 3-16, S. 208-214

ARL Akademie für Raumforschung und Landesplanung (Hrsg.) (2000): Verkehr in Stadt und Region. Leitbilder, Konzepte und Instrumente, Forschungsberichte Bd. 211. Berlin

AXHAUSEN, K. et al. (Hrsg.) (1998): Freizeitverkehr: Innovative Analysen und Lösungsansätze in einem multidisziplinären Handlungsfeld, Dokumentation eines interdisziplinären Workshops des BMB+F. Bonn

BAMBERG, S. (2002): Wann und warum motivieren soft policies zum Umstieg? Analyse psychologischer Mechanismen an einem praktischen Beispiel. In: DVWG (Hg): Soft policies – Maßnahmen in der Verkehrspolitik, Instrumente, Anwendungsbereiche, Wirkungen; Schriftenreihe der Deutschen Verkehrswissenschaftlichen Gesellschaft, 251. Bergisch Gladbach, S. 83-112

BAUER, H./HUBER, F./BRAUNSTEIN, Ch. (1997): Wertorientierte Produkt- und Werbegestaltung bei der Deutschen Bahn AG – Eine empirische Studie. In: ZögU Zeitschrift für öffentliche und gemeinwirtschaftliche Unternehmen, Bd. 20, H. 3. Baden-Baden

BAUM, H. et al. (2002): Integrierte Verkehrspolitik. In: Zeitschrift für Verkehrswissenschaft, Jg. 73 (2002), H. 2; S. 73-113

BAUMGARTH, C. (2001): Markenpolitik. Markenwirkungen – Markenführung – Markenforschung. Wiesbaden

BBR Bundesamt für Bauwesen und Raumordnung (Hrsg.) (2001): Bahnverkehr in der Region – Ein Modellvorhaben der Raumordnung. Bonn

BBR Bundesamt für Bauwesen und Raumordnung (Hrsg.) (2002): Bahn in der Fläche – Top oder Flop? In: Informationen zur Raumentwicklung, H. 10.2002. Bonn

BBR Bundesamt für Bauwesen und Raumordnung (Hrsg.) (2003): Demographischer Wandel und Infrastruktur im ländlichen Raum. In: Informationen zur Raumentwicklung, H. 12

BECKER, Ch. (1995): Geographische Wanderführer – Ein Instrument der Besucherlenkung? In: MOLL, P. (Hrsg.): Umweltschonender Tourismus – Eine Entwicklungsperspektive für den ländlichen Raum. Bonn, S. 161-164

BECKER, U. (1998): Verkehrsökologie – Wozu führt denn das? In: Internationales Verkehrswesen (50) 4/98, S. 139-148

BECKER, U. (2002): Nachhaltige Verkehrsentwicklung. In: Der Nahverkehr 1-2/2002, S. 12-16

BECKMANN, K. (2002a): Personenbahnhöfe als Kristallationskerne zukünftiger Stadtentwicklung. In: Eisenbahntechnische Rundschau, 51(2002), H. 6, S. 369-377

BECKMANN, K. (2002b): Soft policies – Stellenwert in der integrierten Verkehrsplanung und Verkehrspolitik. In: DVWG (Hrsg.): Soft policies – Maßnahmen in der Verkehrspolitik, Instrumente, Anwendungsbereiche, Wirkungen. Schriftenreihe der Deutschen Verkehrswissenschaftlichen Gesellschaft. Bd. B 251. Bergisch Gladbach, S. 23-82

BERG, J. et al (2001): Reaktivierung einer Nebenbahnstrecke, Sanierung zu wirtschaftlich akzeptablen Bedingungen – das Beispiel der Freiberger Muldentalbahn. In: Nahverkehr 57/2001, S. 28-32

BERGMANN, M. et al. (o.J.): Least-Cost Planning im Verkehr. Eine neue Methode zur ökologischen und ökonomisch effizienten Verkehrsplanung. o.O.

BIEBERSTEIN, I. (1998): Dienstleistungsmarketing. Ludwigshafen (Rhein)

BIEGER, T./LAESSER, Ch. (2000): Persönliche Interaktion als Erfolgsfaktor – Wie kann der Wert der persönlichen Interaktion gesteigert werden? In: BELZ, Ch./BIEGER, T. (Hrsg.): Dienstleistungskompetenz und innovative Geschäftsmodelle, S. 214-235

BIEGER, T./LAESSER, Ch. (2003): Attraktionspunkte. Multioptionale Erlebniswelten für wettbewerbsfähige Standorte. Bern

BIEL, A. (2001): Grundlagen zum Markenwertaufbau. In: ESCH, F.-R. (Hrsg.): Moderne Markenführung. Grundlagen, Innovative Ansätze, Praktische Umsetzungen, 3. erw. akt. Aufl.. Wiesbaden, S. 63-90

BIRGELEN, A. et al (1996): Freizeitverkehr – Chance für ÖPNV. In: Der Nahverkehr 7-8/96, S. 9-13

BLÜMEL, H. (2003): Hilfe, ein Fahrgast. Macht aus Beförderungsfällen endlich Kunden! In: Die Tageszeitung v. 20.08.03; URL: www.taz.de/pt/2003/ 08/20/a0097.nf/text.ges,1. Zugriff am 21.08.03

BLUMENTHAL, P. (2000): Customer Relation bei den Schweizerischen Bundesbahnen (SBB) im Personenverkehr. In–BELZ & BIEGER (Hrsg.): Dienstleistungskompetenz, S. (200-213

BMB+F Bundesministerium für Bildung und Forschung (Hrsg.) (2000): Mobilität und Verkehr – Nachhaltigkeit, Sicherheit und Wettbewerbsfähigkeit durch intelligenten Verkehr. Berlin

BMBS Bundesministerium für Raumordnung, Bauwesen und Städtebau (1993): Raumordnungspolitischer Orientierungsrahmen. Leitbild für die räumliche Entwicklung der Bundesrepublik Deutschland. Bonn; URL: www.bmvbw.de/Anlage12042/Raumordnungspolitischer-Orientierungsrahmen.pdf am 27.04.04

BMVBW Bundesministerium für Verkehr, Bau und Wohnungswesen (Hrsg.) (1999): Bericht der Bundesregierung über den ÖPNV in Deutschland nach Vollendung der deutschen Einheit. Bonn

BMVBW Bundesministerium für Verkehr, Bau und Wohnungswesen (2003): Eckpunkte der Mobilität, Artikel vom 09.09.2003. URL: www.regioweb.de /webchange/16836-1062571304144-16730-archivdetail.html, Zugriff am 11.11.2003

BODACK, K.-D. (1999): Der Inter-Regio der Deutschen Bahn. In: Eisenbahn-Revue International, H. 3/1999, S. 108-111

BODACK, K.-D. (2000): Zukunft für den Interregio oder: Die Provinzialisierung ganzer Regionen. In: Eisenbahn-Revue International, H. 12/2000, S. 567-568

BRÄNDLI, H. (2002): Die Zukunft der Eisenbahnen aus verkehrswissenschaftlicher Sicht. In: Glasers Annalen, Jg. 126 (2002), H. 6/7, S. 252-260

BRETTHAUER, I. (1998): Deutsche Bahn AG: Marketing im Personenfernverkehr. In: MEYER, A. (Hrsg.): Handbuch Dienstleistungs-Marketing. Stuttgart, S. 1550-1560

BRÖG, W./ERL, E. (2002): Der homöopathische Weg zur Förderung einer nachhaltigen Mobilität. In: DVWG (Hrsg.): Soft policies – Maßnahmen in der Verkehrspolitik, Instrumente, Anwendungsbereiche, Wirkungen. Schriftenreihe der Deutschen Verkehrswissenschaftlichen Gesellschaft. Bd. B 251. Bergisch Gladbach, S. 114-138

BRUHN, M. (2001): Qualitätsmanagement für Dienstleistungen: Grundlagen, Konzepte, Methoden; 3. neu bearb. Aufl.. Berlin

BRUHN, M. (2003): Kundenorientierung. Bausteine für ein exzellentes customer relationship management. 2. Aufl. Basel

BRUHN, M.; Stauss, B. (2000): Dienstleistungsqualität, Konzepte-Methoden-Erfahrungen; 3., vollst. überarb. und erw. Aufl.. Wiesbaden

Bundesregierung (2002): Perspektiven für Deutschland, Nationale Nachhaltigkeitsstrategie der Bundesregierung. Berlin

BURMANN, Ch. (2003): Kompetenz entscheidet. In: Frankfurter Allgemeine Zeitung, Beilage Marke vom 25.06.03, S. B3

BURMEISTER, J. (2002): Neue Ansätze für den Nahverkehr in der Region. In: Der Nahverkehr 1-2/2002, S. 36-40

CLAUSECKER, M. (2002): Die Zukunft der Bahnen – Szenario 2015. In: Glasers Annalen, Jg. 126 (2002), H. 6/7, S. 246-251

CORSTEN, H. (1990): Betriebswirtschaftslehre der Dienstleistungs-Unternehmen. 2. Auflage. Wien

DB (= Deutsche Bahn AG) (2004): „Bahnfahren mal so gesehen". In: punkt 3, Nr. 11/2004 vom 10. Juni (2004, S. 1).

DICK, M. (2002): Auf den Spuren der Motive, Auto zu fahren. Die Perspektive der Fahrenden. In: Verkehrszeichen 4/2002, S. 9-15

DOMIZLAFF, H. (1939): Die Gewinnung des öffentlichen Vertrauens. Ein Lehrbuch der Markentechnik. Hamburg, Berlin

DREWS-BORRMANN, M./JAKUBOWSKI, P. (2002): Der interkommunale Leistungsvergleich „Mobilität". In: Internationales Verkehrswesen (54) 1+2/2002, S. 13-18

ESCH, F.-R. (1998): Aufbau und Stärkung von Dienstleistungsmarken durch integrierte Kommunikation. In: TOMCZAK, T. et al. (Hrsg.): Markenmanagement für Dienstleistungen, St. Gallen, S. 104-133

ESCH, F.-R. (2001): Markenpositionierung als Grundlage der Markenführung. In: ESCH. F.-R. (Hrsg.): Moderne Markenführung. Grundlagen, innovative Ansätze, Praktische Umsetzungen, 3. erw. akt. Aufl.. Wiesbaden

ESCH, F.-R./WICKE, A. (2001): Herausforderungen und Aufgaben des Markenmanagements. In: ESCH, F.-R. (Hrsg.): Moderne Markenführung. Grundlagen, Innovative Ansätze, Praktische Umsetzungen, 3. erw. akt. Aufl.. Wiesbaden, S. 7-53

EWERS, H.-J. (1991): Dem Verkehrsinfarkt vorbeugen – Zu einer auch ökologisch erträglichen Alternative der Verkehrspolitik unter veränderten Rahmenbedingungen. Göttingen

FGSV Forschungsgesellschaft für Straßen- und Verkehrswesen (Hrsg.) (2002): RIN Rahmenrichtlinie für die integrierte Netzgestaltung, Manuskript Stand 12.06.02. Köln

FIEDLER, J. (1999): Bahnwesen: Planung, Bau und Betrieb von Eisenbahnen, S-, U-, Stadt- und Straßenbahnen. 4., neubearb. und erw. Aufl.. Düsseldorf

FIEDLER, J. (2002): Mobilitätsmanagement als Chance In: Der Nahverkehr 1-2/2002, S. 23-26

FLAIG, J./KILL, H.-H. (2004): Mobilität zu Freizeitgroßveranstaltungen. In: BRACHER, T./HOLZAPFEL, H./KIEPE, F. (Hrsg.): Handbuch der kommunalen Verkehrsplanung, Ergänzungslieferung, Kap. 2.2.1.7;40. Heidelberg

FUHRER, U./KAISER, F. (1994): Multilokales Wohnen. Psychologische Aspekte der Freizeitmobilität. Bern u.a.

GATHER, M. /KAGERMEIER, A. (Hrsg.) (2002): Freizeitverkehr – Hintergründe, Probleme, Perspektiven. In: Studien zur Mobilitäts- und Verkehrsforschung, Bd. 1. Mannheim

GATHER, M. (1998): Verkehrspolitik und Raumplanung – Erkenntnisse und Fragen aus einem dynamischen Spannungsfeld. In: ARL (= Akademie für Raumforschung und Landesplanung) (Hrsg.): Regionalentwicklung und Verkehr, Arbeitsmaterial Nr. 242, S. 18-34

GATHER, M. (1999): Beiträge einer integrierten Siedlungs- und Verkehrsplanung zur nachhaltigen Regionalentwicklung. In: Mitteilungen des BDLA Thüringen. Erfurt

GATHER, M. et al. (2003): Regionale Bedeutung von Eisenbahnstrecken. Entwicklung und Erprobung eines Bewertungsverfahrens am Beispiel Thüringen. In: Materialien zur Raumentwicklung und Raumordnung (MzR), Bd. 8

GATHER, M. (2003): Regionale Effekte der Fernstraßeninfrastruktur auf die wirtschaftliche Entwicklung in Thüringen. Erfurt

GEGNER, M. (2004): Die Auto-Referenz des öffentlichen Nahverkehrs. Selbst-, Konkurrenz- und Kundenbild im Marketing des Verbands Deutscher Verkehrsbetriebe. In: Wissenschaftszentrum Berlin für Sozialforschung, Discussion paper SP III (2004-103

GORTER, M. et al. (2001): Weiche Angebotsmerkmale im ÖPNV; In: Der Nahverkehr 6/2001, S. 14-19

HAART, N./STEINECKE, A. (1995): Umweltschonender Tourismus – Eine Entwicklungsalternative für den ländlichen Raum in Europa? In: MOLL, P. (Hrsg.): Umweltschonender Tourismus – Eine Entwicklungsperspektive für den ländlichen Raum; Material zur Angewandten Geographie, Bd. 24. Bonn, S. 17-32

HAEDRICH, G. /TOMCZAK, T. (1996): Strategische Markenführung. Planung und Realisierung von Marketingstrategien für eingeführte Produkte; 2. Aufl.. Bern

HAEDRICH, G. (1999): Strategische Kommunikationsplanung für low involvement-Produkte. In: GRÜNIG, R./PASQUIR, M. (Hrsg.): Strategisches Management und Marketing, S. 379-394. Bern, Stuttgart, Wien

HASSE, J. (1993): Ästhetische Rationalität und Geographie. Sozialräumliche Prozesse jenseits kognitivistischer Menschenbilder. In: Wahrnehmungsgeographische Studien zur Regionalentwicklung, H. 12. Oldenburg

HAUBER, J. et al. (2001): Bürgerbahn statt Börsenbahn – Der ausgebremste Erfolgszug. Ein Plädoyer für den Interregio. In: Frankfurter Rundschau vom 03.04.2001

HEINZE, G. (2000): Personenverkehr im künftigen Stadt-Land-Verbund. In: *ARL (= Akademie für Raumforschung und Landesplanung)* (Hrsg.): Verkehr in Stadt und Region. Leitbilder, Konzepte und Instrumente, Forschungsberichte Bd. 211. Berlin, S. 55-74

HEINZE, G. (2003): Überregional bedeutsames Schienennetz in Deutschland aus raumordnerischer Sicht. In: ARL Akademie für Raumforschung und Landesplanung, Positionsapier 51. Berlin

HEINZE, G./KILL, H.-H. (1997): Freizeit und Mobilität, Neue Lösungen im Freizeitverkehr. Berlin

HENCKEL, S./GERTSEN, J. (2001): Kostengünstige Lösungen zur Aufwertung regionaler Bahnhöfe. In: Handbuch der kommunalen Verkehrsplanung, 29. Ergänzungs-Lieferung 10/01, Kap. 5.4.3.2.

HENKEL, G. (1993): Der ländliche Raum. Gegenwart und Wandlungsprozesse in Deutschland seit dem 19. Jahrhundert. Stuttgart

HENKEL, G. (2000): Der ländliche Raum zwischen Fremdbestimmung und endogener Entwicklung – Trends und Prognosen bis zum Jahre 2010. In: SCHÜRMANN, H. (Hrsg.): Ländlicher Raum im Umbruch, Mainzer Kontaktstudium Geographie, Bd. 2, S. 13-26

HERRMANN, A. (1998): Produktmanagement. München

HERRMANN, M. et al. (1997): Reaktivierungen im Schienenpersonennahverkehr. Darmstadt

HESSE, M. (Hrsg.) (1999): Siedlungsstrukturen, räumliche Mobilität und Verkehr: auf dem Weg zur Nachhaltigkeit in Stadtregionen? Erkner bei Berlin

HÖGER, R. (1999): Motivation und Verhalten – Psychologische Aspekte der Mobilität. In: Akademie für Technikfolgenabschätzung (Hrsg.): Restriktionen vs. soft policies. Ergebnisse der Veranstaltung „Verhaltensänderungen im Verkehr" der Workshop-Reihe im Themenbereich Verkehr und Raumstruktur – Arbeitsbericht (Auszug)

HÖLSKEN, D. et al. (1996): Untersuchung differenzierter Bedienungsformen im ÖPNV am Beispiel des Verkehrsverbundes Rhein-Sieg, Handbuch zur Produktgestaltung. Im Auftrag des Bundesministers für Verkehr. Aachen, Köln

HUBER, F./HERRMANN, A./BRAUNSTEIN, Ch. (1998): Interkulturelle Werteforschung zur Gestaltung von Dienstleistungen im Schienenfernverkehr. In: Marketing ZFP, H. 1/1998, S. 25-36

HÜSING, M. (1999): Die Flächenbahn als verkehrspolitische Alternative. Wuppertal (= Wuppertal Institut für Klima, Umwelt, Energie; Wuppertal Spezial, 12)

IfS (= Institut für Stadtforschung und Strukturpolitik) (2003): Anpassungsstrategien für ländliche/periphere Regionen mit starkem Bevölkerungsrückgang in den neuen Ländern. MORO Modellvorhaben der Raumordnung, 2. Zwischenbericht. Berlin

JAKUBOWSKI, P./ZARTH, M. (2003): Fiskalische und ökologische Aspekte des Bahnverkehrs auf Nebenstrecken. In: Internationales Verkehrswesen, Jg. 55 (2003), H. 5, S. 211-215

KAGERMEIER, A. (1997): Verkehrsvermeidung durch dezentrale Konzentration. Möglichkeiten zur Mobilitätsbeeinflussung durch siedlungsstrukturelle Leitlinien. In: Raumplanung, Bd. 79, S. 249-253

KAGERMEIER, A. (1999): Beeinflussung von räumlicher Mobilität durch gebaute Strukturen: Wunschbild oder Chance für eine nachhaltige Gestaltung des Mobilitätsgeschehens in Stadtregionen. In: HESSE, M. (Hrsg.): Siedlungsstrukturen, räumliche Mobilität und

Verkehr. Auf dem Weg zur Nachhaltigkeit in Stadtregionen, Materialien des IRS, Bd. 20, S. 19-34

KAGERMEIER, A. (2002): Mobilitätskonzepte in Ballungsräumen. Paderborn

KARMASIN, H.): Produkte als Botschaften. 2., überarb. u. erw. Aufl. Nachdr.. Wien

KAROPKA, H.-J./MÜLLER, B. /OPPEL, T. (2000): Wie erlebt der Kunde den öffentlichen Nahverkehr? Qualitativ-psychologische Grundlagenstudie zur ÖPNV-Nutzung. In: Der Nahverkehr 11/2000, S. 18-22

KELLER, K. L. (1998): Strategic Brand Management, Building, measuring and managing brand equity. New Jersey

KIEGELAND, P. (1997): Das Auto als Haustier. Zur Psychologie der Nutzung des Pkw als Individualverkehrsmittel. In: prisma, H. 4/97, S. 31-33

KILL, H.-H. (2001): ÖPNV-Konzepte im ländlichen Raum – Möglichkeiten der Erweiterung der Angebote durch alternative Bedienungsformen. In: IFK Institut für angewandte Familien-, Kindheits- und Jugendforschung an der Universität Potsdam: Mehr Verkehrssicherheit für Brandenburg. Dokumentation der Fachwerkstatt vom 29. August (2001 in Potsdam, Bd. 3, S. 65-72

KLEIN-BÖLTING, U.(2003): Produkte nach vorn. In: Marken – Image, Produkte, Unternehmen, Verlagsbeilage zur Frankfurter Allgemeinen Zeitung, Nr. 144 vom 25. Juni (2003, S. B2

KLEINE, S. (2001): Überprüfung des Nachfragepotenzials im SPNV an ausgewählten Zugangsstellen der Bahnstrecke Rehna-Schwerin-Parchim an Hand eines projektbezogenen Modells. In: ECTL European Centre for Transportation and Logistics Workingpaper, H. 8. Hamburg

KLÜHSPIES, J. (1997): Stadt – Mobilität – Psyche, Mit gefühlsbetonten Verkehrskonzepten die Zukunft urbaner Mobilität gestalten? In: Stadtforschung aktuell, Bd. 71. Bochum. Zgl. Ruhr-Univ. Bochum, Diss., Bochum (1997

KOTLER, P./BLIEMEL, F. (2001): Marketing-Management. Analyse, Planung, Verwirklichung. 10. überarb. u. aktual. Aufl.. Stuttgart

KROEBER-RIEL, W./WEINBERG, P. (1996): Konsumentenverhalten, 6., völlig überarb. Aufl.. München

KROEBER-RIEL, W.; WEINBERG, P. (1999): Konsumentenverhalten, 7. verb. und erg. Aufl.. München

KRÜGER, R. (1995): Peripherie (2005: Tourismus und ländlicher Raum? In: MOLL, P. (Hrsg.): Umweltschonender Tourismus – Eine Entwicklungsperspektive für den ländlichen Raum, Material zur Angewandten Geographie, Bd. 24. Bonn, S. 55-64

KUHLMANN, E. (1998): Besonderheiten des Nachfrageverhaltens bei Dienstleistungen. In: BRUHN, M./MEFFERT, H. (Hrsg.): Handbuch Dienstleistungsmanagement. Von der strategischen Konzeption zur praktischen Umsetzung. 2., überarb. u. erw. Aufl.. Wiesbaden, S. 215-242

KUTTER, E. (1999): Die Region ist die Stadt – aber hierfür fehlen die Mobilitätskonzepte. In: Verkehr und Technik, Heft 32, S. 495-506

KUTTER, E. (2000): Verkehrsplanerische Eckwerte einer nachhaltigen regionalen Verkehrsstrategie. Frankfurt am Main

KUTTER, E. (2002): Innovative räumliche Planung – Kernpunkt regionaler Verkehrsgestaltung. In: ECTL European Centre For Transportation And Logistics Working paper, H. 14. Hamburg

LANZENDORF, M./SCHREINER, J. (2004): Verkehrsgenese als Herausforderung für Transdisziplinarität – Stand und Perspektiven der Forschung. In: DALKMANN, H. et al. (Hrsg.): Verkehrsgenese – Entstehung von Verkehr sowie Potenziale und Grenzen der Gestaltung einer nachhaltigen Mobilität (=Studien zur Mobilitäts- und Verkehrsforschung, B. 5), S. 11-38

LASSLOP, I. (2002): Identitätsorientierte Führung von Luxusmarken. In: Meffert/Burmann/Koers (2002, S. 328-351

LAUMANN, G./RÖHRLEEF, M./SAUER, A. (2002): Servicegarantien. In: Internationales Verkehrswesen (54) 6/2002, S. 292-294

LEUPOLT, B./JOHN, M. (2004): My picture of me - Your picture of me. The search of four regions in the Baltic Sea Region for a touristic profile and sustainable regional development. In: STEINGRUBE et al. (Hrsg.): Recent Trends in Tourism: The Baltic and the World

LIEDTKE, H./MARCINEK, J. (Hrsg.) (1994): Physische Geographie Deutschlands. 1. Aufl. Gotha

LINXWEILER, R. (2001): BrandScoreCard. Ein neues Instrument erfolgreicher Markenführung. Groß-Umstadt

LUTTER, H. (2000): Raumordnungsbericht (2000 – Kernaussagen. In: Berichte des BBR, H. 7. Bonn

LYNCH, K. (1960): The Image Of The City. Cambridge

MAIER, J.; ATZKERN, H.-D. (1992): Verkehrsgeographie. Stuttgart

MAURER, P. (2001): Luftverkehrsmanagement. München

MAYR, T. (2001): ÖPNV-Wettbewerb – ein Problem des Grundverständnisses? In: Verkehrszeichen 2/2001, S. 17-21

MEFFERT, H. (Hrsg.) (2000): Verkehrsdienstleistungsmarketing. Marktorientierte Unternehmensführung bei der Deutschen Bahn AG. Wiesbaden

MEFFERT, H./BRUHN, M. (2001): Dienstleistungsmarketing. Wiesbaden

MEFFERT, H./BRUHN, M. (2002): Exzellenz im Dienstleistungsmarketing. Fallstudien zur Kundenorientierung. Wiesbaden

MEFFERT, H./BURMANN, C. (1997): Identitätsorientierte Markenführung – Konsequenzen für die Handelsmarke. In: BRUHN, M. (Hrsg.): Handelsmarken – Entwicklungstendenzen und Zukunftsperspektiven der Handelsmarkenpolitik. 2., überarb. u. erw. Aufl.. Stuttgart

MEFFERT, H./y, C./Koers, M. (2002): Markenmanagement. Grundfragen der identitätsorientierten Markenführung. Wiesbaden

MEGEL, K. (2001): Schienenbonus: Nur ein Mythos? Bus oder Bahn im Regionalverkehr – Schemata und Präferenzen. In: Der Nahverkehr 6/2001, S. 20-23

MEI-POCHTLER, A. (1998): Als Dienstleister Marken managen. In: TOMCZAK, T. et al. (Hrsg.): Markenmanagement für Dienstleistungen. St. Gallen, S. 66-77

MEYER, A. (1998): Handbuch Dienstleistungs-Marketing. Stuttgart

MEYER, A./BLÜMELHUBER, Ch. (1998): Wettbewerbsorientierte Strategien im Dienstleistungsbereich. In: BRUHN, M./MEFFERT, H. (Hrsg.): Handbuch Dienstleistungsmanagement. Von der strategischen Konzeption zur praktischen Umsetzung. 2., überarb. u. erw. Aufl.. Wiesbaden, S. 371-398

MIELKE, B. (1994): Regionalplanerische Steuerung von Freizeitinfrastruktur im Freiraum. In: ILS Institut für Landes- und Stadtentwicklungsforschung des Landes Nordrhein-Westfalen, Schriften Bd. 91. Dortmund

MONHEIM, H. (1997): Kundengerechter öffentlicher Verkehr für die Freizeit. München

MONHEIM, H. (1998): Flächenbahn oder Schrumpfbahn. In: ALTMANN, G. et al (Hrsg.): Einmal Chaos und zurück. Wege aus der Verkehrsmisere, Bücher für bessere Bahnen, Bd. 3

MONHEIM, H. (2001): Mobilität im ländlichen Raum: mit einem attraktiven ÖPNV und Umweltverbund die Autoabhängigkeit abbauen. In: IFK Institut für angewandte Familien-, Kindheits- und Jugendforschung an der Universität Potsdam: Mehr Verkehrssicherheit für Brandenburg. Dokumentation der Fachwerkstatt vom 29. August (2001 in Potsdam, Bd. 3, S. 43-50

MOTZKUS, A. (2002): Verkehrsreduzierende Siedlungsstrukturen – ein Ansatz zur nachhaltigen Gestaltung des Mobilitätsgeschehens am Beispiel der Metropolregion Rhein-Main. In: MAYR, A. et al. (Hrsg.): Stadt und Region. Dynamik von Lebenswelten. Tagungsbericht und wissenschaftliche Abhandlungen zum 53. deutschen Geographentag Leipzig, S. 505-517

MSWV (= *Ministerium für Stadtentwicklung, Wohnen und Verkehr des Landes Brandenburg*) (2000): Entwicklung von Bahnhofsumfeldern. In: Schriftenreihe, H. 16. Potsdam

MÜLLER, A. et al. (2004): Modellvorhaben der Raumordnung – Bahnverkehr in der Region. Zusammenfassung. Köln

MÜLLER, W./KARSTEN, M. (2001): Raumentwicklung und Raumordnung in Deutschland. Kurzfassung des Raumordnungsberichts (2000. Bonn

NAGD (= *Normenausschuss Gebrauchstauglichkeit und Dienstleistungen im DIN Deutsches Institut für Normung e.V.*) (Hrsg.) (2002): DIN EN 13816 – Definition, Festlegung von Leistungszielen und Messung der Servicequalität.

NETTELBECK, Ch. (2003): Emotionale Kundenbindung. Kommunikation als Erfolgsfaktor im ÖPNV. In: Der Nahverkehr, H. 12/2003, S.45-48

NIESCHLAG, R./DICHTL, E./HÖRSCHGEN, H. (1988): Marketing; 15. überarb. u. erw. Aufl.. Berlin

NOHL, W. (2002): Bedeutung der Landschaftsästhetik für die naturbezogene Erholung. In: Flächenmanagement und Bodenordnung 64 (5), 241-249

NOHL, W. (1993): Beeinträchtigung des Landschaftsbildes durch mastenartige Eingriffe. In: Materialien für die naturschutzfachliche Bewertung und Kompensationsermittlung. URL: http://www.murl.nrw.de/sites/arbeitsbereiche/forsten/landschaftsbildbewertung.htm, Kirchheim. Zugriff am 5.7.03

OGILVY, D. (1951): Confessions of an advertising man. New York

OPASCHOWSKI, H. (1995): Freizeitökonomie – Marketing von Erlebniswelten. Hamburg

PÄCHER, M. (2002): Möglichkeiten zur effizienten Leistungserstellung auf Nebenstrecken. In: Der Eisenbahningenieur 53, H. 12, S. 42-43

PARRY, R. (2000): Marketing einer Verkehrsstrategie. In: Der Öffentliche Nahverkehr in der Welt, H. 2/2000, S. 6-9

PERREY, J. (2000): Nutzenorientierte Marktsegmentierung im Verkehrsdienstleistungsbereich – ein integrativer Ansatz zum Zielgruppenmarketing. In: MEFFERT, H. (Hrsg.): Verkehrsdienstleistungsmarketing. Wiesbaden

PFENNIG, D./FROHMADER, B. (2003): Marke, Markenimage und Markenpolitik. Unveröff. Manuskript. Erlangen

POHLE, H. (2000): Trends und Entwicklungslinien der räumlichen Planung in Deutschland, Konsequenzen für den Verkehrsbereich. In: *ARL* (= *Akademie für Raumforschung und Landesplanung*) (Hrsg.): Verkehr in Stadt und Region. Leitbilder, Konzepte und Instrumente; Forschungs- und Sitzungsberichte, Bd. 211. Hannover

POPPINGA, E. (2002): Marketing-Konzept für die Ausschreibung der Verkehrsleistung Hamburg – Westerland („Marschbahn"). Unveröff. Manuskript. Hamburg

PREISENDÖRFER, P. et al (1999): Wertewandel und Verkehrsmittelwahl unter Berücksichtigung von Low-Cost-Situationen. Forschungsbericht FE-Nr. 77403/96 im Auftrag des Bundesministers für Verkehr, Bau- und Wohnungswesen

PROBST, G. (2002): Was merkt der Fahrgast vom Aufgabenträger? Sinnvolle Aufgabenteilung im ÖPNV-Marketing. Präsentation im Rahmen einer Fachtagung des Landes Schleswig-Holstein im November (2002

PROBST, G./BOCKHOLT, T. (2003): Kundengarantien im ÖPNV. Vom innovativen Qualitätsmanagement-Instrument zur Wert steigernden Leistungsinnovation. In: Der Nahverkehr 5/2003, S. 23-30

Regionale Entwicklungsplanung Halle und Region (2002): URL: www.regionale-planung.de/Halle/ pdf/Rep_Text.pdf und /Rep_Beg.pdf am 01.09.04

RROP Regionaler Raumordnungsplan Mittelthüringen (1994, URL: www.rolp.thueringen.de/ Instrumente/Plaene/Regionen/RROP/Mitte/Text/RROP_Mittelthueringen.pdf am 1.9.04

RROP (= *Regionaler Raumordnungsplan Nordthüringen*) (1994): URL: www.rolp.thueringen.de/ Instrumente/Plaene/Regionen/RROP/Nord/Texte/RROP_Nordthueringen.pdf am 1.9.04

SANDROCK, M. (1998): Emotionen als Erinnerungsverstärker – Markenmanagement by British Airways. In: TOMCZAK, T. (Hrsg.): Markenmanagement für Dienstleistungen. St. Gallen, S. 212-221

SCHAFRANSKI, F. (1996): Landschaftsästhetik und räumliche Planung. Theoretische und exemplarische Anwendung eines Analyseansatzes als Beitrag zur Aufstellung von landschaftsästhetischen Konzepten in der Landschaftsplanung. Diss., Univ. Kaiserslautern

SCHEUCH, F. (2002): Dienstleistungsmarketing. 2., völlig neugestaltete Aufl. München

SCHLEUSENER, M. (2002): Identitätsorientierte Markenführung bei Dienstleistungen. In: Meffert/Burmann/Koers (2002, S. 328-351

SCHNEIDER, J. (2001): Regionalbahnhöfe revitalisieren. In: Der Nahverkehr 5/2001, S. 64-67

SIEFKE, A. (2000): Zufriedenheit mit Bahnreisen. In: MEFFERT H. (Hrsg.): Verkehrsdienstleistungsmarketing, S. 169-225

SIEGMANN, J. (2001): Angebotsstrategien und Produktionsplanungen einer zukunftsfähigen Bahn. In: ETR Eisenbahntechnische Rundschau, Jg. 50, Sonderschrift 50 Jahre ETR, S. 84-95

SPANGENBERG, M./PÜTZ, T. (2002): Raumordnerische Anforderungen an den Schienenpersonenverkehr. In: BBR (= Bundesamt für Bauwesen und Raumordnung) (Hrsg.): Informationen zur Raumentwicklung, H. 10.2002, , S. 595-607

STAUSS, B. (1998): Dienstleistungen als Markenartikel – etwas Besonderes? In: TOMCZAK, T. et al. (Hrsg.): Markenmanagement für Dienstleistungen. St. Gallen, S. 10-23

STAUSS, B. (2001): Markierungspolitik bei Dienstleistungen – Die Dienstleistungsmarke. In: BRUHN, M./MEFFERT, H. (Hrsg.): Handbuch Dienstleistungsmanagement. Von der strategischen Konzeption zur praktischen Umsetzung. 2. Aufl... Wiesbaden, S. 553-571

STEGER-VONMETZ, Ch./BRANDLE, H./RAMOSER, S. (2003): Sieht gut aus – kommt gut an. Das Erscheinungsbild wird zum Erfolgsfaktor für Bus und Bahn. In: Der Nahverkehr 12/2003, S. 43-45

STEINECKE, A. (2000): Erlebnis- und Konsumwelten. Paderborn

STROHMEIER, G (2002): Werkmaterialien zur Landschaftswahrnehmung. URL: umweltbildung.at/LBL/wahrnehmung/hintergrund/strohmeier/inhalt.htm, Zugriff am 11.11.04

THABE, S. (Hrsg.) (1999): Räume der Identität – Identität der Räume. In: IRPUD Institut für Raumplanung): Dortmunder Beiträge zur Raumplanung, 98, Dortmund

TOMCZAK, T./BROCKDORFF, B. (1998): Bedeutung und Besonderheiten des Markenmanagements für Dienstleistungen. In: TOMCZAK, T. et al. (Hrsg.): Markenmanagement für Dienstleistungen. St. Gallen, S. 486-502

TOMCZAK, T./LUDWIG, E. (1998): Strategische Markenführung für Dienstleistungen. In: TOMCZAK, T. et al. (Hrsg.): Markenmanagement für Dienstleistungen. St. Gallen, S. 48-65

VDV (= Verband Deutscher Verkehrsunternehmen) (Hrsg.) (2000): Verkehrserschließung und Verkehrsangebot im ÖPNV, VDV-Schriften Nr. 4. Köln

VDV (= Verband Deutscher Verkehrsunternehmen) (Hrsg.) (2001): Kundenorientierte Qualitätskriterien. VDV-Mitteilungen Nr. 7012. Köln

VIERZIGMANN, R./BELZ, S. (2000): VCD-Bahnkundenbarometer (2000. Bonn

VORHOLZ, F. (2004): Grüne Hoffnung, blaues Wunder. In: Die Zeit v. 21.10.2004, S. 30-31

VRTIC, M. (2000): Optimierung von Routenwahlmodellen. Praktische Erfahrungen bei der Modellierung des ÖPNV. In: Der Nahverkehr 9/2000, S. 46-50

WEINBERG, P./DIEHL, S. (2001): Erlebniswelten für Marken. In: ESCH, F.-R. (Hrsg.): Moderne Markenführung. Grundlagen, Innovative Ansätze, Praktische Umsetzungen, 3. erw. akt. Aufl.. Wiesbaden, S. 185-207

ZÄNGLER, T./KARG, G. (2001): Freizeitmobilität: Definitionen – Analysen – Perspektiven. In: Verkehrszeichen 3/2001, S. 4-8

ZÖLLNER, R. (2002): Einsatzbereiche von Schienenregionalbahnen. In: Universität Kassel, Fachgebiet Verkehrssysteme und Verkehrsplanung, Schriftenreihe Verkehr, Heft 13 – Juli (2002. Kassel

Anhang

Anhang I: Mobilitätszahlen in Stichpunkten

Überblick

- Im Alltagsverkehr werden täglich 270 Millionen Wege zurückgelegt,
- Mit 21 % liegt der Anteil des Arbeits- und Ausbildungsverkehrs am Gesamtverkehr weit unter dem des Freizeitverkehrs (31 %) und nur gering über dem des Einkaufsverkehrs (19 %). Private Erledigungen und „Bringen und Holen" liegen darin bei 21 %,
- Der Pkw-Anteil am Personenverkehr ist auf über 60 % gestiegen, jedoch sind regionale Unterschiede zu verzeichnen: Im Westen ist der Zuwachs höher als im Osten,
- Durchschnittlich verfügt jeder Haushalt über 1,1 Pkw (1989: 0,8), nur 20 % der Haushalte sind nicht motorisiert (1989: 28 %). Davon West 18 %, Ost 24 %,

- Mit steigendem Einkommen nehmen die Motorisierung und die täglich zurückgelegte Entfernung zu,
- Jeder Verkehrsteilnehmer ist im Schnitt 96 Minuten am Tag unterwegs und legt über alle Wege eines Tages etwa 44 km zurück,
- mittlere Tür-zu-Tür-Geschwindigkeit: 33 km/h beim Pkw, 20 km/h beim ÖPNV,
- Die durchschnittliche Wegelänge im Individualverkehr liegt bei 15 km, im ÖPNV bei 13 km,
- Fernreisen über 100 km werden zu 65 % mit dem Pkw, 15 % mit dem Flugzeug, 12 % mit der Bahn und 6 % mit dem Bus zurückgelegt.

Quelle: BMVBW (2003)

Anhang II: Information-Processing-Theory von Kaplan & Kaplan
(zur Weiterführung)

Die Wahrnehmung hat einen entscheidenden Einfluss auf das Erleben und Verhalten von Menschen. Wie sollten Gebäude oder (Stadt-) Landschaften gestaltet werden, damit sie lesbarer sind und sich die Menschen darin wohler fühlen? Welche Gebiete werden als attraktiv und angenehm wahrgenommen? Die ideale Landschaft ist jene, welche Informationsbeschaffung und -verarbeitung stimuliert und erleichtert. Prädiktoren sind:

Darstellung 21:   Informations-Matrix

Zeitpunkt der Befriedigung	*Bedürfnis, Informationen zu beschaffen*	*Bedürfnis, Informationen zu verstehen, zu verarbeiten*
sofort	complexity	coherence
vorauszusehen oder gefolgert	mystery	legibility

Quelle: AXHAUSEN *et al. (1998)*

Darin sind
- **Complexity** = Anzahl und Verschiedenheit von (wahrnehmbaren) Elementen in einer Landschaft, d.h. deren visueller Reichtum,
- **Coherence** = Ausmaß der Organisation der Landschaft, des Zusammenhangs seiner Elemente,
- **Mystery** = Ausmaß der Informationen, welche eine Landschaft verspricht, wenn man weiter in sie eindringt,
- **Legibility** = Leichtigkeit, eine Landschaft zu verstehen und zu erinnern, d.h. eine mental map zu konstruieren.

Folgerungen
- Durch Komplexität und Mysteriosität der Landschaft kann der Betrachter erregt werden. Komplexität und Ungewissheit spielen eine zentrale Rolle für das Explorationsverhalten. Es ist ein menschliches Bedürfnis nach komplexen visuellen Input vorhanden; mangelnde Komplexität in Gestalt monotoner Umwelten haben Desorientierung zur Folge,
- Anwendung der Wahrnehmungsforschung im Freizeitverkehr: Natürliche Umwelten dienen als „pull"-Faktoren, sie ziehen den Menschen an. Je stärker sie dem gewünschten Ausmaß an Komplexität und Ungewissheit entsprechen, desto stärker ist der pull-Effekt,
- Anregungsarme Wohnumwelten (z.B. monostrukturierte Großsiedlungen) sind „push"-Faktoren. Nahumwelten mit geringer Wohnqualität fördern demnach mobiles Verhalten in der Freizeit.

Quelle: AXHAUSEN *et al. (1998)*

Anhang III: Käuferverhalten
(Kurzübersicht zur Orientierung[100])

Aktivierende Determinanten sorgen dafür, dass Verhalten überhaupt stattfindet und sind
- Emotionen (also innere Erregungszustände),
- Bedürfnisse oder Motivation,
- Einstellungen (die innere Bereitschaft, auf Stimuli positiv oder negativ zu reagieren). Diese unterteilen sich in *affektive* (mit der E. verbundene, gefühlsmäßige Einschätzung) und *kognitive* (mit der E. verbundenes subjektives Wissen) Einstellungen,

Kognitive Determinanten (welches Verhalten wird realisiert?)
- Wahrnehmung (Aufnahme und selektive Verarbeitung von Informationen). Der Abgleich von Wahrnehmung einer und Erwartung an eine Leistung resultiert in einen Grad von Zufriedenheit,
- Lernen (systematische Änderung von Verhalten durch Erfahrungen),

Persönlichkeits-Determinanten (Entscheidungsverhalten = dauerhafte Muster der aktivierenden und kognitiven Determinanten)
- involvement (Grad der Ich-Beteiligung),
- wahrgenommenes Risiko (als nachteilig empfundene Folgen von Verhalten, nicht vorhersehbar).

Einflussfaktoren des Kaufverhaltens sind (KOTLER/BLIEMEL 2001, S. 325)
- kulturelle (Kulturkreis, Subkultur, soziale Schicht),
- soziale (Bezugsgruppen/Leitbilder, Familie, Rolle und Status),
- persönliche Faktoren (Alter und Lebensabschnitt, Beruf, wirtschaftliche Verhältnisse, Lebensstil, Persönlichkeit und Selbstbild),
- psychologische Faktoren (Motivation, Wahrnehmung, Lernen, Ansichten und Einstellungen).

---

[100] Vgl. vertiefend KOTLER/BLIEMEL (2001, S. 323-368); KROEBER-RIEL/WEINBERG (1999); KUHLMANN (1998, S. 215ff.).

Anhang IV: Customer satisfaction surveys (CSS)
Beispielhafte Abfragekriterien für customer satisfaction surveys und häufig genannte
Kritik *(kursiv)*

Leistungsangebot
• Linien- und Streckennetz,
• Schnelligkeit der Beförderung durch das Hauptverkehrsmittel,
• Anschlüsse, Anschlusssicherung,
• Fahrhäufigkeit und Taktfrequenz,
• Platzangebot an Bord.
Schlechte Beurteilung z.B. oft der Fahrtenhäufigkeit abends

Personal
• Anwesenheit von Personal,
• Freundlichkeit, Auftreten und Verhalten,
• Kundendienst-Engagement-Hilfsbereitschaft,
• Können im Umgang mit Kundenproblemen und –beschwerden,
• Kenntnisse, Qualifikation,
Die Präsenz von Personal wird vermisst.

Qualität
• Pünktlichkeit,
• Sauberkeit/Ruhe,
• Zuverlässigkeit der Bedienung,
• Schnelligkeit/Reisezeit,
• Komfort und Ausstattung der Haltestellen und Stationen sowie der Züge,
*Hier erfolgt oft die schlechteste Beurteilung von allen Leistungspaketen. Insbesondere
Zerstörungen an Haltestellen und in Fahrzeugen werden bemängelt.*

Komfort
• Platzangebot und Raumausstattung,
• Fahrstil,
• Raumklima,
• Gestaltung von Haltestellen und Stationen,
• Reiseumfeld-Bedingungen,
• Verfügbarkeit von Einrichtungen an Haltestellen und Stationen sowie in den Zügen,

Tarif und Vertrieb
• Preis-Leistungs-Verhältnis,
• Tarifsystem, Fahrkartensortiment,
• Ausstattung und Öffnungszeiten Verkaufsstellen für Fahrkarten,
• Verständlichkeit und Zuverlässigkeit der Automaten,
Das Preis-Leistungsverhältnis wird stets schlecht bewertet.

Sicherheit

- Sicherheit an Stationen tagsüber und abends,
- Sicherheit im Fahrzeug tagsüber und abends,

Außerordentlich schlechte Beurteilungen erfahren oft die Sicherheitslage an Haltestellen und Stationen sowie in den Zügen abends

Information

- Darstellung, Genauigkeit und Nützlichkeit von Aushanginformationen,
- Fahrplan-Informationen an Haltestellen und Stationen sowie in den Zügen,
- Genauigkeit, Rechtzeitigkeit und Verständlichkeit der Informationen,
- Verfügbarkeit und Qualität von Lautsprecher-Durchsagen, auch unter Sonderbedingungen,
- Erreichbarkeit der telefonischen Fahrplan-Auskunft,
- Fahrplanbuch,
- Informationen und Leitsysteme an Haltestellen und Stationen.

Quelle: NAGD (2002)

Anhang V: Personalaufgaben im Regionalverkehr

Darstellung 22:   Grundlegende Personalaufgaben und die damit zu erreichenden Ziele im Kundenkontakt

	vor der Reise	*während der Reise*	*nach der Reise*
Art der Dienstleistung	persönliche Information, Beratung und Verkauf telefonisch am Schalter, in Reisebüros. Information, Service im Bahnhof	persönliche Betreuung der Kunden im Zug individuelle Information. Serviceleistungen, insbes. catering	persönliche Betreuung bei erlebten Problemen, Rückerstattungen, Kulanzlösungen, Schadenregelung, Information
Ziel	einfache Erreichbarkeit der Angebote sichern positive Kundenkontakte. kurze Wartezeiten, angenehmes Ambiente, Reisestress abbauen durch gute Informationslenkung im Bahnhof.	Positive Kundenkontakte tragen zur Kundenzufriedenheit bei, Reise- und Landschaftserlebnis genießen Hilfestellung bei Problemen.	Kundenbindung durch Kundennähe. Zufriedenheit wiederherstellen

(Quelle: nach BLUMENTHAL *2000, S. 204)*

Anhang VI: „Wie mit der Bahn die Peripherie erschließen?"
(eine Möglichkeit, Nebenstrecken in ihre Potenziale einzuteilen)

KRÜGER (1995, S. 58-59) klassifiziert den ländlichen Raum in *klassisch-periphere, alt-industrielle* und *gentrifizierte* Strukturtypen vor dem Hintergrund touristischer Entwicklungschancen.

Klassisch-periphere Region

- Option 1: Der Teilraum übernimmt als Auffangraum negativer Agglomerationseffekte zwangsläufig Funktionen, die woanders unerwünscht sind (z.B. Umwelt belastende Unternehmen oder Sondermülllagerungen). Ein Tourismus entwickelt sich eher „regional-komplementär" bis marginal (Beispiel Emsland),
- Option 2: Ein strukturschwacher Teilraum überspringt in einem „postindustriellen Entwicklungsmuster" die Defizite misslungener industrieller Modernisierungsansätze. Vorhandene regionale Potenziale werden miteinander vernetzt. Dienstleistungen werden von Einheimischen und Touristen gleichermaßen genutzt. Hier ist Potenzial für einen regional-integrativen Tourismus („sanfter" Tourismus) möglich. Mögliches Ziel: Dauergäste gewinnen, Wertschöpfung je Gast erhöhen (Beispiel Ostfriesland als Zielgebiet der Ruhestandswanderung),

Semiurbane Peripherie / alt-industrielle Region

- peripher (der „Verlierer"): Vorstadtlandschaften – Räume mit schlechtem Image und diffusen Nutzungsmustern, Raum beanspruchende Restnutzungen (Halle-Bitterfeld-Leipzig, Lippezone/westliches Sauerland, ..). Wenig geeignet für „weiche" Fremdenverkehrsstrukturen, punktuell konzentrierte Freizeiteinrichtungen für Einheimische und Aktivurlaub (Schwimmbäder, Skaterbahnen, ...), Freizeitparks – „konfektionierte Naherholung im Massenbetrieb nach wechselnden Moden" (ebd., S. 63),
- „neu"
  - keine hinreichende Modernisierung erfolgt (z.B. „Soziale Pedale" (Saarland), O-ranienbaum/Wörlitz (Sachsen-Anhalt)). Kulturtourismus mit Angeboten eines landschaftsbezogenen Tourismus: Erleben vergangener Industriearchitektur und erhaltener lokaler Sozialmilieus. Verbindung mit Natur nahem Urlaub möglich,
  - partiell innovative Entwicklung altindustrieller Räume zu modernen Dienstleistungs-Standorten (IBA Emscher Park, Hamburg-Harburger Hafenstadt, ..). Dadurch sind kulturelle, avantgardistische und ökologisch-didaktische Angebote im Tourismus möglich,

Gentrifizierter ländlicher Raum (der „Gewinner")

- Diese stellen Räume gehobener Lebensansprüche im Einzugsbereich dynamischer Verdichtungsräume dar. Steigende Bodenpreise führen zur Verdrängung der Landwirte (in Brandenburg im nördlichen Ring um Berlin, Elbsandsteingebirge, Eifel, Schwarzwald, ..). Dadurch wird ein Ressourcen schonender, kulturell niveauvoller Fremdenverkehr genauso möglich, wie Aktivurlaub (Reiten, Golf) in landschaftlich reizvollem Ambiente.

Alle diese Typen können durch einen Regionalverkehr in unterschiedlicher Bedienungsweise erschlossen werden:

Darstellung 23:   Bedienungsmöglichkeiten im SPNV in peripheren Räumen

klassisch-peripher	semiurbane Peripherie	gentrifizierter ländlicher Raum
lang laufender Städteverkehr auf Nebenstrecken zur Verbindung von Oberzentren mit touristischen (Bedarfs-) Halten Beispiele • Berlin – Karow – Rostock, • Hamburg – Soltau – Hannover, • Cottbus – Hoyerswerda – Bautzen – Sebnitz – Bad Schandau – Decin (CZ)	Bahnpendel zwischen Zentren und Subzentren, vergleichbar mit einer S-Bahn, wenn dicht vertaktet. Dabei Bedienung von Großeinrichtungen (Stadien, Kartbahnen, Sportstätten, Bäder, Freizeitparks…) sinnvoll Beispiel • Leipzig – Leuna – Merseburg – Halle	Regionalverkehr als Zubringer von Ballungszentren auf Nebenstrecken, z.T. im Freizeitverkehr verdichtet Beispiele • Berlin – Rheinsberg, • Dresden – Altenberg, • Hagen – Winterberg
bedarfsorientierter, saisonaler Verkehr zu landschaftlichen und kulturellen Besonderheiten (Nationalparks, Tagebau, usf.) Beispiele • Salzwedel – Beetzendorf – Wolfsburg, • LAUBAG – Bahn für Besucher Museumsbahn auf Nebenstrecken ohne Erschließungspotenzial, bedarfsgerichtet, saisonal Beispiele • Hohenwulsch – Kalbe – Beetzendorf, • Lüneburg – Soltau, • Ilmenau – Themar	alte Verkehrsinfrastruktur nachfrageorientiert bedienen („auf den Spuren der Geschichte") Beispiele • Hamburger Hafenbahn, • Chemnitz – Wechselburg, • Netz der Rheinbraun AG/Grubenbahn	bedarfsorientierter, saisonaler Verkehr zu kulturellen Anlässen (Museumsdörfer, Festspiele, …) Beispiele • Müncheberg – Buckow, • Teufelsmoor-Express Osterholz-Scharmbeck – Worpswede - Stade

Quelle: eigene Erstellung, auf Grundlage von KRÜGER 1995, S. 55)

Studien zur Mobilitäts- und Verkehrsforschung

Herausgegeben von M. Gather, A. Kagermeier und M. Lanzendorf

Band 1: *Gather, Matthias & Andreas Kagermeier (Hrsg.):*
Freizeitverkehr – Hintergründe, Probleme, Perspektiven
2002. 140 Seiten, 47 Abbildungen und 17 Tabellen.
15,50 €, ISBN: 3-936438-00-5

Band 2: *Kagermeier, Andreas, Thomas J. Mager & Thomas W. Zängler (Hrsg.):*
Mobilitätskonzepte in Ballungsräumen
2002. 306 Seiten, 121 Abbildungen, 30 Tabellen und 12 Fotos.
25,- €, ISBN 3-936438-01-3

Band 3: *Fliegner, Steffen:*
Car Sharing als Alternative?
Mobilitätsstilbasierte Potenziale zur Autoabschaffung
2002. 290 Seiten, 33 Abbildungen und 44 Tabellen.
23,50 €, ISBN 3-936438-02-1

Band 4: *Hautzinger, Heinz (Hrsg.):*
Freizeitmobilitätsforschung – Theoretische und methodische Ansätze
2003. 120 Seiten, 34 Abbildungen und 21 Tabellen.
15,00 €, ISBN 3-936438-04-8

Band 5: *Dalkmann, Holger, Martin Lanzendorf & Joachim Scheiner (Hrsg.):*
Verkehrsgenese – Entstehung von Verkehr sowie Potenziale und Grenzen
der Gestaltung einer nachhaltigen Mobilität
2004. 282 Seiten, 43 Abbildungen und 25 Tabellen.
30,00 €, ISBN 3-936438-05-6

Band 6: *Feldkötter, Michael:*
Das Fahrrad als städtisches Verkehrsmittel.
Untersuchungen zur Fahrradnutzung in Düsseldorf und Bonn
2003. 216 Seiten, 37 Abbildungen, 37 Tabellen und 4 Karten
25,50 €, ISBN 3-936438-06-4

Band 7: *Schiefelbusch, Martin (Hrsg.):*
Erfolgreiche Eventverkehre: Analysen und Fallstudien
2004. 262 Seiten, 66 Abbildungen, 24 Tabellen und 18 Fotos
30,00 €, ISBN 3-936438-07-2

Band 8: *Monheim, Heiner (Hrsg.):*
Fahrradförderung mit System.
Elemente einer angebotsorientierten Radverkehrspolitik
2005. 326 Seiten, 56 Abbildungen, 33 Tabellen und 16 Fotos
38,00 €, ISBN 3-936438-08-0

Band 9: *Gronau, Werner:*
Freizeitmobilität und Freizeitstile.
Ein praxisorientierter Ansatz zur Modellierung des
Verkehrsmittelwahlverhaltens an Freizeitgroßeinrichtungen
ISBN 3-936438-09-9
in Vorbereitung, erscheint im Sommer 2005

Band 10: *Kagermeier, Andreas (Hrsg.):*
Verkehrssystem- und Mobilitätsmanagement im ländlichen Raum.
2004. 422 Seiten, 134 Abbildungen, 42 Tabellen und 17 Fotos
45,00 €, ISBN 3-936438-10-2

Band 11: *Neiberger Cordula & Heike Bertram (Hrsg.):*
Waren um die Welt bewegen
Strategien und Standorte im Management globaler Warenketten
2005, 128 Seiten, 32 Abbildungen und 5 Tabellen
22,00 €, ISBN 3-936438-11-0

Band 12: *Enno Poppinga*
Auf Nebenstrecken zum Kunden.
Verkehrliche und wirtschaftliche Impulse für den ländlichen Raum in
Deutschland durch Markenführung im regionalen Schienenverkehr
2005, 200 Seiten, 12 Abbildungen 9 Tabellen und 2 Karten
32,00 €, ISBN 3-936438-12-9

in Vorbereitung

Elke Freitag
Bedeutung und Chancen von Freizeitverkehrsangeboten des ÖPNV
– dargestellt am Beispiel von Fahrradbuslinien in Deutschland

Lenz, Barbara & Claudia Nobis (Hrsg.)
Wirtschaftsverkehr: Alles in Bewegung?

Die Bände der Reihe „Studien zur Mobilitäts- und Verkehrsforschung"
sind zu beziehen über:

MetaGIS - Systems
Raumbezogene Informations- und Kommunikationssysteme
Wissenschaftlicher Fachbuchladen im WWW
Enzianstr. 62 – D 68309 MANNHEIM
E-Mail: info@metagis.de
Online: www.metagis.de – www.fachbuchladen.info
Tel.: +49 621 72739120 – Fax.: +49 621 72739122